Leading by Meaning

Anette Suzanne Fintz

Leading by Meaning

Die Generation Maybe Sinn-orientiert führen

Springer Gabler

Anette Suzanne Fintz
ISOB – Institut für Sinn-orientierte Beratung
Radolfzell
Deutschland

ISBN 978-3-662-44072-8   ISBN 978-3-662-44073-5 (eBook)
DOI 10.1007/978-3-662-44073-5

Die Deutsche Nationalbibliothek verzeichnet diese Publikation in der Deutschen Nationalbibliografie; detaillierte
bibliografische Daten sind im Internet über http://dnb.d-nb.de abrufbar.

Springer Gabler
© Springer-Verlag Berlin Heidelberg 2014

Lektorat: Michael Bursik
Assistenz: Janina Sobolewski

Gedruckt auf säurefreiem und chlorfrei gebleichtem Papier

Springer Gabler ist eine Marke von Springer DE. Springer DE ist Teil der Fachverlagsgruppe Springer
Science+Business Media

www.springer-gabler.de

Meiner Schwester Bettina,
die jeden Tag dafür sorgt,
dass die kommenden Generationen
mit uns allen in eine gute Zukunft gehen können.

Vorwort

„Leading by Meaning – Die Generation Maybe betritt die Bühne der Arbeitswelt "

Um es gleich vorweg zu nehmen: in diesem Buch geht es nicht um Philosophie, auch wenn die Autorin eine Philosophin ist; in diesem Buch geht es auch nicht um ein weiteres „neues" Kochrezept, um Unternehmen noch „effizienter" zu machen. Davon haben wir weiß Gott schon genug. In diesem Buch geht es um viel mehr, kondensiert in einem einzigen Satz: Durch Sinn-orientierte Führung vorwärts denken und vorwärts gehen. Aus unserer Sicht ist das der zwingend notwendige Weg und ein Konzept für Ihr Unternehmen in die Zukunft. Oder es gibt vielleicht keine.

Das ist ja starker Tobak, werden Sie sagen. Stimmt. Und dennoch trauen wir uns zu, schon im Vorwort zu diesem Buch so radikal zu formulieren. Wir kennen die Autorin seit vielen Jahren aus gemeinsamen Workshops und Einzelcoaching. Mit Ihrer Unterstützung konnten wir unser Unternehmen konzeptionell und strukturell maßgeblich verändern, und nicht nur das. Auch wir selbst haben uns verändert. Notwendigerweise und zwingend, wie wir aus heutiger Sicht feststellen können. Und nun erscheint dieses Buch: wir blicken wie durch ein Kaleidoskop zurück und nach vorn. Dieses Buch begeistert uns und fesselt zugleich. Es liefert noch einmal Erklärungen und zementiert damit den zurückgelegten Weg. Es schaut aber vor allem in die Zukunft unserer aller Arbeitswelt, und sogar weit darüber hinaus.

Ein Wirtschaftsbuch also, ein Managementbuch von einer Philosophin. Was hat Philosophie mit Umsatz, Gewinn, Qualität, Kundenzufriedenheit, Rentabilität zu tun? Auf den ersten Blick: Nichts. Philosophen liegen in der Tonne und denken nach! Umso mehr überrascht der Titel des vorliegenden Buches: Leading by Meaning. Welchen Zusammenhang also stellt die als „Philosophin in der Wirtschaft" bekannte Autorin zwischen der Werteorientierung der Generation Maybe und den uns bekannten, praktischen Erfahrungen ihres Beratungsmodells „Sinnorientierte Führung" her?

Dazu nimmt uns die Autorin zunächst auf eine Zeitreise durch die Werte- und Kulturprägungen der heute aktiv am Berufsleben teilnehmenden Generationen. Nacheinander betreten sie die Bühne: die Selbstbestimmten aus der Ära des Wirtschaftswunders; die Baby Boomer, bei denen der Wettbewerb und die Leistung im Beruf im Vordergrund standen; die Generation Golf mit einem hohen Anspruch an das Haben; und schließlich die Generation Maybe, die stetig Unentschlossenen. Dabei wird jeder Auftritt begleitet von eingeprägten Songs der jeweiligen Epoche. Ein starker, ein emotionaler Einstieg.

Gemeinschaftsorientierte Individualisten sind sie also, die Generation Maybe: Geprägt und erzogen im Geiste einer Rundumversorgung, scheinbar grenzenloser Transparenz, allgegenwärtiger Verfügbarkeit von Information im Internet und beständiger Ermunterung zu sachgemäßer Kritik. Diese Generation wird oft als Technik-affin und virtuell-orientiert beschrieben. Einige Zukunftsstudien sprechen gar von einer durch Computer und Maschinen dominierten Arbeitswelt (Industrie 4.0). Das passt doch zu dieser Generation, werden Sie sagen. Das Buch kommt zu einem ganz anderen Schluss.

Wie ein roter Faden legt das Internet eine unsichtbare, allgegenwärtige Spur in das Buch. Denn hier liegt einer der Schlüssel zum fundamentalen Verständnis der Generation Maybe: denn, was als grenzenlose Wahlfreiheit auf den ersten Blick als ein Segen erscheint, entpuppt sich bei näherem Hinsehen auch als Falle. *Zögern, Hinausschieben, Umentscheiden, – eine Konsequenz aus der Überforderung durch Wahlfreiheit.* Da schreitet eine ganze Generation durch das Tor der Unentschiedenheit, hinter der eine *Kultur des Zögern* auf sie wartet. Das Internet kennt keine Grenzen – Zeit und Raum lösen sich auf; alles wird sofort möglich. Und so entsteht die Verunsicherung, die so typisch ist für die Generation Maybe. „Und die haben uns gerade noch gefehlt" werden sie als Leser jetzt sagen. Stimmt, ruft die Autorin Ihnen zu. Genau die haben Ihnen noch gefehlt. Die können sie brauchen. Das hat allerdings Konsequenzen. Aber lesen sie selbst.

Wir wechseln die Szene und betreten ein Unternehmen. Die Autorin fesselt ihre Leser mit einer lebendig geschriebenen Mischung aus philosophischen Metaphern und fundierter Sachkenntnis: Ziele als selbst gegrabene Falle beschreiben treffend die Situation von Führungskräften in vielen Unternehmen. Und wieso ist Sisyphos dazu verdammt, glücklich zu sein? Gibt es denn keinen Ausweg aus dem Dilemma, in dem Gefühl zu leben, ständig einer unerreichbaren Karotte hinterher zu laufen? Im Verlauf des Buches wird klar, wie zeitgeschichtliche Werte unser Menschenbild prägen und damit insbesondere auch den Arbeitsalltag in Unternehmen bestimmen, damals wie heute. Die Philosophin entwickelt das Bild vom Sinn-Horizont, ein geistiges Konstrukt mit enormer Anziehungskraft, an dem sich Menschen ausrichten und an dem sich ihr eigener Wertekanon immer wieder bestätigt oder erneuert. Im Spannungsfeld zwischen Realität in Unternehmen und visionärer Ausrichtung am Sinnhorizont wird klar, wie sehr gerade die Manager und Führungskräfte aus der Generation der Baby Boomer diesem gesellschaftlichen Wandel in der heutige Zeit scheinbar hinterher laufen; und möglicherweise auch zu scheitern drohen. Wir können das bestätigen.

Zum Glück gibt es einen Ausweg aus dem Dilemma: die Autorin analysiert den Wandel von der Führungskraft zur Führungspersönlichkeit. Es hat in der Tat viel mit Selbstfindung und Selbstführung zu tun, nicht zu verwechseln mit Selbstdisziplin, wenn aus der Führungskraft eine Führungspersönlichkeit werden soll. Aus dem Erlebten in praktischen Coachings beschreibt die Autorin, wie Menschen sich ihren Werten annähern und schließlich annehmen. Erst so wird Selbstführung möglich. Werte jedes Menschen sind die Basis für Persönlichkeit, quasi ihre DNA, aus der heraus Sinn gefunden und für andere gestiftet werden kann. Aus dieser Betrachtung heraus wird das Konzept der Unternehmenswerte entwickelt; wir erinnerten uns hier an zahlreiche Workshops mit der Autorin. Und schließlich mündet

alles ein in eine „geführte" Bergwanderung: durch das Bild der körperlichen unmittelbar ge-
spürten Anstrengung bekommt man einen Eindruck davon, welcher Unterschied zwischen
dem Antreiber und der Führungspersönlichkeit besteht: entweder wird man wie ein Sklave
den Berg hinaufgetrieben oder man geht freiwillig und begeistert dem Sinn-Horizont entgegen, geradezu magisch angezogen.

Im weiteren Verlauf des Buches wird es noch praktischer: Wieder wechselt die Autorin
die Perspektive und beschreibt von der Metaebene aus die Wandlung von Unternehmen
von der Belegschaft zum Sinn-Team. Dabei schaut sie auf die Szenerie von oben und auf
die handelnden Personen mit Abstand. So sieht sie nicht nur *was*, sondern auch *warum*
es geschehen konnte. Eine wahrlich treffliche Perspektive und wohltuend für den Leser.
Denn er erfährt nicht, was er denn tun soll, sondern vielmehr, welche Fragen er bei sich
selbst beantworten muss, damit ein Wandel tatsächlich erfolgt.

Wandel hat viel mit Kommunizieren zu tun, und deshalb findet der Leser an vielen
Stellen des Buches Modelle und Beschreibungen zur erfolgreichen Kommunikation. Die
Kommunikation in Bildern – anschaulich als Schiff, mit dem Unternehmen durch eine
Krise steuern – und andere Bilder, wie das der Wertegemeinschaft bestehend aus Belegschaft und Leiharbeitern, vermitteln dem Leser ein Bild davon, wie kraftvoll und dynamisch Unternehmen vom Sinn-Horizont angezogen und von vielen Mitarbeitern täglich
neu an ihm ausgerichtet werden.

Wen wundert's, dies alles ist immer wieder garniert auch mit Philosophie, zum Glück
einfach und verständlich: da tritt uns zum Beispiel Immanuel Kant entgegen, der als Be-
gründer des Rationalismus in der festen Überzeugung lebte, dass der Mensch sich durch
Vernunft selbst befreien und dann in einer friedlichen Weltgemeinschaft vom Sinn (Ratio)
eines Horizontes angezogen leben könne. Und wie ein Schock trifft uns dann der Gedanke, dass gerade die seit den Lebtagen von Kant enorm gewachsene persönliche Freiheit
jedes Einzelnen – nach aktuellen Umfragen immer noch der Wert mit den höchsten Zu-
stimmungsraten in Deutschland – zu einer *Enttraditionalisierung und diese wiederum zu
einem Verlust an Selbst-Verortung in Zusammenhang steht*. Noch trefflicher könnte der
Zustand der Gesellschaft und damit die heutige und zukünftige Welt der Generation Maybe wohl kaum beschrieben werden.

In der Tat, beim Lesen des Buches wird Vieles konkret. Das also wird Unternehmen
mit der Ankunft der Generation Maybe beschert: hier kommt Management by Objectives
ebenso auf den Prüfstand wie die klassischen Hierarchien. Diese Generation fordert Sinn
und „sucht nach Herausforderungen, spannend und abwechslungsreich" (Thomas Sigi,
Personalvorstand der Audi AG). Menschen, die aus der Vielzahl des Angebots sehr wohl
zu unterscheiden wissen, ob die Aufgabe, der Job zu ihnen passt, ob sie das Projekt mögen.
Die Sinnfrage wird zum täglichen Ritual, sie sickert ein in das Fundament des Unternehmens und macht es quasi „zum Liquid". Sicher eine Herausforderung für Unternehmen,
die sich mit Sinn als Führungsmethode schon beschäftigt haben; eine schier unlösbare
Aufgabe für solche, die diesem Führungsmodell noch etwas ratlos gegenüberstehen.

Vor allem für Letztere gestaltet sich das letzte Kapitel des Buches als motivierender
Leitfaden. Hier wird die Lektüre zum Muss! Wie sollen wir anfangen, gibt es eine Me-

thode? Warum gerade ich, bin ich überhaupt geeignet? Wenn es dem Leser nur um den praktischen Rat geht: hier ist er genau richtig.

Wir mögen solche Bücher, weil wir – wenn wir schon viel Lesen – auch möglichst viel und schnell umsetzen möchten. Das vorliegende Werk wird uns nun noch weiter beflügeln, den Generationenwechsel bei allsafe Jungfalk voran zu treiben. Denn es ist nun einmal so: Die Generation Maybe fordert eine weitere Sinn-Spur in der Geschichte unseres Unternehmens, konkret, spürbar, transparent. Das erzeugt sicherlich auch Spannung. Wir wollen sie nutzen. Gleich morgen.

Zum Schluss: Dieses Buch ist mehr als nur ein Ratgeber für Unternehmer. Es beschreibt spannend und wissenschaftlich fundiert, wie das Internet eine ganze Gesellschaft verändert.

Diese Botschaft ist allgegenwärtig. Ein überaus lesenswertes Buch also – für jeden von uns.

Detlef Lohmann und Dr. Ulrich Lohmann
allsafe Jungfalk

Danksagung

Mein erster Dank gilt den Mandanten, die mit mir arbeiten oder gearbeitet haben. Ihr großes Vertrauen, das sie in meine Arbeit und meine Person setzen, empfinde ich als eine besondere Auszeichnung. Besonders bedanken möchte ich mich bei meinen frühesten Coachingnehmern, mit denen ich bis heute in verschiedenen Settings arbeite: Stefan Senn und Jürgen Raupp mit ihrem Führungskreis. Außerdem danke ich den Mitarbeitern von allsafe Jungfalk, die sich auch von unkonventionellen Arbeitsweisen nie abhalten ließen, mit mir in das Abenteuer Leading by Meaning zu gehen und dies in Interviews öffentlich zu machen.

Eine gewinnbringende Erfahrung war die Unterstützung seitens des Springer-Gabler-Verlags. Durch Michael Bursik und Janina Sobolewski erfuhr ich auf unkompliziert-fröhliche Art die seltene Mischung aus konstruktiver Kritik und persönlicher Freiheit.

Ein ganz besonderer Dank gilt meinem Mann, der nicht nur über die vielen Jahre unseres Zusammenlebens immer wieder kontrovers mit mir diskutiert, sondern auch in unzähligen Stunden seiner Freizeit das gesamte Buch-Manuskript mehrmals Korrektur las, die Skizzen nachbearbeitete und Formatierarbeiten erledigte. Seine Geduld und Arbeit im Hintergrund bedeuten eine unsichtbare, aber maßgebliche Unterstützung für dieses Buch-Projekt.

Zürich, im Juni 2014

Inhaltsverzeichnis

Die Autorin

Dr. Anette Suzanne Fintz (*1964) studierte nach mehr-jähriger Arbeitnehmererfahrung Philosophie, Psychologie, Pädagogik und Soziologie an den Universitäten Stuttgart und Konstanz. Während ihrer Promotion in Philosophie arbeitete sie an Projekten zu Unternehmensübergaben bei Familienunternehmen. Ihre freiberufliche Tätigkeit als Coach basiert auf einer existenzanalytisch orientier-ten Weiterbildung zur Coach in der Arbeitswelt und ihrer Assistenz in der Top-Mangement-Beratung weisseshaus GmbH. 1998 gründete Fintz das Institut für Sinn-orien-tierte Beratung (ISOB) mit den Schwerpunkten Führung, Kommunikation, wirksames Auftreten und Leistungsop-timierung. In ihrer Praxis begleitet die Philosophin in der Wirtschaft Führungspersonen in den unterschiedlichsten Herausforderungen, die sich Unternehmern und Führungsper-sonen stellen. Ihre Mandanten schätzen dabei ihre analytische und zugleich humorvolle Art, an Führungsthemen heran zu gehen, sowie klar und unterstützend zu kommunizieren.

Zu ihrer Tätigkeit als Führungsberaterin ist Fintz Autorin von Fachartikeln für Bücher und Journale; als Vortragende und Seminarleiterin ist sie auf Unternehmerforen und an Hochschulen im deutschsprachigen Raum gefragt.

Einleitung

1.1 Worum es in diesem Buch (nicht) geht

Die Reihe der Bücher über die Generation Y, die Netzkinder, die Digital Natives oder eben die Generation Maybe füllt die Regale der Buchhandlungen. Als ob ein Strom problematischer junger Leute auf die Gesellschaft, insbesondere die Wirtschaft zuwälzte, die weder Weg noch Ziel kennen. Dabei ist unser eigentliches Problem eher gegenteilig: von einem „Strom" kann gar keine Rede sein. Problematisch ist unsere Zukunft also angesichts einer Alterspyramide, die auf dem Kopf steht und uns vor ein nie dagewesenes Phänomen stellt. Deshalb drängt sich die Frage auf, wie man die Potenziale, die jede junge Erwachsenengeneration neu in die Welt bringt, für alle fruchtbar machen kann. Die sich anschließende Frage lautet: Wie können die Potenziale und die Kooperationsfähigkeit aller Generationen mit deren Bedürfnissen und Kompetenzen zu einem Optimum entfaltet werden, das langfristig wirtschaftlichen Erfolg verspricht. Um die Beantwortung dieser beiden Fragen geht es in diesem Buch. Es geht also darum, vorwärts zu denken.

Vorwärts denken bedeutet, sich mit persönlicher Kraft dynamisch und durchaus eigenwillig in die Zukunft zu entwerfen und mutig nach vorne zu gehen. Im Kern des Buches wird das Führungskonzept „Leading by Meaning" (LbM) vorgestellt und damit der bestmögliche Weg für Führung im 21. Jahrhundert. Leading by Meaning – so wird bald klar – ist keine Frage des Geschmacks, vielmehr eine des Weitblicks, das heißt: eine Zukunftsfrage.

Die Lektüre ist daher kein Urlaubsvergnügen für (Hobby-)Philosophen; der Schwerpunkt des Buches liegt auf der Frage des Nutzens und der Umsetzbarkeit dieses Führungskonzeptes. Der „Proof of Concept" wurde im wahrsten Sinne des Wortes „er-lebt" und ist in den Beispielen nachzulesen, die sich durch das Buch ziehen. Leading by Meaning ist nämlich nicht neu; ich selbst arbeite damit seit 1998 im Rahmen des von mir gegründeten Instituts für Sinn-Orientierte Beratung (ISOB). Das vorliegende Buch dokumentiert also aus der eigenen Praxis und zum Teil aus biografischen Berichten von Führungspersön-

© Springer-Verlag Berlin Heidelberg 2014
A. S. Fintz, *Leading by Meaning,* DOI 10.1007/978-3-662-44073-5_1

lichkeiten, wie erfolgreich Unternehmen sind, die heute auf das setzen, was gerade die engagiertesten Mitarbeiter aller Generationen dauerhaft anzieht: Sinn.

In einem mag mancher Leser allerdings enttäuscht werden: es gibt kein Rezept. Dies, weil es der Lage völlig unangemessen wäre. Die Weltwirtschaft in ihrer Komplexität, satte oder hungrige Märkte, politische Veränderungen (sowohl die bereits erfolgten, als auch die noch anstehenden), demografische Entwicklungen, die Schere zwischen Arm und Reich – wir haben es mit Umständen zu tun, die gerade die Akteure in den „westlichen Ländern" beziehungsweise der „Ersten Welt" auf das zurückwerfen, was ihnen früher zugeschrieben wurde: die Brain-Power. Die ist unsere Chance in einer Weltwirtschaft, deren Produktionsstätten sich ständig in Länder weiter verlagern, wo Mitarbeiter noch als „non-material-Resources" bezeichnet werden dürfen. Wir haben es mit Menschen zu tun, die emanzipiert und eigensinnig sind, die Ansprüche stellen und ihr Leben in die eigene Hand genommen haben. Der Bauer auf dem Schachbrett, den man nach Belieben und Management-Interesse herum schieben kann, ist ausgestorben. Deshalb braucht Führung weit mehr als Management-Wissen.

Führung fordert die ganze Person, sie fordert Hand, Kopf und Herz. Marktführer wird langfristig derjenige sein, der nicht allein Innovationen in Wissenschaft und Technik fördert, sondern frühzeitig im organisatorischen, wirtschaftlichen und gesellschaftlichen Bereich innovativ vorangeht. Sie merken: es geht gar nicht darum, Altes weg zu nehmen und durch Neues zu ersetzen; es geht vor allem darum, das bisherige Wissen neu zu analysieren, mit den aktuellen Umständen in Zusammenhang zu bringen und darauf aufzubauen. Bereits im Neuen Testament fordert Paulus auf: „Prüfet alles, das Gute behaltet!" Das wollen wir tun. Dafür ist nicht nur Intelligenz, sondern vor allem Intellekt gefragt. Übersetzt heißt das: nicht nur weit blicken, sondern auch tief denken; nicht hinterher denken, sondern nachdenken; vorwärts denken, um schließlich vorwärts zu gehen.

Es gibt also kein Rezept als Antwort auf die Frage: Wie können Menschen geführt werden,

- die eigenverantwortlich in Betrieben arbeiten sollen?
- die fachlich besser qualifiziert sind als der Führende selbst?
- die ein hohes Bildungsniveau haben?
- die eine Balance in ihrem Leben fordern?
- die hohe Ansprüche an das Unternehmen stellen?
- die sensibel auf Belastung reagieren?
- die später selbst Führungsverantwortung übernehmen sollen?

Leading by Meaning gibt als Antwort auf die genannten Führungsherausforderungen ein Konzept an die Hand, das zum einen individuell eingesetzt werden muss, zum anderen einer klaren Linie folgt, die jeder anwenden kann. Es ist deshalb im besten Sinne eine Art Gesprächsangebot für erfahrene Führungspersonen und für diejenigen, die sich in Führungsverantwortung begeben wollen. Lohnenswert sind die Überlegungen allemal, denn die Antworten schlagen sich in den Hard Facts nieder: in Bilanz und Fluktuation – kurz gesagt im Unternehmenserfolg. Sie schlägt sich aber auch noch in etwas ganz anderem nieder, nämlich in der Lebensqualität der Führungspersonen und der Geführten. Stoff und Grund zum Nachdenken und entsprechendem Handeln gibt es also genug.

Ein Unternehmer muss kein Philosoph sein – manche halten die Kombination sogar für einen Widerspruch in sich. Wie dem auch sei: Ein Spitzenunternehmer hat erstens ein untrügliches Gespür für Markt und Menschen und zweitens nimmt er sich die Zeit, gelernte Gesetzmäßigkeiten immer wieder zu überprüfen, über Mensch, Struktur und Produkt regelmäßig und intensiv nachzudenken, um dann entsprechende Schlüsse in die Tat umzusetzen. Die Kapitel sind deshalb so aufgebaut, dass der Leser in jedem Kapitel eine Menge fundierte Führungsthemen mit Beispielen vorfindet und im Anschluss das Gelesene in einem Review unter zwei Aspekten für sich auswerten und anwenden kann:

Erstens die Checkup-Fragen, die Sie persönlich und Ihr Unternehmen betreffen. Dabei ist es wie immer: Je ehrlicher Sie sich selbst gegenüber sind, desto besser für Sie.

Zweitens erhalten Sie in den „Schritten nach vorn" klare Anweisungen, was Sie als nächstes tun können, um Teilaspekte von Leading by Meaning umzusetzen. Auch hier gilt wieder eine alte Weisheit, nach der weniger mehr ist.

1.2 Warum „Generation Maybe"?

Sowohl beruflich, als auch privat habe ich das Glück, immer wieder mit der Generation Y zu arbeiten, also mit Menschen, die zwischen 1980 und 1995 geboren sind. Zu den persönlichen Erfahrungen kommen die Gespräche mit meinen Mandanten und Coachingnehmern, die immer wieder mit großer Verwunderung von enormen Schwierigkeiten mit der jüngsten Generation berichten – bei gleichzeitiger Sympathie. Am problematischsten scheint in Betrieben die weit verbreitete Unentschlossenheit bei gleichzeitiger Anspruchshaltung an das Umfeld. Ob es um Karriereoptionen, Partner- oder Kinderwunsch geht: die Frage „soll ich…?" dominiert das tiefer gehende Gespräch. Auf Grund dieser prinzipiell unsicheren Haltung, die nach Orientierung hungert, kam ich auf die Idee, diese Generation „Soll-Ich-Generation" zu nennen. Für „Maybe-Generation" entschied ich mich, weil ich feststellte, wie sehr sich die Vertreter der Generation neben ihrer Unentschlossenheit wünschen, entschieden zu sein, das heißt eine profilierte Persönlichkeit zu werden – eben vom Maybe zum „Be".

Eine weitere Erfahrung in der Begleitung von Menschen in Führungsverantwortung begründet die Nennung der Generation Maybe: je länger je mehr entdecke ich, dass die jungen Erwachsenen Fragen stellen, die die Babyboomer im letzten Drittel ihres Arbeitslebens langsam aber sicher nach jahrzehntelanger Schufterei und erreichten Zielen zu stellen wagen: Wofür mache ich das alles? Was kann ich verantworten? Wohin führt mich mein Weg? – Menschen, die seit Jahrzehnten Leistungsträger unserer Gesellschaft sind, erinnern die Fragen, die sie als Jugendliche schon einmal gestellt haben. Mit einem großen Rucksack an Erfahrungen schauen sie nun zurück und ziehen Bilanz; sie schauen aber auch voraus und sehen, dass es noch Zeit ist, sich eine Zukunft zu entwerfen, sich erneut zu orientieren.

Die Generation Maybe stellt die Fragen offensiv, selbstverständlich und selbstbewusst; insofern sind sie Wegweiser auf einem Weg in das, was die jungen Autoren Giesa und Clausen als „New Business Order" bezeichnen (Giesa und Clausen (2014)): Einer Entwicklung zu stabilen, weil flexiblen Unternehmensstrukturen, die selbst atmen und die Mitspieler atmen lassen. Deshalb ist meine erste Reaktion angesichts der Klagen darüber, dass die jungen Kollegen anders sind, als wir sie im alltäglichen Ablauf brauchen: „Gott sei Dank! " Schließlich ist Anderssein das Mindeste, was man von Menschen erwarten sollte, die die Zukunft gestalten werden. Ich sage das im vollen Bewusstsein, welche Arbeit hier auf Führungspersonen zukommt; aber auch in dem Bewusstsein, dass derjenige, der sich nicht bewegt, verlieren wird. Deshalb sollte jeder froh sein, wenn er Menschen um sich hat, die ihn zur Bewegung animieren, bevor er von außen in die Knie gezwungen wird.

Der dritte und letzte Grund, die Generation Maybe im Buch immer wieder als Anstoß für die Umsetzung des Konzeptes „Leading by Meaning" zu nehmen, ist der sich verstärkende Mangel an jungen qualifizierten Menschen in Unternehmen, erst recht dann, wenn es um Führungsverantwortung geht. Wer sehr gute, motivierte junge Mitarbeiter für sein Unternehmen gewinnen will, wird nicht darum herum kommen, sich über deren Werte, Lebensentwürfe und Orientierung Gedanken zu machen. Dass daraus auch Reflektionen über das eigene Leben resultieren, kann als positiver Nebeneffekt gewertet werden. Wer sich mit der Generation Maybe beschäftigt, hält sich also nicht nur fit für den sich beschleunigenden Markt, sondern wird attraktiv für junge Talente.

Aus all' diesen Gründen gehe ich mit der Auseinandersetzung der Generationen und deren Erfahrungshintergründen in Bezug zum Selbst- und Arbeitsverständnis an den Start dieses Führungsbuches.

Ich beginne also bei Ihnen, um Sie dann auf einen Weg zu führen, der Ihnen in Ihrer alltäglichen Verantwortung eine Grundlage für ein außergewöhnliches und außergewöhnlich wirksames Firmen- und Persönlichkeitsprofil bietet.

Die weiteren Kapitel führen Sie in die Theorie und Praxis eines Sinn-orientierten Führungsverständnisses, das neben einem gesunden Wirtschaften auch eines berücksichtigt: ein gelingendes und gewinnendes Leben für alle Partizipanten. In den beiden letzten Kapiteln werden konkrete Umsetzungsbeispiele und konkrete Entwürfe für Ihren Alltag aufgezeigt.

Es ist Zeit, den „Wind of Change", der in allen Branchen zunehmend weht, für sich zu nutzen. Setzen wir also Segel und begeben wir uns auf eine spannende Reise.

Literatur

Giesa C, Schiller Clausen L (2014) New Business Order. Wie Start-ups Wirtschaft und Gesellschaft verändern. Carl Hanser, München

The Wind of Change 2

▶ The future's in the air
I can feel it everywhere
Blowing with the wind of change

The world is closing in
And did you ever think
That we could be so close, like brothers

Take me to the magic of the moment
On a glory night
Where the children of tomorrow dream away
In the wind of change

Als die Scorpions 1990 die Rock-Hymne „Wind of Change" in Vinyl presste, waren die Baby-Boomer in ihren besten Jahren, nämlich zwischen 25 und 34. Manche konnten sich den Titel schon auf CD leisten. Der Song traf den Nerv der Zeit und bis heute ist er die erfolgreichste Musikproduktion aus Deutschland. Der Großteil der heutigen Menschen in Führungspositionen besang mit Klaus Meine, dem Leadsänger der Band, den Wind der Veränderung, der die bedrohlichen und starren politischen Verhältnisse – aber irgendwie auch die der vorigen Generationen (inklusive der der 68er) – hinweg fegte. Der russische Präsident Gorbatschow lud die Scorpions ein; Erich Honegger, der letzte Staatspräsident der DDR, musste sich vom russischen Präsidenten sagen lassen, dass derjenige, der die Veränderung nicht mitmache, verlieren würde: „Wer zu spät kommt, den bestraft das Leben."

Der Mauerfall, die Demokratisierung des „Ostblocks", die lang ersehnte Abrüstung, eine prosperierende Wirtschaft, die Hoffnung auf eine bessere Welt: all' das prägte die Baby-Boomer-Generation neben der Erfahrung des ständigen Gefühls, zu viele zur gleichen Zeit zu sein, das Waldsterben verhindern zu müssen und in einem ungnädigen

© Springer-Verlag Berlin Heidelberg 2014
A. S. Fintz, *Leading by Meaning*, DOI 10.1007/978-3-662-44073-5_2

Konkurrenzkampf zu stehen. Für die Generation der Jahrgänge 1956–1965 kam der politische Umbruch zur genau richtigen Zeit, nämlich in der Zeit des Berufseinstiegs, der Familiengründung, des Hausbaus.

Eine ganze Generation atmete mit „Wind of Change" durch und machte sich auf ins Leben. Mit Backpackingrucksäcken und im Kleinwagen mit dem Aufkleber „Alt, aber bezahlt" in die weite Welt, später mit dem von den Eltern gesponserten Anzug, polierten Schuhen und dem stabilen Samsonite-Koffer auf die Karriere-Leiter. Schritt für Schritt arbeitete man sich nach oben: vom Diplom in die feste Stelle; vom einfachen Dipl.-Ing. oder Dipl.-Kfm. zum Projektleiter, weiter zum Gruppenleiter weiter zum Abteilungsleiter weiter zum Direktor weiter, weiter, weiter.

Eine Karriere verlief linear – und zwar nach oben, das bedeutet bis heute immer auch, dass Personalverantwortung, und mit ihr das Führen von Menschen, zur Karriere dazu gehört. Je mehr Menschen „unter" einem sind, desto weiter hat man es gebracht.

Veränderungen haben die Baby-Boomer und die nachfolgenden Generationen nicht nur politisch, sondern auch im Berufsleben seither begleitet. Change-Management war über viele Jahre eines der erfolgreichsten Themen auf dem Managementseminarmarkt. Schließlich haben sich in den beiden Jahrzehnten um die Jahrtausendwende sehr viele Umbrüche in Unternehmen ergeben. Mit den wachsenden Herausforderungen einer globalisierten Welt stiegen die Ansprüche auch an die Führungs- und Managementkompetenz der Einzelnen. Viele eigneten sich das, was sie im Alltag brauchten, im „Learning-by-Doing-Verfahren" an – oder auch durch Trial and Error; einige wenige besuchten berufsbegleitende Managementseminare auf verschiedenen auch akademischen Ebenen, die bis heute den Weiterbildungsmarkt prägen.

Irgendwie wurde es nie so recht windstill. Die Baby-Boomer waren damals – in den späten 1980ern und 1990ern „die Zukunft". Diejenigen unter ihnen, die heute in Führungsverantwortung stehen, haben sich dort hingearbeitet. Viele haben das Erklimmen der Karriereleiter mit langen Arbeitszeiten, Auslandsaufenthalten ohne Familie und manchmal mit schmerzhaften Trennungen und ihrer Gesundheit bezahlt. Aber jetzt sind sie angekommen. Angekommen in der Zukunft.

Hier treffen sie auf diejenigen, die sie manchmal auf die Palme bringen. Baby-Boomer gehen nicht auf die Palme, weil die jüngere Generation, mit der sie „etwas reißen" wollen, nicht anständig gekleidet, unfrisiert, unfreundlich oder flegelhaft wäre (das war eher das Thema der eigenen Jugend). Baby-Boomer verzweifeln manchmal schier an der Unentschiedenheit, mangelnden Zielstrebigkeit, Unbeständigkeit, Unzuverlässigkeit und Anspruchshaltung der sogenannten Generation Y, die hier im Buch „Generation Maybe" genannt wird. Nach Auffassung heutiger Führender in Politik und Wirtschaft prägt die Kinder der eigenen Generation genau das, was einen hindert, ein erfolgreiches Berufsleben zu führen. „Wie will diese Generation verantwortliche Positionen im Unternehmen besetzen, wenn sie schon in jungen Jahren statt einen Rucksack zu packen und ins Unbekannte zu ziehen, lieber eine Pauschalreise zum Chillen – am besten mit All-You-Can-Eat-Buffet – bucht?" Diese Frage hat sich für viele inzwischen von einer gesellschaftskritischen, zu einer Überlebensfrage entwickelt. Auf der Suche nach Talenten und in einem globalen Wettbewerb brauchen wir eine Nachfolgergeneration, die auf die Zukunft zugeht, nicht eine, die darauf wartet, wie die Zukunft auf sie zukommt. Genau das ist aber das Gefühl, das viele Baby-Boomer gegenüber der jüngeren Generation haben. Deshalb trauen sie ihnen auch nicht viel zu, schon gar nicht ohne ihre Unterstützung.

Vor allem problematisch ist die Ratlosigkeit angesichts der erfolglosen Anwendung von „erzieherischen Maßnahmen". Immer mehr Führungspersonen scheitern heute mit ihren Führungs- und Managementtools, die jahrzehntelang verlässlich funktioniert haben. Sie fragen sich: „Was müssen wir tun, damit die Generation Maybe endlich begreift, was sie ändern muss, um in die Zukunft gehen zu können?"

Diese Fragestellung ist grundlegend für die Struktur dieses Kapitels, in dem zunächst Generationenunterschiede thematisiert werden. Die groben Skizzen der Generationen lehnen sich an Muster an, die nach der Gauß'schen Glockenverteilung zu lesen sind: so trifft natürlich keineswegs immer alles auf jeden aus der jeweiligen Altersgruppe zu. Trotzdem wird vieles in Kategorien gebracht, was die Leser aus eigener Erfahrung kennen. Da die Musiktitel, die eine Generation für sich als Ohrwurm wählt, dem authentischen Ausdruck tiefen Selbsterlebens einer ganzen Altersgruppe entspricht, werden jeweils Titel zitiert, die Sie als Leser vermutlich sogar „hören" werden, sobald sie erkannt haben, worum es sich handelt.

Im Anschluss an das Thema Generationen mit dem Schwerpunkt auf der Generation Maybe, wird die Frage gestellt, welcher „Wind of Change" im 21. Jahrhundert weht, und was sich deshalb auch im Business ändern muss. Dies sowohl in der Struktur, als auch in der Führung. Hierbei wird die Generation Maybe tragend sein, denn: sie sind die Zukunft, die die Baby-Boomer selbst einmal waren. Sie sind diejenigen, die der Wind of Change nicht fort treibt, sondern voran.

Eines sei jetzt schon vorweg genommen: wir haben mit der Generation Maybe Menschen in Unternehmen, die nachdenklich und wohlwollend sind und die sich danach sehnen, einen positiven Beitrag zu einer guten Welt zu leisten. Wir alle sollten daran arbeiten, sie so zu führen, dass ihnen das gelingt und sie selbst zu den besten Führungspersonen werden können, die unsere Gesellschaft je hatte.

2.1 Talking 'bout my Generation

2.1.1 Was macht eine Generation aus?

Die Jugend liebt heutzutage den Luxus. Sie hat schlechte Manieren, verachtet die Autorität, hat keinen Respekt vor den älteren Leuten und schwatzt, wo sie arbeiten sollte. Die jungen Leute stehen nicht mehr auf, wenn Ältere das Zimmer betreten. Sie widersprechen ihren Eltern, schwadronieren in der Gesellschaft, verschlingen bei Tisch die Süßspeisen, legen die Beine übereinander und tyrannisieren ihre Lehrer.

Was würde sich wohl ergeben, wenn man ein Quiz mit der Frage veranstaltete, aus welchem Jahr dieses Zitat stammt. Die meisten Treffer würden vermutlich die Jahre 1955–1995 erhalten. Die Zeit der Hippies, Pilzköpfe und 68er; die Jugendzeiten der Babyboomer, der „Generation X" der „Generation Golf". Das wäre schließlich verständlich: die heute Erwachsenen, Ergrauten, teils Pensionierten hatten sich – wie alle Jugendgenerationen vor ihnen – von den Eltern mit einem Verhalten abgesetzt, das diese als respektlos und unverschämt einstuften.

Das Zitat stammt aber vom Enfant Terrible der Antike, von Sokrates (469–399 v. Chr.). Obwohl er selbst nicht gerade dem entsprach, was vor ca. zweieinhalb Jahrtausenden dem anständigen Verhalten zugerechnet werden konnte, (Sokrates war häufig in der Öffentlichkeit betrunken, „pöbelte" Leute auf öffentlichen Plätzen mit seinen philosophischen Theorien regelrecht an, kleidete sich schlampig und trug Streit mit seiner Frau offen aus), prophezeite Sokrates mit diesen Worten ein düsteres Bild der gesellschaftlichen Zukunft. Die Vorherrschaft der antiken Griechen sollte dennoch einige Jahrhunderte weiter andauern.

Auch unsere Vorfahren können feststellen, dass unsere Kultur weitgehend Bestand hat und der Wohlstand bis vor wenigen Jahren stark gewachsen ist. Das, was im Laufe des letzten Jahrhunderts schief gelaufen ist, kann spätestens seit Ende des zweiten Weltkrieges nicht auf die jeweilige Jugend zurück geführt werden. Was Gesellschaften aber immer voran getrieben hat, waren die Ideale der jungen Generationen: bis heute geht es um eine glückende und beglückende Welt für alle. John Maynard Keynes (1883–1946), einer der großen Vordenker und einer der bekanntesten Ökonomen des 20. Jahrhunderts, träumte zu Beginn des letzten Jahrhunderts davon, eines Tages den Wohlstand zu erreichen, den wir zu Beginn des 21. Jahrhunderts in Mitteleuropa und den USA tatsächlich haben. Allerdings strebte er diesen Wohlstand an, um in einer Gesellschaft zu leben, in der alle neben ihrer Erwerbsarbeit genug Zeit und Kraft für das übrig haben, was im Leben wirklich wichtig ist: Muße, Bildung, das „Anhäufen" von Glück, jedoch nicht das weitere Anhäufen von Geld. Keynes war kein Träumer; seine Vorstellung von Gesellschaft und Welt wird heute – in einer Gesellschaft, die alles hat, aber nach Sinn fragt – neu diskutiert (vgl. Skidelsky (2013)).

Mittlerweile hat sich aber gezeigt, dass eine weitere Frage noch nicht beantwortet ist, die für Keynes Konzept grundlegend wäre: Wann kann „Ich" – also jedes einzelne ICH je persönlich – von einem geglückten Leben sprechen?

Wenn sich offensichtlich Lebenszyklen über Jahrtausende erstaunlich ähneln, was sind dann Generationen?

Einfach formuliert zeichnet sich eine Generation dadurch aus, dass sie einen gemeinsamen zeitgeschichtlichen prägenden Erfahrungshintergrund hat. Diese sogenannten „Generationen- oder Alters-Kohorten" eint also etwas, was sie selbst weder gewählt haben, noch beeinflussen konnten. Wer sich einmal näher mit seiner eigenen Alterskohorte beschäftigt, mag erschrecken, wie irrig die eigene Meinung zur individuellen Entwicklung ist. Jeder Generation liegt ein bestimmtes Lebensgefühl zugrunde, das nur durch Separieren von Gleichaltrigen anders entwickelt werden kann. Teilweise geschieht das zum Beispiel durch religiös und/oder traditionell orientierte Subkulturen, die ihre Kinder und Jugendlichen soweit irgend möglich von deren Altersgenossen fern halten und einen eigenen

Kreis aufbauen. Und dennoch: Technische Entwicklungen, Ereignisse wie Kriege nah und fern, Studentenrevolte 1969 ff., der Mauerfall 1989, „Nine-Eleven" 2011, schwerwiegende Wirtschaftskrise 2008, Wohlstandsphänomene… vor all' diesen gesellschaftlich-historischen Ereignissen kann selbst eine exkludierende Subkultur nicht „schützen". Sie hat zwar andere Erklärungsmuster, aber die Phänomene und erlebten Konsequenzen einen jede Alterskohorte.

In den nächsten Abschnitten werden vier Generationen beschrieben, die heute aktiv am Berufsleben teilnehmen (Einteilung nach Bruch et al. (2010), S. 97):

Die Wirtschaftswundergeneration (1946–1955), die Baby Boomer (1956–1965), die Generation Golf (1966–1979) und die Generation Maybe (ab 1980). Inwiefern diese pauschalierenden Beschreibungen nicht nur informativ sind, sondern auch Spaß machen, können die Leser selbst entdecken. Warum macht das eigentlich Spaß?

Weil bei jedem von uns beim Lesen sofort Kino im Kopf entsteht, das eine Vielfalt von eigenen Erlebnissen, Gefühlen, Schmunzeln und Kopfschütteln hervorruft. Das Lebensgefühl der Zeit lebt in jedem, egal wie individuell wir uns entwickelt haben. Insofern sind die nächsten Unterkapitel eine Einladung zu einer kurzen Zeitreise ins 20. Jahrhundert, um danach umso besser gerüstet dorthin zu gehen, wohin wir wollen: nach vorne!

2.1.2 Die Selbstbestimmten: Generation Wirtschaftswachstum

▶ People try to put us down
Just because we get around
Things they do look awful cold
I hope I die before I get old

Why don't you all fade away
And don't try to dig what we all say
I'm not trying to cause a big sensation
I'm just talkin' 'bout my generation

The Who: Talking about my Generation, 1965

Als Pete Townshend von The Who 1965 „Talking 'bout my Generation" textete, war er gerade mal zwanzig Jahre alt. Der wenige Tage nach dem Krieg geborene Townshend gab bei seinen Vorstellungen mit der Band eine echte Performance vom inneren Druck, der seine Generation prägte: zum Konzert gehörte fast schon wie ein Ritual das Zertrümmern der Instrumente. Man stelle sich die Spanne vor, die damals bestand: in den Kinos der 1950er liefen Filme mit Heinz Erhard, Heinz Rühmann, Lieselotte Pulver und Peter Alexander. In den Filmen waren die Wiesen immer grün, die Erwachsenen fleißig und fröhlich, die Kinder brav und am Ende wurde überhaupt alles gut. Mit „Talking 'bout my Generation" stemmte sich The Who gegen die aufgezwungene Fortsetzung einer Kultur mit Werten, die sich nach den Schrecken des Krieges, nicht mehr bewähren konnten. Die damals neue Generation wollte endlich dem Mief von Sammeltassen und Unterordnung entkommen. Mit Bill Haley, den Beatles und Elvis Presley entstanden jubelnd kreischende Jugendmassen, die man bis dato noch nicht gesehen hatte. Ein begeistertes Lebensgefühl brach auf, das teilweise durch massive Zurückweisung der Elterngeneration – zum Teil sogar noch „Überbleibsel" aus dem Dritten Reich – in Wut, Frust und Aggression umschlug. Die in den 1930er Geborenen wollten endlich vergessen und in Ruhe und Ordnung leben; sie wollten sich vom Albtraum der Kriegsjahre und dem Gefühl, als Nation daran Schuld zu tragen, erholen. Deren Kinder wollten – wie alle Kinder bis heute – die Wahrheit über ihre Identität wissen. Sie ließen in einer Zeit, in der die Generationen untereinander wenig offen kommunizierten, mit ihren Nachfragen nicht locker. Statt zu antworten, versuchte die Elterngeneration zu erziehen, zurecht zu rücken, zu maßregeln. Die jüngere Generation reagierte immer massiver. Geschlechterverhältnisse, Vorstellungen von „oben und unten", die Möglichkeit zur politischen Beteiligung und die vielen unfreien Verhältnisse: alle bis dahin gesellschaftlich-bürgerlichen Regeln sollten radikal geändert werden. Man begab sich auf die Suche nach einer gerechteren Welt, deren Vorkämpfer man im entfernten Mittelamerika bei Che Guevara fand. Während die Elterngeneration nach dem Kriegselend eher materialistisch einzustufen ist, das heißt Sparsamkeit und Besitz standen im Vordergrund, ist die Wirtschaftswundergeneration eher postmaterialistisch eingestellt. Letzteres eben in einer Zeit der Vollbeschäftigung; der Krieg und danach die Entnazifizierung hatte solche Löcher in allen Bereichen der Gesellschaft gerissen, dass junge Menschen vom Fleck weg in Lohn und Brot kamen. Die junge Generation ließ sich in zwei Gruppen einteilen: die einen orientierten sich an Doris Day oder James Dean, die anderen an Jimmy Hendrix und Janis Joplin.

Sowohl das Ausgehen im Petticoat, als auch das Experimentieren mit Drogen gehören zum Bild der jungen Erwachsenen in den 1960ern. Die einen pflegten einen naiven Optimismus, die anderen wollten in dieser spießig-bürgerlichen Welt des sich anbahnenden kalten Krieges erst gar nicht alt werden.

Der „Kessel" explodierte zum Ende der 1960er Jahre. Der innenpolitische Kampf um politische Systeme und Lebensformen zog sich letztlich bis zum Ende der 1970er Jahre, als sich der große Teil der Generation längst etabliert hatte. Das Frauenbild einer Doris Day und das Männerbild eines smarten Peter Krauß hatten endgültig ausgedient, Beziehungen wurden freier und die Kinder der Kriegskinder legten den Grundstein für die gesellschaftlichen Verhältnisse, wie wir sie heute vorfinden.

Der berufliche Aufstieg fiel ihnen nicht schwer; man brauchte dringend junge Menschen, die bereit waren, an der Zukunft eines Nachkriegseuropas zu bauen. Nicht nur Universitätsabsolventen, sondern auch junge Leute aus einfachen Berufen erhielten Berufsaussichten, die es später so nie mehr gab.

In Hinblick auf die persönliche Freiheit in Beziehungen und gesellschaftlichem Stand profitierten die Baby-Boomer enorm von dieser Bewegung, die zwar von „nur" ca. 10 Tausend Studenten aktiv getragen, aber doch von einem großen Teil der eigenen Generation befürwortet wurde.

2.1.3 Immer zu viele: Die Babyboomer

▸ We don't need no education
We don't need no thought-control
No dark sarcasm in the classroom
Hey, teacher, leave us kids alone!

Pink Floyd: School, 1979

Mit stabilen Verhältnissen in der Gesellschaft, wachsendem Wohlstand und wenig Möglichkeiten der Schwangerschaftsverhütung wuchs die Kinderzahl in Deutschland bis zu einem Gipfel im Jahr 1964, in dem genau 1.357.304 Mio. Kinder (in Ost- und Westdeutschland zusammen) geboren wurden (vgl. Rupps 2008; Arntz 2013). Die Baby-Boomer waren als Kinder live dabei, als der erste Fernseher ins Haus kam. Sie waren in den ersten Schulklassen, als das Schlagen seitens der Lehrer offiziell endlich verboten wurde. Babyboomer konnten ganz besondere Feiertage erleben: während der ersten Ölkrise 1972 wurden „autofreie Sonntage" fest gelegt. Wer nahe genug wohnte, verlegte den „verpflichtenden" Sonntagsspaziergang mit der Familie auf die Autobahn. Die Babyboomer sind auch Teil der ersten Urlaubsgeneration: mit ihren Eltern fuhren sie ans Meer – ins Ausland! In Italien, Jugoslawien und Spanien befanden sich am Strand viele gleichaltrige deutschsprachige Spielkameraden; Einsamkeit kam selbst bei den wenigen Einzelkindern, die es überhaupt gab, nicht auf.

Tatsächlich ist das eine der wichtigsten Erfahrungen der Babyboomer „zu viele" zu sein. Nicht, weil man dieses Gefühl seitens der Eltern vermittelt bekam, sondern weil es so war: Zu viele Schüler, Studierende, Ausbildungsanwärter, Bewerber. Es gab praktisch nichts, woran nicht auch ein anderer interessiert gewesen wäre. Den entmutigenden Spruch, den Professoren gerne in der ersten Vorlesung zu Beginn des Studiums machten, wissen heute noch viele: „Guten Morgen meine Herrn! Bitte schauen Sie jetzt Ihren Nachbarn links und rechts von Ihnen an…. Prägen Sie sich deren Gesichter ein, denn in einem Jahr sollten diese Nachbarn nicht mehr neben Ihnen sitzen." Die Professoren behielten natürlich recht: in etlichen Studienfächern wurden bis zum Vordiplom 40–60 % „rausgeprüft"; die Messlatte war insofern subjektiv, als sie daran angelegt war, wie viele die Klausur bestehen durften.

Die Eltern hielten sich spätestens ab Studienbeginn weitgehend mit Ratschlägen zurück; auch die Suche nach einer Unterkunft blieb den jungen Erwachsenen selbst überlassen.

Als ich vor einiger Zeit eine Kirche in Frankfurt besuchte, fiel mir ein Schild ins Auge, auf dem stand, der Wiederaufbau nach dem Krieg sei im Jahr 1964 abgeschlossen worden. In diesem Augenblick wurde mir - Jahrgang 64 - schlagartig klar, wie ich zusammen mit Millionen von Altersgenossen unbewusst in einer recht kurzen Kette der Nachkriegsgeneration stehe. Wir hatten keine Auswirkungen mehr zu spüren, sind aber in eine Zeit geboren, in der in vielerlei Hinsicht die Folgen des Krieges spürbar waren. Ein Effekt war zum Beispiel auch der, dass es nun aufwärts ging. Wer auf „Null" steht, hat fast unbegrenzt Luft nach oben. Das erklärte Erziehungsziel der Nachkriegsgeneration bestand deshalb auch darin, dass es den Kindern einmal besser gehen sollte als ihnen selbst. Mit einem aus heutiger Sicht unglaublichen Optimismus vertrauten die Eltern auf die Zukunft, in der technische Innovation und die wachsende Vernunft alle Probleme lösen würde. Wichtig war nur, etwas „Handfestes", „Reales" zu erlernen, das heißt einen Beruf zu suchen, der einem den Wohlstand ermöglichte, der aufgebaut werden sollte. Viele Abiturienten gingen so erst einmal in Lehrberufe, bevor sie ihr Studium begannen: Vor dem Maschinenbaustudium wurde KFZ-Mechaniker gelernt, vor dem BWL-Studium kam die Banklehre. Fast immer waren es sowieso mehr Auszubildende als der Betrieb behalten konnte, so dass auch hier von Beginn an eine Situation entstand, bei der es zwar eine Solidarität unter den Azubis gab, aber eben auch eine Konkurrenz in Hinblick auf die wirklich begehrten Arbeitsstellen. Dazu kam dann noch die erste wirtschaftliche Stagnation und Krise der Nachkriegszeit – die kleine private Welt gehörte also nicht mehr automatisch demjenigen, der bereit war, brav zu arbeiten. Auch der Umgang mit der persönlichen Unsicherheit gerade in den ersten Jahren nach Schulabschluss prägte das Selbstbewusstsein dieser Generation.

Nicht, weil die Babyboomer das selbst wollten, sondern allein durch die Umstände wurde der Umgang mit Freundschaften und das Leben in Gemeinschaft, als auch mit Druck und Konkurrenz nolens volens gelernt. Anpassungsfähigkeit und Frustrationstoleranz waren – ganz evolutionstheoretisch – eine wichtige Kompetenz um vorwärts zu kommen. Das heißt aber auch: wer heute „oben" angekommen ist, hat hart dafür gearbeitet und manchmal mehr dafür bezahlt, als er anfangs bereit gewesen wäre zu geben.

Auf der anderen Seite merken die Baby Boomer gar nicht, wie sehr sie „unter sich" sind, das heißt wie stark ihr ganzes Umfeld auch heute noch mit der eigenen Generation besetzt ist. Die zahlenmäßige Stärke der Generationenkohorte hat dazu geführt, dass das, was ihre Vertreter denken, als Normalität begriffen wird.

„Die kommen hoch und werden wieder verschwinden" prophezeite mein Vater, als die ersten Grünen in den Bundestag einzogen. Er sollte sich täuschen.

Auch wenn die Gründer der Sonnenblumenpartei 68er waren, so haben doch ihre jungen Fans im Parka und mit Angst vor Atomkraft die Masse an Stimmen gebildet, die es für den Bestand der Partei letztlich brauchte. Die Baby Boomer erkannten in den Grünen eine Partei, die sich aus ganz neuer Perspektive heraus um den Lebensraum ihrer Zukunft kümmerte. Nicht die Grünen haben eine Gesellschaftsveränderung in Hinblick auf Werte und Lebensform begründet; sie sind eher als Phänomen zu sehen, das zeigt, wie die Baby Boomer durch ihre Anzahl eine Verschiebung der Lebensformen und Werte gesellschaftsfähig gemacht hat.

„Zu viele" bedeutet eben auch, „mehr als alle anderen" zu sein. Deshalb konnte der Song von Pink Floyd wochenlang auf Platz Nr. 1 bleiben: in „School" wird ein Selbstbewusstsein ausgesprochen, das die Lehrer nach Hause schicken lässt. Tatsächlich sollten die Baby Boomer bald bestimmen, was „normalerweise gedacht" wird; sie setzten die gesellschaftlichen Werte, die bis heute gelten. Ob es sich um Zusammenleben in familiären Kontexten, Umwelt- und Konsumverhalten, Statussymbole, Verhältnis zum Älterwerden und vor allem das Verständnis von Arbeit und Karriere handelt: die Babyboomer haben die Interpretationshoheit zur Normalität qua ihrer Anzahl.

Vor- und Nachteile spezifisch des Phänomens der großen Bevölkerungsmenge in derselben Lebensphase mit Folgen für die Persönlichkeitsentwicklung wird in „Generationen erfolgreich führen" gut zusammen gefasst:

„[Die] Hauptherausforderung für diese Generation [war es], dass sie sich zu jeder Phase ihres Lebens durch den Flaschenhals kämpfen musste, den ihre eigene große Anzahl verursacht hat. Aufgrund ihrer großen Anzahl musste die Alterskohorte früh lernen, zu kooperieren, was ihnen heute tendenziell bei ihrer Teamfähigkeit zu Gute kommt. Ebenso wird ihnen aus diesem Grund eine höhere Sozialkompetenz zugesprochen, die sich in Hilfsbereitschaft und Kooperationsfähigkeit ausdrückt. Mitarbeitende anderer Generationen arbeiten mit Baby Boomern vergleichsweise gerne zusammen." (Bruch et al. (2010), S. 104)

Was sie im Leben erwartete, davon hatte dieses Alterskohorte zwar genau so viel Ahnung wie die nach ihnen geborenen, aber die Baby Boomer wussten eines: es sollte eine Steigerung in ihrer Lebensqualität geben. Es gab so vieles zu wünschen! Ein eigenes Auto, womöglich ein neues? Womöglich ein Golf GTI? Reisen oder sogar Studieren in der weiten Welt; die eigenen vier Wände; ungebunden sein, möglichst lange. Wie das zu bewerkstelligen war? Mit Arbeit. Mit viel Arbeit.

2.1.4 Das Haben bestimmt das Sein: Die Generation Golf

▶ Du bist so ehrlich, blöd und findest alles super klasse.
Denn du gehörst zu einer ausgesprochen interessanten Rasse.
Du stöckelst durch dein Leben, wackelst kräftig mit dem Popo.
„Ich zeig jedem was ich hab" ist dein großes Lebensmotto.

Tic Tac Toe: Blöd wie du, 1997

Die Generation Golf, das sind auch diejenigen, die nach dem sogenannten „Pillenknick" geboren wurden. Kinder dieser Generation können davon ausgehen, wirklich gewollt zu sein. Ihre Eltern hatten oftmals die Möglichkeiten, für alle möglichen Bedürfnisse in die Tasche zu greifen. Mit den Möglichkeiten und Geschenken wuchsen die Begehrlichkeiten. Dieses Phänomen einer anspruchsvollen, materialistischen Jugend ist vor allem gemeint, wenn es um die Generation zwischen den Baby Boomern und der Generation Maybe geht.

Die Namen „Golf" oder „X" gehen auf zwei sehr unterschiedliche Buchtitel zurück: „Generation Golf" wurde 2001 vom deutschen Journalisten Florian Illies auf den Markt gebracht (Illies 2001); im Titel wird die Generation mit ihrem Faible für Äußerlichkeiten à la „Sex in the City" beschrieben. Der amerikanische Schriftsteller Douglas Coupland veröffentlichte seinen Roman „Generation X. Geschichten für eine immer schneller werdende Kultur" bereits zehn Jahre zuvor. Coupland zeichnet darin das Bild einer oberflächlichen Generation, die versucht, sinnvoll mit dem errungenen Wohlstand umzugehen: „Wir haben unsere Jugend dafür gegeben, Wohlstand zu erlangen. Und jetzt geben wir unseren Wohlstand, um jung zu bleiben" (Coupland (1991)).

Was in „Generation Golf" heiter-ironisch, in „Generation X" nachdenklich beschrieben wird, ist die Konzentration auf das Äußere, auf Status durch Marken, das Achten auf Qualität – aber auch das Fasziniertsein vom Schein. Die „Golfer" sind die erste Generation, die von einer regelrechten Medienrevolution erfasst wurde. Die Bearbeitung von Bildern, erfolgreiche Zusammensetzungen von Boy- und Girl-Groups (zum Beispiel Take That, Backstreet Boys, Tic Tac Toe), sowie Casting-Shows nehmen hier ihren Lauf. Man kann sagen, dass die Generation Golf die erste ist, die mit einem bewusst artifiziellen Selbststyling aufwächst. Das baut einen ganz eigenen Druck auf: jeder soll authentisch sein, aber bitte perfekt. Das bekam man zum einen mit den „richtigen" Akzidenzien wie zum Beispiel mit einer Swatch-Uhr am Arm, zweitens mit dem richtigen „Body". Fitness-Studios sprießten wie Pilze aus dem Boden, erstmals wurde auch von magersüchtigen Männern berichtet.

Was hat die „Golfer" historisch geprägt? Für diejenigen mit höherem Schulabschluss fiel das Ende des Kalten Krieges mit dem Wechsel in das Berufsleben zusammen. Die neuen Marktverhältnisse ergaben völlig neue Karriereoptionen, sowohl für die aus dem „Osten", als auch für die aus dem „Westen". Während die Baby Boomer noch 18 Monate Wehrdienst oder wahlweise 24 Monate Zivildienst leisten mussten, wurde der Dienst am Staat nun sukzessive reduziert, das heißt das eigentliche Leben inmitten der Gesellschaft konnte jünger begonnen werden als bei den Vorgängern. Der ersten Begeisterung über die Chancen durch die Vereinigung Deutschlands war eine Ernüchterung gefolgt: Nachdem Bundeskanzler Kohl mit seinem Versprechen, die Vereinigung Deutschlands ohne Steuererhöhungen finanzieren zu können, die Wahl gewonnen hatte, schreckte er in seiner Regierungserklärung am 21. Oktober 1993 mit dem Satz auf, Deutschlands Zukunft ließe sich nicht sichern, indem es als „kollektiver Freizeitpark" organisiert würde. Als die Alterskohorte Mitte-Ende zwanzig Jahre alt war, wurde Europa mit dem ersten Krieg nach dem zweiten Weltkrieg konfrontiert: Die Regionen Jugoslawiens strebten die frühere Selbstständigkeit an und es folgten Auseinandersetzungen und Genozide, die man sich kurz zuvor in Europa nicht mehr hatte vorstellen können. Deutschland wurde von der Weltgemeinschaft endgültig für „erwachsen" erklärt und musste das erste Mal seit 1945 Truppen in das beliebte Urlaubsland entsenden. Damit war eine Denk-Barriere durchbrochen und nach dem Terroranschlag „Nine-Eleven" folgten Einsätze in Afghanistan. Die Option, in den Krieg ziehen zu *müssen*, war zwar nicht realistisch (Soldaten im Wehrdienst wurden nie geschickt), war aber doch plötzlich wieder präsent. Neben dieser neuen Unsicherheit bezüglich einer friedlichen Weltpolitik wurden mit der Economy-Blase im Jahr 2001 die weit verbreiteten „Hedomat's" (hedonistische Materialisten) schwer getroffen: diejenigen, die mit Cleverness an der Börse oder im IT-Geschäft in die Goldgrube gefallen waren, wurden unsanft in die harte Wirklichkeit zurück geholt.

Je älter die jungen „Golfer" wurden, desto mehr Auswahl an Fernsehkanälen gab es. Von ihrem ersten Gehalt hätten sie sich schon einen PC kaufen können, auch wenn der Internetanschluss noch in wenige Haushalte verlegt war. Immerhin gehören die Akademiker der „Golfer" zur ersten Generation, die ihre Hausarbeiten gleich in einen „Rechner" tippten und nicht mehr damit umgehen mussten, Papierschnipsel im Copy Shop zusammen zu kleben. Die IT begann ihren Siegeszug im Alltag, als die Generation Golf gerade voll ins Leben einstieg.

Die Generation Golf ist in ihrer Anzahl deutlich kleiner als die der Baby Boomer, was neben der zunehmenden individuellen Beschäftigung der Eltern mit den Bedürfnissen der Kinder auch zu weniger Konkurrenz in Schule, Studium und bei der Stellensuche führte. Verlässlichen Studien zufolge waren die Vertreter der Generation Golf seit ihrem jungen Erwachsenenleben intensiv damit beschäftigt, Wohlstand, Karriere und Sicherheit sehr zielstrebig anzugehen. Obwohl die Baby Boomer die Nase beim Besetzen der Stellen zeitlich leicht vorne hatten, kamen manche „Golfer" altersmäßig gerade richtig, als es darum ging, den Aufstieg zu machen. Ihrer Zielstrebigkeit und der starken Bedeutungszumessung von Status ist es wohl zu verdanken, wenn einige Vertreter der Generation Golf inzwischen auf der Karriereleiter weit oben angekommen sind.

2.1.5 Gemeinschaftsorientierte Individualisten: Die Generation Maybe

▶   I'm sick of all this waiting
    And people telling me what I should be
    What if I'm not so crazy?
    Maybe you're the one who's wrong, not me!

    So whatcha gonna do, whatcha gonna say
    When we're standing on top and do it our way?

    You say we got no future, you're living in the past
    So listen up, that's my generation

    Simple Plan: Generation, 2008

Die jüngste Generation in Betrieben ist die Generation der Jahrgänge 1980 fortfolgende. Sie trägt vielfältige Namen: Generation Y (= why), Generation Maybe, Netzwerkkinder, Nexters… Schon allein die Diversität der Bezeichnung dieser Generation zeigt, inwiefern hier verschiedene Phänomene als besonders typisch für diese neue Generation gehandelt werden. Auch das ist wohl typisch: man kann sich nicht einmal auf einen Namen einigen, so facettenreich sind die Eigenheiten, die die Älteren bei den Maybe'-lern wahrnehmen.

Das Zitat von Sokrates am Anfang des Kapitels trifft hier so gut wie gar nicht zu! Ein seltener Fall in Hunderten von Jahren. Man müsste den Text gründlich umformulieren:

„Die jungen Leute lieben zwar Luxus, aber Status ist ihnen nicht wichtig. Sie fühlen sich überall wohl, was auch bedeutet, dass richtiges und falsches Benehmen an Bedeutung verliert. Wo jemand sich als Respektperson beweist, gehen sie mit dieser achtungsvoll um. Die jungen Leute teilen alles, egal ob es das Auto, die Couch oder Werkzeug ist, bloß nicht ihr Smartphone. Sie hören gut zu und sind bereit, von Älteren zu lernen. Sie holen bei ihren Eltern Rat und beziehen diese noch in Entscheidungen ein, wenn sie längst ausgezogen sind. Die heutige Jugend nimmt das Leben und die Verantwortung für die Zukunft sehr ernst. Sie achtet auf Ernährung; alternativ stopfen andere Vertreter alles wahllos in sich hinein. Sie tragen Badeschlappen oder High Heels – je nach Anlass. Sie tyrannisieren ihre Lehrer und Professoren nicht. Das erledigen ihre Eltern für sie – so wie vieles andere auch."

Man könnte es auch kürzer auf den Punkt bringen: die Generation Maybe ist die am meisten angepasste, die es seit vielen Jahrzehnten gab, und pflegt einen sehr engen Kontakt mit der Eltern-Generation, den Baby Boomern. Sie sind zahlenmäßig sehr wenige und oft die einzigen „Kinder" in ihrer Familie. So erzählte zum Beispiel unlängst ein Mandant (früher Baby Boomer, später Vater) von der Konfirmation seiner Tochter: eingeladen waren wie üblich alle nahen Verwandten und Paten. Nach dem Gottesdienst saßen bei Tisch die Konfirmandin, ihre Eltern, ein Großelternteil und eine Patin. Diese „5-Personen-Fest-Gesellschaft" kam ganz normal zustande: Die Eltern waren Einzelkinder einer auch schon sehr kleinen Herkunftsfamilie; zwei Großeltern waren bereits verstorben, darunter einer der Paten des Mädchens; ein Großelter war pflegebedürftig. Dieses Familienerlebnis war sozusagen „Demographie live".

Aber nicht nur deutsche oder europäische Gesellschafts-Phänomene prägen die Generation Maybe. Vielmehr erlebt diese Generation von Geburt an, wie das individuelle Leben sich jederzeit durch Ereignisse grundsätzlich verändern kann, die kein Mensch vorher absehen konnte.

Die historischen Erlebnisse der Generation Maybe sind besonders von zwei Ereignissen geprägt, die kollektiv von starken Emotionen begleitet waren: der ältere Teil unter ihnen hat die Begeisterungswelle durch den Mauerfall 1989 als Kind miterleben können. Alle aus der Generation mussten erleben, wie der Satz „Nichts ist mehr wie es war" wochenlang als Mantra in allen Medien zu hören war und unentwegt die Bilder über den Bildschirm flimmerten, wie zwei der berühmtesten Hochhäuser durch Flugzeuge zum Einsturz gebracht wurden. Durch Nine-Eleven wurde ein Großteil der deutschen Bevölkerung von Ängsten und Unsicherheitsgefühlen ergriffen, die keiner zuvor so gekannt hatte. Außerdem wurde die Generation Maybe täglich mit globalen Themen konfrontiert: Klimaerwärmung, starke Veränderung der Schwellenländer, eine sich immer schneller verändernde globalisierte Marktlage, unkalkulierbarem Terrorismus bis hin zu Schulattentaten, Privatisierung der Altersvorsorge und zuletzt 2008 die in den USA platzende Immobilienblase, die über die Banken- zur Weltwirtschaftskrise wurde, und durch die ihrer Generation eine Verantwortung für Schulden aufgebürdet wurde, die sie völlig unverschuldet tragen sollen. Selbst darüber haben sich die „Maybe's" nie beschwert. Das liegt vermutlich einerseits an ihrer sehr engen Bindung an und ihrem intensivem Vertrauen in die Elterngeneration (meistens Baby Boomer) und andererseits an ihrer grundsätzlichen Lebenshaltung: „Es könnte ja alles noch ganz anders kommen."

Außer den historisch-politischen Rahmenbedingungen erfährt die Generation Maybe als erste überhaupt in der Geschichte, was es heißt, ganz wenige zu sein, und zwar sowohl aus soziologischer, politischer und psychologischer Perspektive:

Die Kinder der Baby Boomer oder früher Generation X-ler sind zahlenmäßig wenige und von Beginn an der Augapfel ihrer Eltern. Folglich erleben sie eine völlig andere Kindheit als diejenigen, die mit der Masse Gleichaltriger aufwuchs. Maybe'ler haben ihre ganze Kindheit in einer Umgebung der Fürsorglichkeit und Achtsamkeit verlebt. Sie waren gewöhnt, bei der kleinsten Regung bemerkt und anerkannt zu werden – Lob gehörte sozusagen zum Standardverhalten von Eltern, Erziehern und allen primären Bezugspersonen. Den Eltern schien nichts zu teuer, um ihre Schützlinge zu fördern, sie sollten die besten Startbedingungen in ihr Leben haben, das ihnen geboten werden konnte. Marketingfachleute entdeckten bald, dass sie das Kaufverhalten der Erwachsenen beeinflussen konnten, wenn sie mit ihrer Ansprache den Geschmack der Kinder trafen. Das hatte den Effekt, dass die Welt zwar nicht kindgerecht, dafür kinderkonsumgerecht wurde. Immer mehr alltägliche Produkte (z. B. Nussnougatcremes, Tiefkühlschnitzel, Gartenmöbel) und Bildungsangebote (z. B. Museen, Lehrbücher, Nachrichtensendungen, Wettermeldungen) machten bei Kauf und Anwendung richtig Spaß. – Und das nicht nur den Kindern! Infotainment und Edutainment, der Kinderkanal und die Kinderuniversität kamen auf den Plan. Die Erwachsenen freuten sich ebenso an qualitativ hochwertiger „Bildung light": im Jahr 2013 lag der Altersdurchschnitt der Zuschauer der „Sendung mit der Maus" bei 40!

Das Kindeswohl beschäftigte eine ganze Familie, egal ob es sich um Ernährung, Kleidung oder Bildung handelte. Eine ganze Familie? – Während zur Baby Boomer-Kindheit jedes Familientreffen unweigerlich einen Kindertisch brauchte, fanden sich die Maybe-Kinder alleine oder mit einem Geschwister im Kreis der Familie, manchmal auch einer Patchwork-Familie. Bei so wenigen Kindern konzentrieren sich die Erwachsenen auf die Einzelnen und deren Bedürfnisse. Umgekehrt toben Kinder kaum herum, wenn sie alleine oder nur wenige sind. Die Maybe-Kinder wurden früher „vernünftig" und wurden für ihr Verhalten von den Bezugspersonen kräftig gelobt. Die Kehrseite dieser Exklusivität lautet aber auch: „Du bist unser großer Schatz, in Dir steckt alle Zukunft. Ich gebe dir alles, was ich habe; verwalte es gut! Du bist so begabt, auf dich verlassen wir uns!" – Eine Erwartungshaltung, die jeden durchschnittlich begabten Menschen überfordern muss, zumal wenn er durch die immerwährende Atmosphäre der schützenden Wärme keinen Gegenwind gewöhnt ist. Es entstand ein Phänomen, das bis heute anhält: vergleichsweise vernünftige Jugendliche, deren „Jugend" bis 30 anhält; dafür werden sie auch bis mindestens 70 arbeiten müssen.

Die Eltern der Maybe'ler wollten ihrem Nachwuchs sowohl eine glückliche Kindheit, als auch mit möglichst vielen Bildungsangeboten die beste Startposition ins Leben bieten. Das führte im Bildungsmarkt zu einer zunehmenden Privatisierung (z. B. haben seither Privatschulen und -universitäten einen großen Zulauf) und vor allem Segmentierung von Angeboten. Während das Bildungs- und Berufssystem früher relativ starr und undurchlässig war, stehen die Wege zu den verschiedensten beruflichen Lebensentwürfen weit offen. Was man heute nicht lernt, kann man morgen wahrscheinlich nachholen – wenn man es dann überhaupt noch braucht. So entstand die paradoxe Situation, in der einerseits gute Noten und spezifizierte Weiterbildungen für immer bedeutender erklärt wurden, andererseits sich durch die Diversifikation eine Unübersichtlichkeit und Menge ergab, die die Abschlüsse teilweise entwertete. Dennoch: die Eltern gaben alles, um ihre Kinder zu fördern.

Zur glücklichen Kindheit gehörte aber nicht nur das Überschütten mit Wertschätzung und Lob, sondern auch das Beschützen vor Gefahren und Ungerechtigkeit, soweit das den Eltern irgendwie möglich erschien. Früher hatten die Schüler Angst vor Elternsprechtagen, weil sie nicht wussten (oder eben doch wussten!), was die Lehrer über sie sagen würden, aber sicher sein konnten, dass die Eltern den Lehrern glaubten. Heute bekommen die Lehrer Magenschmerzen vor Elternsprechtagen: die Eltern erklären ihnen regelmäßig, wie sie den Unterricht halten sollen, damit ihre Kinder gute Noten schreiben können. Zu Hause werden nicht die Kinder geschimpft, sondern die Lehrer beschimpft. Diese sogenannten „Helikopter-Eltern" (vgl. hierzu Mangelsdorf (2014), S. 21 f.) begleiten und beschütz(t)en ihre Kinder weit über deren Jugend hinaus. An Tagen der Offenen Tür an Universitäten sind mittlerweile die Hörsäle voll – mit Eltern! Sie begleiten ihre Kinder und informieren sich intensiv. Einige Hochschulen reagieren seit 2011 darauf, indem sie Elternprogramme eingerichtet haben, in denen die Dozenten darlegen, wie gut die „Kinder" es bei ihnen haben werden. Vermutlich wird demnächst jede Hochschule diesen Weg gehen müssen, um genügend Studierende in ihren Laboren und Seminarräumen zu haben.

2.1.5.1 Multioptionalität: Die Signatur der Generation Maybe

Die zunehmende Ausdifferenzierung von Lebensentwürfen, sowie die Atmosphäre „alles ist gut; es könnte auch alles anders und dann auch gut sein", führt zu immer größer werdenden Wahlmöglichkeiten ohne zwingende Kategorisierungen durch Menschen, denen eine Interpretationshoheit zugesprochen wird. Die „Multioptionalität", die kurz mit den Worten „alles geht" und „ich bin o.k. – du bist o.k." zusammengefasst werden kann (vgl. Rump und Eilers (2013), S. 41 f.); Jeges (2014) S. 19 ff.), stellt die größte Herausforderung und auch die größte Gefahr in Hinblick auf Entscheidungskompetenz und Persönlichkeitsentwicklung dar. Diesem Phänomen, in allen Bereichen eine unüberschaubare Auswahl ohne zwingende Orientierung vor sich zu haben, verdankt diese Generation ihren Namen „Generation Maybe". Durch die Erfahrung, dass die Möglichkeiten unbegrenzt scheinen, werden Entscheidungen immer noch schwieriger. Es ist, als ob man hungrig vor einer Speisekarte säße und „nur" ein Gericht bestellen darf – und damit die anderen nicht mehr probieren kann.

Dies erst recht, weil die Elterngeneration ständig betont hat, ihre Kinder seien Gestalter des eigenen Lebens und sie sollten dafür sorgen, dass es ihnen in diesem Leben immer gut gehe. Dass zu dieser Wahlfreiheit Verantwortung gehört, haben viele Maybe-'ler begriffen; ein Grund mehr, Verantwortung im Zweifelsfall entweder an diejenigen zu delegieren, die mehr Erfahrung haben, oder lieber abzuwarten und - wo nötig - Entscheidungen nur vorläufig zu treffen. Zögern, Hinausschieben, Umentscheiden – eine Konsequenz aus der Überforderung durch Wahlfreiheit. Die Arbeitsmarktforscherin Jutta Rump fasst zusammen: „Psychologen sprechen in diesem Zusammenhang auch von einer > Kultur des Zögerns < gerade bei den etwa 30-Jährigen aus der mittleren Schicht: >Irgendwo könnte immer noch ein besserer Job warten, ein toller Partner, ein glücklicheres Leben < " (Weiguny 2010, zitiert nach Rump und Eilers (2013) S. 93).

Überforderung bei Entscheidungsfreiheit entsteht vor allem dort, wo „falsche" Entscheidungen getroffen werden können. Die Kategorie „richtig" und „falsch" ist im Kontext des Zusammenlebens zwar fast abgeschafft, aber umso mehr herrscht die Vorstellung von einem perfekten Leben in dem Fall, dass die richtigen Entscheidungen in der richtigen

Kombination zum richtigen Zeitpunkt gemacht werden. Diese Vorstellung entspricht ganz dem uralten Sprichwort, nach dem jeder seines Glückes Schmied ist – nur dass diese Generation davon vollkommen überzeugt wurde. So bewegen sich die Maybe'ler zwischen nachdenklicher Sorge um den Planeten und einer unbefangenen Happyness. Jeder für sich ist gewillt, alles zu tun, um trotz Umweltzerstörung und unsicherer Zukunft ein gutes Leben zu führen. Die Frage ist nur: „Was soll ich wollen, um das zu erreichen?"

Um dieses Thema dreht sich letztlich das Denken einer ganzen Generation. Einerseits wollen sich ihre Vertreter ungern festlegen, andererseits wollen sie sich auch nicht der Ungewissheit überlassen. Jeges zitiert den Soziologen Heinzlmaier: „Wovon sich diese Generation von denen davor unterscheidet, ist, dass diese Generation um einen Plan ringt, sie will unbedingt einen Plan haben. Nicht als solche, sondern jeder für sich." (Jeges (2014), S. 16) Das bedeutet auch, die Generation Maybe ist von „Pragmatismus, Individualismus und kalkulierter Anpassungsbereitschaft" geprägt. (Jeges (2014), S. 15). Kein Wunder, denn: „Dank Individualismus wissen wir: Wir müssen uns selbst durchkämpfen." (Jeges (2014), S. 39)

Trotz aller scheinbaren Verwöhnung (oder gerade wegen ihr?), die die früheren Generationen beklagen, fühlen sich die Maybe-'ler unsicher und suchen nach Orientierung. Ihre individualistische Lebensauffassung hindert sie keineswegs daran, einen besonders ausgeprägten Gemeinsinn zu pflegen. Im Gegenteil: dank der neuen Medien sind die Maybe'ler gut vernetzt, denn im Bedienen der Kommunikationsmedien bewegen sie sich wie ein Fisch im Wasser.

2.1.5.2 Smart ist das Phone – Der ständige Begleiter

Die sicherlich am meisten prägende Veränderung zu den vorigen Generationen ist das Aufwachsen mit völlig neuen Kommunikationsmöglichkeiten und einem überbordenden Markt an Medienangeboten, die alles zu jeder Zeit verfügbar machen. Dieser Generation wurde das Laptop sozusagen in die Wiege gelegt. Die Erreichbarkeit anderer und ihrer selbst via Mobiltelefonie können sie sich gar nicht wegdenken. Diese Vorstellung ist aus ihrer Sicht vermutlich so, wie für die Älteren ein Leben ohne Strom: umständlich und beschwerlich.

Das, was heute als „Beschleunigung" bis hin zur Simultanität beobachtet wird, ist für die Generation Maybe Normalität! Der saisonmäßige Wechsel von Telefonmodellen; neue, immer noch effizientere Soft- und Hardware. Individualisierte Programmdetails helfen zu realisieren, was „man" im Alltag braucht. „Man" gibt es angesichts der Ausdifferenzierung kaum noch – das typische Merkmal ist eher, dass „man" sich sein Muster an individuellen Bedürfnissen am eigenen Tablet PC oder Smartphone einrichtet. Das Smartphone ist längst ein ständiger Begleiter geworden. Kürzlich erklärte mir ein Kundenberater (Generation Maybe), dem ich mein iPhone 3GS – also quasi eines der ersten Stunde unter die Nase hielt: „Damit können Sie nichts mehr anfangen. Da läuft kein Update mehr und die Kamera ist auch nicht besonders gut." Schade. Hatte ich das Gerät doch für meine Auslands-SIM-Karte verwenden wollen. So ein teures Gerät ging nach gerade mal sechs Jahren nicht mehr? Ich also empört: „Was?! Ich kann damit nicht mehr telefonieren, nur weil kein Update möglich ist?" Er freundlich beschwichtigend wie zu einem aufgeregten Kind: „Ach so, Sie wollen damit telefonieren! DAS geht natürlich."

Aus seiner Sicht hat er völlig verständlich reagiert: Die Betriebszeit eines Smartphones besteht heute nur noch marginal aus Telefonminuten. Statt dessen wird fleißig alles damit gemacht, wofür man früher entweder eine stattliche Anzahl an verschiedene Gerätschaften, eine Bibliothek, eine Post und zehn Hände brauchte oder eine ganze Mannschaft an Freunden zur selben Zeit am selben Ort. Pflege von Freundschaften, ohne im Besitz eines Mobiltelefons zu sein, ist fast unmöglich geworden. Die Betroffenen sind von „der Welt" regelrecht abgeschnitten, weil die Kommunikation hauptsächlich über soziale Netzwerke und Chat-Services läuft. Jugendlichen das Internet und einen persönlichen Account zu verbieten ist, als ob Sie demjenigen ab und zu den Briefkasten am Haus abmontieren. Die Geburtstagseinladung, den Gruß aus dem Urlaub, die Nachricht über Terminveränderung kann nicht „eingeworfen" werden und kommt deshalb nie an.

Oliver Jeges fasst es treffend zusammen: „Ich poste, also bin ich!" (Jeges (2014), S. 41)

Ein Leben ohne Smartphone gleicht einem Babyboomer, der in seiner Jugend ohne Telefonanschluss auf einem Aussiedlerhof ohne Geschwister und eigenes Fahrzeug leben musste. Auch der hat diese Zeit überlebt. Dennoch hat er sich im Studien- und Berufsleben anfangs wie Crocodile Dundee verhalten: freundlich-naiv und verwirrt. Dundee konnte zwar gefährliche Tiere blitzschnell einfangen, aber mit einem U-Bahn-System war er völlig überfordert. Ersteres mag zwar beeindrucken, ist in der Stadt aber völlig unnütz; letzteres hingegen ist fast überlebensnotwendig.

Nun stelle man sich die Zahlenverhältnisse der Generationen vor: die Baby Boomer wären in der Minderheit und eine große Anzahl „Maybe'ler" würde eingestellt werden. Plötzlich wären die Baby Boomer die Crocodile Dundees im Unternehmen!

Philipp Riederle (Jg. 1994), der Crocodile Dundee wahrscheinlich gar nicht kennt, weil er zum Zeitpunkt des Drehs noch gar nicht auf der Welt war, hält für hochkarätige Unternehmen Vorträge über seine Generation. Riederle ist ein spannendes Phänomen; seit er 16 Jahre alt ist, berät er Vorstände und CEOs namhafter Firmen wie Audi, Deutsche Bank, O$_2$, Handelsblatt. In seinem Buch „Wer wir sind und was wir wollen" (2013) beschreibt er, was seine Generation warum wie bewegt. Der Titel handelt fast ausschließlich vom Umgang mit Medien und welche Schlüsse in Unternehmen gezogen werden sollten. Das Besondere am Buch ist die Art, wie ein noch Jugendlicher im Erwachsenen-Duktus sein Welterleben aus seiner Perspektive erzählt. Über einen Freund schreibt er:

„Zwischendurch muss er immer mal wieder nach Hause oder ins Büro eilen, um > nach dem Rechten zu sehen < : nach eingegangenen Mails, Online-News, den Briefkasten checken, den Anrufbeantworter abhören und schauen, ob ein Fax eingetroffen ist. [...] Und das, obwohl er sich im Besitz eines Smartphones befindet. Was immer er an Dokumenten auf seinem > Rechner < hat, wird zur Sicherheit noch mal ausgedruckt. [...] Nicht dass es unserem Mann an Medienkompetenz mangeln würde. [...] auf charmante Weise möchte er diese letzte Bindung zur analogen Welt unbedingt aufrechterhalten, obwohl es längst nicht mehr nötig ist. [...] Es gibt keinen Platz auf der Welt, an dem er nicht seine Arbeit verrichten könnte. [...] Er könnte theoretisch sogar in der Welt herumjetten, Spaß haben, ab und zu mal etwas durchschicken. Aber er tut es nicht. Im Gegenteil... " (Riederle (2013) S.89)

Ganz sicher sieht jeder Leser vor dem inneren Auge mindestens eine ihm bekannte Person, auf die diese Beschreibung zutrifft – vielleicht einen Gutteil der Kollegen im Unternehmen? Oder sogar sich selbst? An Riederles Duktus können wir lesen, wie unverständlich der junge Mann das Verhalten seines 35 Jahre älteren Bekannten empfindet. Nicht nur anachronistisch oder altbacken, vielmehr unpraktisch, ineffizient und selbstverschuldet die Lebensqualität mindernd.

Vermutlich geht es dem jungen Berater mit seinem Freund ähnlich wie mir, als meine Schwiegereltern noch 1983 partout kein Telefon im Haus haben wollten, weil doch eine Telefonzelle im Dorf stand. Ein privater Anschluss? Man müsse doch nicht alles haben, was es gibt. Mein Einwand, es könne ja mal etwas dazwischen kommen und man müsse zum Beispiel kurzfristig eine Verabredung absagen, wurde mit den Worten quittiert, „ordentliche Leute" müssten nichts verschieben, die hielten Termine ein.

2.1.5.3 „Anderthalb Jahre ohne Fernreise sind bitter...": Ansprüche an das Leben

Mein Mandant erzählt mir kopfschüttelnd, seine 17-jährige Tochter finde es „total ungerecht", dass er ein iPhone 4GS habe, während sie mit dem alten Modell zurecht kommen soll. Das Problem: auf dem iPhone 3G läuft kein „WhatsApp". Der Vater bietet seiner Tochter an, ihr einen Ferienjob zu vermitteln, was sie bislang schmollend ablehnt. Für ihn reiche doch das alte iPhone, er müsse ja nur telefonieren und ein bisschen darauf arbeiten – Tausch sei da ja wohl die „eindeutige Lösung". Immerhin kann mein Mandant noch darüber lachen.

Wie schnell etwas als Zumutung bewertet wird, zeigt sich an vielen Beispielen, auch unter den Älteren in der Generation Maybe. So berichtet ein 26-jähriger Dual-Student in der Frankfurter Allgemeinen Sonntagszeitung, wie er seine akademische Weiterbildung neben der beruflichen Karriere (bei vollem Lohnausgleich versteht sich) bewältigt: „ [...] der Welpenschutz ist weg, auch wenn mich mein Chef bei der Fortbildung unterstützt. [...] Außerdem habe ich zugunsten des Master-Studiums auf Urlaub verzichten müssen, und an den Wochenenden lerne ich. Anderthalb Jahre ohne Fernreise, das ist schon bitter" (Maaßen (2014), C8).

Das „alte" iPhone, eine Zeit lang keine Fernreise... man könnte sich das Leben problematischer vorstellen. Angesichts solcher selbstverständlicher Ansprüche seitens der Vertreter der Generation Maybe bleibt manchem Baby Boomer der Mund offen stehen. Tatsächlich sind die Erwartungen, was „das Leben" einem „bieten" müsse, sehr hoch. Der Start war ja auch schon auf hohem Niveau und das in einer Welt, in der alles Tag und Nacht, wenn nötig mit Ratenzahlungen, verfügbar ist. Alles, sei es Materielles, eine Party, ein Film, eine Beziehung, ist nur einen Maus-Click entfernt. Nicht nur für die jungen Menschen ist es zum Problem geworden, den immer besser platzierten Verlockungen zu widerstehen. Eine ganz bestimmte Werbung hat das Landratsamt München als besonders jugendgefährdend eingestuft und deshalb zwei Jahre nach dem Start der Kampagne ein

Verbot verhängt, das für die ganze Bundesrepublik gilt: Die Marlboro-Werbung „Don't be a Maybe" treffe so sehr den Nerv der Zielgruppe, nämlich den Wunsch, wirklich jemand zu sein und etwas Bedeutendes zu machen, dass diese Werbeform die Jugend „verführe". Die Kampagne sei besonders geeignet, Jugendliche oder Heranwachsende zum Rauchen zu veranlassen, so die Behörde in ihrem Beschluss im Oktober 2013. Mit Slogans wie „Maybe never wrote a song" oder „Maybe never feels free" täuschten die Marlboro-Werber vor, eine Lösung für das unangenehme Gefühl der Dauerunschlüssigkeit anzubieten. Vom Maybe zum Be durch die Zigarette.

Nachdem einem ständig alle sagen wollen, wer man sein solle, aber nicht so recht sagen, wie man jemand sein solle, gab Marlboro vor allem der jungen Generation das Gefühl, auf einfachem Wege etwas Besonderes sein zu können. Fazit: Diese Werbung war so gelungen, dass sie verboten werden musste. Sie traf ins Schwarze, indem sie die tiefe Sehnsucht ansprach, endlich aus der Unentschiedenheit heraus zu kommen und mit aller Kraft wirklich ein Jemand zu sein, also einer, der etwas bewegt.

In diesem Buch wird die Generation der Jahrgänge 1980 ff. nach reiflicher Überlegung als „Generation Maybe" bezeichnet, weil die Selbst- und Fremdwahrnehmung dieser Jahrgänge in beruflicher Zusammenarbeit von entsprechender Erfahrung geprägt ist: es gibt selten ein entschiedenes Ja oder Nein, eher ein Vielleicht; sehr oft fragen junge Erwachsene ihre Vorgesetzten nach Rat. Wovon unsere Eltern und Vorgesetzten nur träumten, nämlich, dass ihre Kinder und jungen Mitarbeiter nach Rat fragen, gehört heute zur Tagesordnung. Man hätte sie auch „Soll-ich-Generation" nennen können.

„Wie kann man nur so leben?!" fragte unlängst ein Unternehmer. Jeges hat in seinem Buch versucht, seine Generation zu erklären. Zusammen gefasst sagt er: Vertreter der Generation Maybe leben im Konjunktiv und wären doch so gerne in der Entschiedenheit; sie legen sich ungern fest, suchen aber Stabilität; sie wollen die Welt besser machen, und das basisdemokratisch; sie wollen nicht pauken, aber mitdiskutieren; sie wollen Wohlstand und Spaß; sie wollen Zeit für Familie und Freunde, gleich stark auch Erfüllung im Beruf; sie wollen Umweltschutz, Bio-Food, Reisen und „Convenience" – alles gleichzeitig.

Dabei sind sich die Vertreter der Generation Maybe durchaus bewusst, wie unsicher unsere Welt geworden ist. Im Unterschied zu den Vorgängergenerationen rennen sie aber nicht gegen diese an, vielmehr versuchen sie möglichst konfliktfrei die Gratwanderung zu leben zwischen dem Versuch, den Planeten zu schützen und zugleich das aktuelle Leben zu genießen, solange es geht.

2.1.5.4 Mit „Freunden" und „Likes" in der Welt zu Hause

Man könnte meinen, die Maybe-'ler wären unter diesen Umständen zu egoistischen Einzelgängern geworden. Das Gegenteil ist der Fall: ihre Vertreter sind zwar einerseits auf ihr Wohlergehen bedacht, suchen aber intensiv Gemeinschaft mit Familie und Freunden. Die Familie bietet einen festen Beziehungsrahmen, Freundeskreise entsprechen einem Fluidum mit Zu- und Abfluss. Möglich wird diese fluide Gemeinschaft durch Kommunikationsformen via Facebook, Twitter, Messenger. Facebook entspricht einem großen Zeitungsmarkt, auf dem jeder sein eigener Journalist ist. Über WhatsApp oder andere Messenger wird wirklich Persönliches ausgetauscht – oder den Kumpels mitgeteilt, in welcher Kneipe man grade welchen Drink zu sich nimmt. Wer Lust hat, kommt dazu. Der Kreis an Bekanntschaften ist dadurch sehr groß, aus einem Freundeskreis ist ein Netzwerk geworden, in dem Bewegung an der Tagesordnung ist.

Die Orientierung an dem, was heute Spaß macht inklusive der Erfahrung, dass man Spaß am besten in Gemeinschaft hat, hat zu einer neuen Art von Freundschaften geführt, die sich stark projektbezogen äußert. Freunde werden diejenigen, die ich mag und vor allem, mit denen ich mindestens ein Interesse teile. Wer eine gute Idee hat, teilt diese über sein Netzwerk mit und wartet, ob jemand anderer gerade Lust und Zeit hat, an der Idee weiter mit zu machen. Oder dafür Geld geben will oder jemanden kennt, der einen unterstützen könnte. Das geht alles ohne Verpflichtung, ohne große Akquise-Strategie und auch ohne Erfolgsgarantie. Ohne Wikipedia, das den Untergang für großartige Lexika wie die Encyclopedia Britannica beschleunigte, wollten viele von uns nicht mehr arbeiten. Entgegen der Sorge, hier könnten mangelhafte Artikel entstehen, sind vor allem Fachartikel von einer hohen Expertise gekennzeichnet und bieten eine Aktualität und Ausführlichkeit, die ein gebundenes Lexikon so nicht bieten kann. Natürlich ist Wikipedia vor Vandalismus nicht ganz geschützt; dennoch ist die offensichtliche Bereitschaft von Experten, ihr Wissen kostenfrei allen – egal, aus welchem Milieu oder Interesse die Nutzer stammen – zur Verfügung zu stellen, überwältigend groß. Hier hat sich eine „Autoren-Gemeinschaft" zusammen gefunden, die nur eines will: aus Freude und Stolz auf individuelle Expertisen das Wissen für andere zugänglich machen. Der Schlüssel, um die Logik der Generation Maybe zu verstehen, ist das Internet mit allen seinen Möglichkeiten, fast grenzenlos zu kommunizieren, Informationen ständig zur Hand zu haben und Geschäfte von überall Tag und Nacht abwickeln zu können. Wissensanhäufung macht immer weniger Sinn, dafür die Fertigkeit, Wissen so schnell wie möglich zu ermitteln und mit anderen verknüpfen zu können; wahrer Besitz liegt in den Kontakten.

Aus diesem Grund verschiebt sich auch die Einstellung zu teurem und pflegeintensivem Eigentum. Die Mitglieder der Generation Maybe haben längst begriffen, dass sie viel unabhängiger und mit mehr Konsumfreude durchs Leben kommen, und dabei nachhaltiger mit Ressourcen umgehen, wenn sie Besitz teilen. Immer intelligenter werdende Car-Sharing-Modelle, Übernachten bei Freunden oder auch bei Fremden, die für kurze Zeit zu „Freunden" werden (entweder über kostenfreie soziale Netzwerke wie Facebook oder über kommerzielle Plattformen ausgewählt) bis hin zu Couch-Surfing, teure Werkzeuge… die Welt der Maybe'ler scheint ein riesiger Kibbuz zu werden.

Der Beurteilungsmaßstab auch über persönliche Qualitäten ist denkbar einfach: mit „Likes" und „Unlikes" verkündet jeder kurz und knapp seine Meinung. Als Symbol dient ein nach oben oder unten gerichteter Daumen; im antiken Rom die willkürliche Entscheidung über Leben und Tod. Heute nur darüber, ob „mein" Netzwerk etwas oder auch mich „mag " oder eben „bäh" (wörtliches Zitat!) findet. Die neue Währung lautet „Likes": Dickes Auto war gestern, Anzahl der Freunde oder gar Fans ist heute. Insofern zeichnet sich eine Mischung aus ideellen und individuellen Vorstellungen ab, die im Leben wichtig ist. Deshalb ist der ständige Zugang zum Internet auch lebens-wichtig. Das Smartphone, der Tablet PC, die gute Vernetzung: das sind die Golf GTIs dieser Generation. Egoismus sieht wirklich anders aus!

Durch diese Kombination der fluiden Freundschaften finden sich permanent und spontan kleine und große Projektgruppen zusammen, die durchaus eine große Kraft haben, aber manchmal genauso schnell wieder untergehen wie sie aufgetaucht sind. Wie große Energien kurzfristig gebündelt werden, dann aber durch mangelnde Richtungsklarheit wieder in alle ideologischen Ritzen verschwinden können, ließ sich an der Piratenpartei beobachten.

Mit den lockeren Freundschaften sind Familienbande als lebenslanges Beziehungsgeflecht wieder wichtiger geworden sind. Das hat aber nicht den Effekt, dass die Bindungen, die aktuell gelebt werden, weniger zuverlässig oder zugewandt sind. Die Maybe'ler leben sehr stark im Hier und Jetzt, legen den Schwerpunkt auf die Beziehungen und Möglichkeiten, die jetzt gerade da sind, und leben eine Balance zwischen Geben und Nehmen. Alles, was zuverlässig ist, ist zuverlässig auf Zeit.

Wenn man sich die historischen und gesellschaftspolitischen Ereignisse der letzten Jahrzehnte vergegenwärtigt, ist das vielleicht die vernünftigste Haltung, die man einnehmen kann. Je nach Milieu sind die Scheidungsraten alarmierend, Patchwork-Familien sind zur Normalität geworden und die Renten sind alles, nur nicht sicher. Die vorhergehenden Generationen haben im Unterschied zu ihren eigenen Kindern im Laufe ihrer Jugend und ihres jungen Erwachsenendaseins durch teils naiven Optimismus und der Abgrenzung gegenüber ihren Eltern ein Selbstbewusstsein entwickelt, mit Kontingenzen umzugehen, das die Maybe'ler nicht entwickeln konnten. Deshalb ist ihr tief sitzendes Gefühl mangelnder Sicherheit und der Dauer-Frage nach der eigenen Identität gut verständlich.

So lassen sich auch die eher konservativen Werte erklären, die die Maybe'ler prägen (zitiert nach Mangelsdorf (2014), S. 24 f.):

- Familie und Zugehörigkeit
- Flexibilität und Freiheit
- Gemeinschaft und Zusammenarbeit
- Integrität und Transparenz
- Vielfalt und Authentizität
- Soziale Verantwortung und Nachhaltigkeit
- Gleichstellung und Mitbestimmung
- Gemeinschaftlicher Konsum
- Selbstverwirklichung und Erfüllung

Unter uns Alt- und Nach-68-ern, uns Babyboomern, uns Gen X'lern ehrlich gesprochen: es könnte „schlimmer" kommen.

2.1.6 Die Gesellschaft ist eine Kartoffel: Die SINUS®-Studie

In diesem Buch wird bewusst in Kauf genommen, aus wissenschaftlicher Perspektive fahrlässig mit dem Generationen-Begriff umzugehen. In Hinblick auf das Thema Führung wird ausschließlich die soziologische Perspektive eingenommen, hier in Anlehnung an

Karl Mannheims zum Klassiker gewordenen Definition und die aktuelle Auseinandersetzung im Rahmen der Forschung zu Generationenbeziehungen der Konstanzer Schule
(vgl. Mannheim (1964); Lange und Lettke (2007)). Tatsächlich lassen sich Alterskohorten
immer weniger typisch fassen, weil sich die Lebensgestaltung sowohl der Jugend, als auch
der Erwachsenen mitsamt der Setzung spezifischer Werte immer weiter diversifiziert.

Insofern ist es für ein vertieftes Verständnis der heutigen Gesellschaft mit ihren Werten
und Vorstellungen von gelingender Lebensführung ratsam, sich die Sinus-Studie vorzu-
nehmen. Das gilt vor allem dann, wenn man sich einerseits über die immer weiter auseinander driftenden Lebensformen in derselben Alterskohorte interessiert, andererseits im
Betrieb mit Mitarbeitern verschiedenster Milieus zu tun hat.

Die Sinus-Studie zeichnet sich dadurch aus, dass sie unsere Gesellschaft in Milieus
aufteilt, die sich untereinander überlappen können. Das machen die herkömmlichen Modelle der Soziologie natürlich auch, aber diese sind wesentlich starrer und entsprechen
einem Schichtenmodell: sie teilen ein in Unter-, Mittel-, Oberschicht, was bis vor wenigen Jahrzehnten weitgehend ausreichend war, da für gewöhnlich die Herkunft alles
weitere festlegte: Bildung, Gehalt, Lebensführung und Wertvorstellungen. Das hat sich
maßgeblich geändert. Der Zukunftsforscher Matthias Horx hat zwar in Anlehnung an den
Sozialphilosophen Pierre Bourdieu (Bourdieu (1987)) dargelegt, inwiefern Status trotz
aller politischer Gleichstellungsbemühungen „vererblich" sei (vgl. Horx (2009)), jedoch
könnte der aufkommende „Wind of Change" selbst diese fundierten Beobachtungen und
Schlussfolgerungen ins Wanken bringen, zumindest eine Ergänzung nötig machen.

Nach den Forschungen des SINUS-Instituts in Heidelberg gleicht die Gesellschaft in
der Darstellung der Milieus in ihrer Form eher einer Kartoffel, als einer einfach zu glie-
dernden Ordnung. Vorstellungen von oben, unten, links und rechts lösen sich also auf und
machen einer beweglichen Struktur ohne definierte Ränder und Richtungen Platz (vgl.
SINUS (2014)). Die hier im Kapitel beschriebenen Generationen verteilen sich also nicht
nur auf „Oben – Mitte – Unten", sondern innerhalb dieser Schichtung auch noch in Milieus, die von den geschilderten historischen Signaturen wie 68'er-Bewegung oder dem
Mauerfall verschieden betroffen waren und auch unterschiedliche weitere Entwicklungen
nahmen. Trotz all' dieser Spezifizierungen bleibt also auch in der Theorie ein kollektives
Lebensgefühl bestehen – jedenfalls national bezogen (in der Schweiz geht man zum Beispiel schon ganz anders mit Themen wie dem Klimawandel oder sozialen Sicherungs-
systemen um) – , aber es erfolgt eine Längs-Einteilung durch alle Kohorten. In einem
Koordinatensystem bewegen sich deshalb verschieden benannte Milieus, die sich aus der
Untersuchung der sozialen Lage und der Grundorientierung ergeben: das konservativ-eta-
blierte, das liberal-intellektuelle, eins der bürgerlichen Mitte, ein prekäres usw. die mittlerweile 10 beschriebenen Milieus überschneiden sich teilweise, haben unterschiedliche
Werte und können dem Schichtenmodell durch eine Koordinate wiederum zugeordnet
werden. Durch die Veränderung innerhalb der Milieu-Landschaften, die in regelmäßigen
Abständen neu gezeichnet werden, lässt sich auch die gesellschaftliche Verschiebung
jenseits von Alterskohorten feststellen. Was aber auch ersichtlich ist, ist die wachsende
Ausdifferenzierung von Milieus, das heißt Randerscheinungen werden zu nennenswerten
Lebensentwürfen und die Lebenswelten driften auseinander. So nehmen sich das prekäre

Milieu, in dem die Armutsgrenze erreicht ist und Status und Besitz nach wie vor eine wichtige Rolle spielen, und das Milieu der Performer, in dem das beschleunigte Leben und der Genuss am Multioptionalen einen hohen Stellenwert haben, gegenseitig kaum wahr. Dabei sind beide Milieus in etwa gleich groß!

Wie bei allem ist die Welt weit komplexer, als wir das beim ersten Hinsehen vermutet haben. Man kann aber sicher konstatieren, dass es noch nie so falsch war wie heute, von „der Jugend" zu sprechen.

Aufgrund dieser Komplexität habe ich mich beim Generationen-Thema auf die grundlegenden Veränderungen innerhalb unserer mitteleuropäischen Gesellschaft beschränkt, die alle ausnahmslos betrifft.

In diesem Buch wird nicht über die Verlierer der Generation Maybe die Rede sein; es handelt sich um keine soziologische oder pädagogische Abhandlung. Hier wird vielmehr das Thema behandelt, wie junge Erwachsene geführt und gefördert werden müssen, damit sie einen wertvollen Beitrag in Wirtschaft, Politik und Gesellschaft leisten können. Fokussiert werden also diejenigen, die sich bereits auf den Weg in den Beruf gemacht haben – und dazu zählen letztlich alle, die in Unternehmen mitwirken. Aus diesem Grund wird als nächstes schlaglichtartig beleuchtet, mit welchem „Wind of Change" wir alle in Unternehmen konfrontiert werden.

2.2   Tempus fugit – immer noch schneller!

▶   Rennt ein Mann mit einem PC-Karton unterm Arm an einem Bekannten vorbei. – „Wohin rennst du denn so schnell?" ruft der erstaunt hinterher. Hektisch antwortet ihm der Läufer: „Ich muss sofort ins Büro, um mein neues Gerät in Betrieb zu nehmen, bevor die nächste Generation rauskommt!"

2.2.1   Alles rückt zusammen

Dieser Witz zeichnet bestens nach, wie sich Baby Boomer angesichts der beschleunigten Welt fühlen, die sich vor allem im Bereich der IT besonders bemerkbar macht: oft sehr gehetzt und vor allem unter Druck, den Anschluss ja nicht zu verpassen. Kein Wunder halten sich viele Vorgesetzte Programmfeinheiten, Updates und neue Apps, die das Leben angeblich erleichtern sollen, vom Leib. Wer will schon permanent mit seinem Werkzeug kämpfen müssen? Denn für die nicht-Maybe'ler und nicht-GenX'ler ist oft ein Kampf, was für diese Lust ist: die ständigen Updates und Neuerungen, die sich in der Software ergeben. Man macht zwar mit, aber unwohl ist einem doch immer wieder dabei. Vielleicht fühlt es sich so an, wenn man das Radfahren erst als Erwachsener gelernt hat: eine Restunsicherheit, ein prinzipielles Misstrauen bleibt.

Alles rückt näher zusammen und ist immer enger miteinander verbunden. Das Smartphone steht wie ein Symbol für dieses „Zusammenrücken" der alltäglichen Bedürfnisse: Telefonieren, Briefe schreiben, komplexe Informationen einholen, Verabredungen treffen,

Einkaufen, Fotografieren, Filmen, Musik oder Radio hören, Filme und Nachrichten ansehen, Diskussionen aufnehmen, Produkte vergleichen, navigieren, Herzfrequenz messen,
sich Klassiker vorlesen lassen…: alles auf einer kleinen Platine zusammen gelötet, alles in
einem handlichen Gerät, gerade mal über hundert oder zweihundert Gramm leicht.

Natürlich hat sich mit den Möglichkeiten des schnellen Zugriffs auf alles und jeden die
Zeit verdichtet, das heißt wir nehmen uns in 24 h heute schlicht mehr vor als das früher
überhaupt ging! Bei so vielen Impulsen in kurzen, kaum mehr wahrnehmbaren Abständen, erleben wir deshalb kaum einen Rhythmus, der uns dabei unterstützen könnte, inne
zu halten, um Überblick und Richtung zu reflektieren. Selbst für die Wahrnehmung von
Erfolgen nehmen wir uns immer weniger Zeit. Erholung auf höchstem Niveau wird denjenigen verkauft, die völlig erschöpft zur Wellness kommen und davor das Versprechen
erhalten haben „sich in kürzester Zeit entspannt zu fühlen".

Wir sind dabei an eine Grenze gestoßen: zumindest unsere menschliche Leistung und
die emotionale Empfindungsfähigkeit können wir nicht mehr weiter steigern, jedenfalls
nicht ohne Doping. Längst sind wir zu „Simultanten" geworden: wir telefonieren während
des Autofahrens, schreiben Mails während Besprechungen, buchen Reisen in der Mit-
tagspause, essen während der Nachrichten, schauen Krimis vom Laufband aus. Die Beschleunigung hat uns oft die Richtung genommen und so trifft Mark Twains Sprichwort
auf unsere Gesellschaft zu: „Als wir das Ziel aus den Augen verloren hatten, verdoppelten
wir das Tempo."

Die Verdichtung der Zeit führt also nicht zur Konzentration, eher einer Diffusion.

Wir haben zwar den Eindruck, die Zeit habe sich beschleunigt, aber das stimmt natürlich nicht. Die Uhr tickt immer gleich, die Welt behält die Umdrehungsgeschwindigkeit
bei. Die Dichte hat sich verändert: „es" schiebt sich immer mehr hinein und greift zugleich immer mehr ineinander. Mit dieser Entwicklung wurde auch das Verständnis von
Welt komplexer. Denn nicht nur zeitliche, auch nationale Verwobenheiten gestalten sich
wesentlich komplexer.

In einer Ausgabe der New York Times von 1982 war die Weltkarte eines amerikanischen Schulbuches abgebildet, das die Welt in drei Teilen darstellte: USA, Allies (Verbün-
dete) und Enemies (Feinde).

Als Judy Dench als M im Agenten-Thriller Casino Royale die Bemerkung knurrte: „Ich
hasse es! Seit der Kalte Krieg beendet ist, gibt es keine klaren Fronten mehr." kam der
Witz gut an. Verhärtete Fronten lassen einen eben wissen, woran man ist; Gut und Böse
sind klar definiert. Diese einfache „Ordnung" hat sich aufgelöst. Die Grenzen der Welt
sind offener geworden, die Märkte durchlässiger, politische Umbrüche beeinflussen die
Börse unvorhersehbar. Der viel beschworene Schmetterlingseffekt, nach dem der Flügel-
schlag eines Insekts irgendwo auf der Welt Auswirkungen auf die individuellen Ereignisse
in der eigenen Umgebung haben könnte, ist keine Theorie mehr. Weltpolitische Umstände,
das Abschätzen von Konsequenzen, die Fähigkeit, sich in unterschiedlichen Kulturen und
Situationen zu bewegen und kurzfristig Entscheidungen zu treffen, werden für erfolgreiche Unternehmen immer relevanter. Der Markt verhält sich sozusagen wie das Internet:
alles ist nur einen Mausklick entfernt – die Welt, ob Konkurrenz oder Markt, ist nebenan.
Insofern wird Kooperation mit Partnern, Teilen von Wissen und Ressourcen, das Akqui-

rieren der passenden Mitarbeiter, intelligenter Einsatz von Kommunikationsmedien und last not least die Fähigkeit zum Netzwerken immer wichtiger. Absichtlich wird hier nicht einfach von Globalisierung gesprochen. Aus wirtschafts-politischer, aber auch soziologischer Sicht haben wir es vielmehr mit Ballungszentren und einer Vernetzung derselben zu tun. Die Rede ist von der Bedeutungszunahme der Städte. Je enger die Weltgemeinschaft wird, desto weniger kann sich der Einzelne zu Hause fühlen. Deshalb nimmt gerade angesichts der Globalisierungstendenzen der Nationalismus stark zu – und zwar überall auf der Welt. Wenn Menschen an einer Über- oder Entfremdung leiden, suchen sie die Wurzeln ihrer Identität, die in aller Regel in regionaler Kultur, Herkunft und Religionsgründen. Am liebsten wären alle wie die Schweiz: Eigenständig in ihren Entscheidungen, mit unabhängiger Währung und trotzdem kulturell und wirtschaftlich angebunden an eine starke europäische Gemeinschaft, deren Werte das Land teilt.

Im Grunde begegnet uns auch im Blick auf die Welt eine fluide Gesellschaftsstruktur, nämlich eine Welt-„Ordnung", die sich immer weiter verformt und verschiebt – ohne Ziel und Ende in Sicht.

2.2.2   Unternehmensstrukturen auf dem Prüfstand

In der recht jungen, aber sehr erfolgreichen Wissenschaft Bionik untersuchen Wissenschaftler verschiedener Disziplinen, wie die belebte Natur durch evolutionäre Prozesse optimierte Strukturen entwickelt hat. Wie ist ein Baum „gebaut", so dass seine filigranen Zweige schwere Schneedecken unbeschadet tragen können? Wie sind Blätter beschichtet, um sich nicht mit Wasser vollzusaugen, wenn es regnet, vielmehr die Tropfen abperlen zu lassen? Wie kann eine Klette sich fest machen und ohne Riss wieder lösen? Wie schafft es ein Weizenhalm, das siebenfache Eigengewicht des Halms mit den Körnern auf dieser Höhe im Wind hin und her zu wiegen, ohne zu brechen? Auch wer das nicht weiß, wendet schon alleine durch Trial and Error physikalische Gesetze an.

Man muss kein Hochhaus gebaut haben, um zu wissen, dass starre Streben bei Sturm zum Einsturz führen können. Beim Zelt werden die Schnüre gelockert, damit die Zeltwände so flexibel wie möglich sind; beim Segeln wird ab einer bestimmten Windstärke das Segel gelockert oder ganz eingezogen. Nach den Gesetzen der Natur braucht Stabilität eine Balance zwischen Festigkeit und Flexibilität.

Der „Wind of Change" weht und die Unternehmen verstärken ihre Strukturen und Führungsmethoden. Der „Wind of Change" weht und Geschäftsführer halten an Strukturen und Organigrammen fest und versuchen mit viel Aufwand, die Alltagswelt möglichst so zusammen zu halten und weiter zu führen, wie sie es bisher gemacht haben. In der Mehrzahl finden wir hierarchische Unternehmensstrukturen, die kaskadisch aufgebaut sind. Vorgänge werden die Hierarchie rauf und runter eskaliert, delegiert und exekutiert. Die Wege sind klar, die Abteilungen abgegrenzt, Arbeitsbeschreibungen klären Zuständigkeiten und die Teilnahme an Sitzungen wird durch die Position im Unternehmen bestimmt. Obwohl die inzwischen benötigte Geschwindigkeit die hierarchischen Strukturen häufig überfordert, wird an diesen Modellen fest gehalten. Der Versuch, das Ganze mit Matrixstrukturen in eine flexiblere Form zu bringen, wird meistens so halbherzig geführt, dass er beim kleinsten Problem abgebrochen wird und die alten Strukturen wieder gelten. Wenn sich etwas verändert, dann wird „re-strukturiert": Abteilungen werden umgebaut, Mitarbeiter werden verschoben oder „frei gesetzt", Dienstleistungen in Billig-Lohnländer outgesourcet oder auch wieder eingegliedert. Es wird zwar zum Beispiel überprüft, ob die Abteilungen noch beim „richtigen" Vorgesetzten angesiedelt sind oder vom „Richtigen" geführt werden, ob der eine Bereich erweitert, der andere verkleinert werden sollte. Wenn eine Unternehmensstruktur ein Haus wäre, würde man also ständig an- und umbauen, um die immer stärker werdenden Erdbeben und Stürme aushalten zu können; das einzige, was unangetastet bliebe, wären die starren Wände.

Die zeitraubenden Wege durch die Strukturen eines Konzerns sind die Chance des deutschen Mittelstandes: hier sind einfach schon durch die kleine Größe die Entscheidungswege kürzer als bei den Riesen der Wirtschaft. Und doch geschieht auch hier das, was in Konzernen passiert: die anachronistische Arbeitsweise der patriarchischen Führungsart oder die des hemdsärmeligen „mal hier, mal dort" macht einem regelrechten Struktur-Aberglauben und Regelungswahn Platz mit dem Ziel, eine „professionelle Unternehmensstruktur" abbilden zu können.

Oft scheuen sich dieselben Unternehmen, die in ihrer Entwicklung innovativ mit Bionik arbeiten, die Erkenntnisse aus organischen Strukturen auf das Innenleben im Unternehmen zu übertragen. Wie wäre es, wenn wir statt Abteilungen „Zellen" hätten, die für bestimmte Aufgaben gebildet wurden? Wie würde es aussehen, wenn Fähigkeiten für spezifische Herausforderungen intensiviert eingesetzt und dann wieder „schlafen gelegt" würden? Ein Unternehmen ist nämlich kein Gebäude mehr, das den Stürmen des Lebens trotzen muss; es hätte längst ein atmender Körper sein sollen, der sich in wechselnder Umgebung angepasst verhalten muss. Deshalb sollten Führungspersonen anfangen, sich vom architektonischen Modell der Organigramme zu lösen und damit beginnen, eher wie in der Biologie in fluiden Prozessen zu denken, die einem Organismus angehören. Diese Reflektion wäre dringend nötig, um im wahrsten Sinne des Wortes lebendig zu bleiben

2.2.3 Wer sich bewegt… hat gewonnen!

Lebendig am Markt sein, heißt ganz einfach, sich so zu bewegen, dass die Dienstleistung oder das Produkt gekauft werden? Das ist schwieriger oder leichter geworden, je nach dem, aus welcher Perspektive man es betrachtet: Kunden und Zulieferer haben eine weit höhere Wechselbereitschaft, als es früher der Fall war. Das bekommen selbst Ärzte und Banken zu spüren, bei denen die Hemmschwelle zu wechseln besonders hoch ist. Geschäfte werden immer kurzfristiger; der Markt ist einerseits schneller zu durchschauen, andererseits verändern sich die Wettbewerbsbedingungen ständig. So erzählt ein Mandant im einen Termin, ihre Kapazitäten reichten für die vorhandenen Aufträge nicht mehr aus, er müsse über Investitionen in Millionenhöhe nachdenken. Kurz darauf fragt er sich, wie sie das nächste Quartal überstehen werden, weil der Markt kurzfristig eingebrochen ist. Dieser Unternehmer managet nicht falsch, sondern er ist mit vielen anderen der allgemeinen Situation unterworfen, in der Auftraggeber bestehende Verträge nicht einfach einhalten, sondern je nachdem, wie sich die Lage wiederum für sie entwickelt, doch noch verkleinern oder absagen. Das hat den Effekt, dass entweder die Lager mit Teilen aufgefüllt werden, die eventuell doch keiner mehr bezahlt, oder Lieferrückstände bestehen, die eine Lücke für einen neuen Kampf mit dem Wettbewerber auslösen. Die Mitbewerber meines Mandanten befinden sich in genau derselben Situation, insofern könnte er sich fast schon zurücklehnen und an das Auf und Ab gewöhnen. Was aber, wenn einer sich besser bewegen kann? Wenn einer plötzlich diese Probleme weniger hat, das heißt innerhalb seines Unternehmens weniger Unruhe durch Überlastung und Unsicherheit herrscht, und er in den Lieferfristen kurzfristig handeln kann?

Wir knobeln in aller Regel zu viel an den aktuellen Problemen, die zwischen Auftragsmangel und Lieferrückständen pendeln, statt uns zu überlegen, ob es einen dritten Weg gibt, einen, der beweglicher macht, der den Unternehmenskörper freier atmen lässt.

Denn eins ist sicher: in den kommenden Jahrzehnten herrscht in der Wirtschaftswelt nicht nur global, sondern auch im europäischen Bereich Umbruch und Aufbruch (vgl. Hanisch (2013)). Die Verdichtung der Zeit, die Entgrenzung gesellschaftlicher Strukturen und die wirtschaftlichen und politischen Umwälzungen lassen sich nicht verhindern – und das ist auch gut so. Wir sind mitten drin; wir gehören meistens (noch) zu den Profiteuren und manchmal zu den Verunsicherten. Wer jetzt einfach nur sein Haus noch fester baut, wird verlieren. Wer sich bewegt, hat jetzt schon gewonnen.

2.3 „Maybe" one day

In diese Situation der Veränderungen, die eine große Bereitschaft für mutige Schritte, Weitsicht und Entschlusskraft zur Lösung bräuchte, kommt die Generation Maybe mit ihrer Unerfahrenheit und vor allem mangelhaften Entscheidungsfähigkeit. Wer jetzt denkt: „Die hat uns gerade noch gefehlt!", der denkt richtig. Die wenigsten Fähigkeiten, die heute und morgen gebraucht werden, liegen in der Art und Weise, wie Unternehmen jahrzehntelang sehr erfolgreich betrieben und geführt wurden; Tools, sowohl in der Führung, als auch im Management, passen einfach nicht mehr in eine Welt, die im Fluss ist. Viele Fähigkeiten und Einstellungen, die die Generation Maybe für selbstverständlich hält, werden spätestens morgen gebraucht: ihr Umgang mit Zeit, mit Kontaktpflege und Kommunikation.

Das hören Baby Boomer und Wirtschaftswunderkinder nicht gerne; sind sie doch gewohnt, dass ihre Haltung die „Normalität" abbildet und ihre Lebenserfahrung zeigt, wie erfolgreiches Leben offensichtlich funktioniert („mein Haus, mein Auto, meine Frau"…). Dabei liegt darin unser aller Chance: die Generation Maybe arbeitet gerne mit Älteren zusammen und nur, wenn wir bereit sind, von den Jüngeren zu lernen – eine Art Lerngemeinschaft zu gründen – werden wir in der nächsten Zukunft erfolgreich sein können.

Die Maybes bewegen sich im Moment noch reichlich richtungslos. Die Richtung geben, Sinn stiften: das wird die immer wichtiger werdende Aufgabe der Führenden in

Unternehmen. Die Art und Weise zu gehen sollten wir gemeinsam mit der Generation Maybe einüben, von ihnen zu lernen bereit sein.

Lockern Sie ihre Zeltschnüre und lassen Sie sich den „Wind of Change" um die Nase wehen.

2.4   Review

2.4.1   Checkup-Fragen

Fragen

Zu welcher Generation gehören Sie?
Was war Ihnen als junger Mensch besonders wichtig (Auto, Unabhängigkeit…)?
Welche Erfahrungen haben Sie als prägend für Ihre Lebenseinstellung und Ihre heutige Arbeitshaltung erlebt?

Aus welcher Generation kommen Ihre Mitarbeiter/ Kollegen/ Vorgesetzte?

- im Führungskreis
- im administrativen Bereich
- in der Produktion

Welche Generationen-Denke dominiert die Atmosphäre und Beurteilungskriterien Ihrer Abteilung/ Ihre Unternehmens?

Wo hat die Generation Maybe im Unternehmen Spielraum, sich mit ihren spezifischen Erfahrungen wertschöpfend einzubringen?

Versuchen Sie, sich in die andere Generation und in ein anderes Milieu zu versetzen. Wie hätten Sie sich eventuell entwickelt, wenn Sie 1990 geboren worden wären?

2.4.2   Schritte nach vorn

To Dos

Verschaffen Sie sich einen Überblick über die demografische Entwicklung in Ihrem Unternehmen.
Sehen Sie sich Spannungen und Konflikte im Unternehmen unter dem Aspekt der Generationenunterschiede an.

Nutzen Sie das Netz-Leben der Generation Maybe im Unternehmen:

- Wie könnte mehr Spaß ins Unternehmen kommen?
- Wo können (müssen?) „alte Zöpfe" abgeschnitten werden?
- Wo kann die Internetkompetenz und die vernetzte Kommunikation im Unternehmen eingesetzt werden?

Schaffen Sie bewusst Aufgabenfelder, bei denen generationenübergreifend gearbeitet werden *muss*.

Nehmen Sie sich das Organigramm Ihres Unternehmens vor und versuchen Sie, aus den „Kästchen" in der Einteilung „Zellen" zu machen, die an Stelle von Mauern durchlässige Membranen haben.

Literatur

Arntz J (2013) 1964. Deutschlands stärkster Jahrgang. Edition Süddeutsche Zeitung, München
Bourdieu P (1987) Die feinen Unterschiede. Kritik der gesellschaftlichen Urteilskraft. Suhrkamp, Frankfurt a. M.
Bruch H, Kunze F, Böhm S (2010) Generationen erfolgreich führen. Konzepte und Praxiserfahrungen zum Management des demographischen Wandels. Gabler, Wiesbaden
Coupland DC (1991) Generation X. Geschichten für eine immer schneller werdende Kultur. Goldmann, München
Hanisch R (2013) Das Ende des Projektmanagements: Wie die Digital Natives die Führung übernehmen und Unternehmen verändern. Linde, Wien
Horx M (2009) Anleitung zum Zukunftsoptimismus. Warum die Welt nicht schlechter wird. Piper, München
Illies F (2001) Generation Golf: Eine Inspektion. Fischer, Frankfurt a. M.
Jeges O (2014) Generation Maybe. Die Signatur einer Epoche. Haffmans & Tolkemitt, Berlin
Lange A, Lettke F (2007) Generationen und Familien. Gesellschaftliche Spannungsfelder. Suhrkamp, Frankfurt a. M.
Maaßen R, Haas B (2014) Dual Studieren. Frankfurter Allgemeine Sonntagszeitung Nr. 51, 2.03.2014, Sonderbeilage Beruf und Chance, C8
Mangelsdorf M (2014) Generation Y. Gabal, Offenbach
Mannheim K (1964) Das Problem der Generationen. Mannheim K (Hrsg) Wissenssoziologie, Soziologische Texte 28, 1964. Luchterhand, Neuwied (ursprünglich: Karl Mannheim, Das Problem der Generationen, Kölner Vierteljahreshefte für Soziologie, 7.Jg, Heft 2, 1928, Berlin)
Riederle P (2013) Wer wir sind und was wir wollen. Ein Digital Native erklärt seine Generation. Knaur, München
Rump J, Eilers S (2013) Die jüngere Generation in einer alternden Arbeitswelt. Baby Bommer versus Generation Y, Schriftenreihe des Instituts für Beschäftigung und Employability IBE, Ludwigshafen. Verlag Wissenschaft & Praxis, Sternenfels
Rupps M (2008) Wir Babyboomer. Die wahre Geschichte unseres Lebens. Herder, Freiburg
SINUS-Studie (2014) www.sinus-institut.de. Zugegriffen: 15. Juni 2014
Skidelsky R, Skidelky E (2013) Wie viel ist genug? Vom Wachstumswahn zu einer Ökonomie des guten Lebens. Verlag Antje Kunstmann, München
Weiguny B (2010) Generation 30. Frankfurter Allgemeine Sonntagszeitung, Nr. 20, 23.05.2010, S 41–46

Vorwärts denken 3

3.1 Unternehmerisches Leben in der AGFA-Welt

Wir haben über Vergangenheit und Gegenwart nachgedacht, nun gilt es „vorwärts zu denken". Denn wir stehen nicht vor einem Wechsel, wir befinden uns schon mitten drin. Dass wir diesen Umstand nicht täglich zur Kenntnis nehmen, liegt zum einen an unserer eurozentristischen Sichtweise der Welt, zum anderen an der beschriebenen „Übermacht" der mittleren und älteren Generation im Geschäftsleben. Was sich allerdings regelrecht in unser Bewusstsein drängt, ist die zeitliche und räumliche Verdichtung. Diese nehmen wir weitgehend als Stressfaktor wahr, nur an einigen wenigen Stellen als immerhin „praktisch". Aus der mangelnden Kompetenz, mit Verdichtungsphänomenen gesund umzugehen, entsteht mittlerweile eine Epidemie an Erschöpfungskrankheiten mit alarmierenden persönlichen und volkswirtschaftlichen Schäden. Mit der herkömmlichen Art, die Führungspersonen bis vor kurzem erfolgreich gemacht hat, werden dieselben Personen an und mit ihren eigenen Prinzipien scheitern. Sowohl als Mensch, als auch in ihrer Führungsfunktion. Der Philosoph Byung-Chul spricht vom Phänomen der „Müdigkeitsgesellschaft" (vgl. Han 2010), die dabei ist, sich selbst auszubeuten. Man bedenke: eine Gesellschaft mit 35 bis 40 Stunden pro Woche, mindestens 25 Tagen bezahlten Urlaub, ergonomischen Arbeitsplätzen, Gesundheitsprogrammen und Krankenversicherung fühlt sich nicht nur mit dem beruflichen Alltag, vielmehr auch in ihrem persönlichen Leben überfordert. Man könnte meinen, der Fortschritt frisst die eigenen Kinder.

Was wenige erst erkannt haben, ist der Umstand, dass das Drehen an Stellschrauben, also das graduelle Verbessern, nicht mehr ausreicht. Was bisher unter „Change-Management" die Seminarhäuser füllte, betraf meistens kleine oder große Verschiebungen zur Optimierung von Abläufen, um effizienter zu werden. Mit der ausgereiften IT und der ausgefeilten Kommunikationstechnik hat aber eine Entgrenzung der Lebenswelten in dem Maße stattgefunden, dass wir Veränderungen hin zu Erneuerungen vornehmen müssen.

© Springer-Verlag Berlin Heidelberg 2014
A. S. Fintz, *Leading by Meaning,* DOI 10.1007/978-3-662-44073-5_3

Laut David Bosshart, CEO des Gottlieb Duttweiler Instituts, das sich seit Jahrzehnten schwerpunktmäßig mit Zukunftsforschung beschäftigt, leben wir längst in der AGFA-Welt: Apple – Google – Facebook – Amazon. Unter diesen Giganten, die die ganze Welt wirtschaftlich, persönlich, kulturell und politisch miteinander verbinden (und demnächst kontrollieren können), ist kein einziges europäisches Unternehmen. Man kann kritisieren, welche Gefahren und Nachteile diese Entwicklung langfristig mit sich bringt. Man kann darüber lamentieren, was alles verloren geht, wenn AGFA unsere Lebensweise immer mehr dominiert. Derweil arbeiten die anderen (sowohl Entwickler, als auch Anwender!) emsig am weiteren Fortschritt der Soft- und Hardware. Dies übrigens meistens mit bester Laune.

Wenn wir die europäische Wirtschaft und Gesellschaft auch noch in Jahrzehnten als echten „Mitmischer" erleben wollen, müssen wir einen „Change of Mindset" vornehmen, nicht nur jeden Tag ein bisschen besser werden. Die Technik hierfür wäre da, aber wo sind diejenigen, die Lust auf diese veränderte Kultur haben? Das Wort Lust ist hier bewusst platziert: die neuen Medien haben nämlich den Nebeneffekt, vielen Anwendern schlicht mehr Spaß zu machen als die alten Techniken. Und was Spaß macht, wird nicht nur nötigenfalls angewendet, sondern gerne und häufig. Aus psychohygienischer Sicht ist das äußerst sinnvoll, denn wenn man schon in wenig Zeit viel erledigen muss, kurz: Stress (= Druck) hat, hält man das wesentlich besser und mit guten Ideen durch, wenn man dabei Freude empfindet. Wer sich zu lange zusammen reißen muss, den reißt es irgendwann auseinander.

Auf welchen Feldern hat sich so viel getan, dass wir von einer Erneuerung statt einer Verschiebung sprechen sollten? Wo hat sich die Unternehmens- und teilweise Lebenswelt so verändert, dass wir mit unserem herkömmlichen Verhalten zu scheitern drohen? Welche Rolle spielt dabei die Generation Maybe?

Lassen Sie uns vorwärts denken und losgehen!

3.1.1 Leben in der Community

Die Internet-Welt gleicht einer multikulturellen Stadt und was es im Netz nicht gibt, gibt es nicht. Das gilt für Produkte und Dienstleistungen wie für Vereine und Kommunen. Das erste, was ein Start-Up-Unternehmen heute macht, ist eine Homepage aufzusetzen; den Facebook-Account gibt es in der Regel schon als ersten Test für potentielle Kunden, die schon einmal austauschen können, wie sie die Geschäftsidee finden.

„www" heißt die Kleinstadt und „Community" heißen die Viertel, in denen sich Interessengruppen zusammen tun. Wie man in der realen Welt mehrere Wohnsitze haben kann, so kann man auch in der virtual reality in unterschiedlichen Stadtvierteln gleichzeitig leben und der Wechsel ist nur einen Mausklick entfernt. So kann ich mich für mein Unternehmen als Kundenberaterin noch am späteren Abend einloggen und parallel mit einem Kumpel chatten, der auch gerade online ist. Wenn ich eine Frage zu meiner Software habe, google ich das Problem und suche, auf welcher Plattform jemand dieselbe Frage auch schon gepostet und welche Antwort er erhalten hat. Eine potentielle Mandantin erzählt mir am Telefon, sie lese so gerne einen mir unbekannten Philosophen – ich recherchiere und klinke mich bei einer Diskussion über dessen Thesen ein. Dabei entdecke ich eine ganz andere wirtschaftsphilosophische Theorie, zu der ich mir einen Link abspeichere, weil sie mir sehr interessant vorkommt und ich sie vielleicht zu einem anderen Zeitpunkt nochmals anschauen möchte. Vermutlich vergesse ich das aber wieder. Später skype ich noch mit einem Freund, von dem ich weiß, wie gut er sich auf dem Fachgebiet auskennt, das ich jetzt gerade brauche. Ehrlich gesagt komme ich nur auf ihn, weil ich sehe, dass er auch gerade bei Skype online ist und ich ihn schon lange nicht mehr gesprochen habe. Seit der Recherche nach dem Philosophen sind mehrere Stunden vergangen; ich habe weder die Zeitung gelesen, noch den Stapel Bücher angefasst, der demnächst Staub ansetzt, obwohl ich ihn als „besonders wichtig" eingestuft habe. Das Leben in der Community kostet Zeit, die man dann nicht mehr hat, um gemeinsam mit der Partnerin, den Kindern, den Freunden etwas zu unternehmen.

War das jetzt undiszipliniert? Nein, sondern ich war in die Stadt gegangen, um am Infostand etwas abzuholen und habe dabei weitere Broschüren entdeckt; dann waren am Stand auch noch andere da, die sich für dasselbe interessierten und mit denen ich sehr gerne mal wieder reden würde. Auf dem Rückweg habe ich dann noch einen alten Freund getroffen, mit dem ich mich sowieso schon lange mal wieder austauschen wollte. Diese Beschreibung klingt viel positiver und produktiver als der Satz „ich bin am PC versumpft". Welche Beschreibung zutrifft, das hängt davon ab, wie sich jemand im Internet verhält, wie er es schafft, sich in Communities einzuklinken, das heißt aber auch, sich einzubringen.

Welche Macht Communities entwickeln können, zeigen alle möglichen Initiativen, die sich gezielt für bestimmte Anliegen einsetzen und Follower finden. Das besondere an einer Community im Unterschied zu einem Verein, einer Partei oder einem Freundeskreis ist der Charakter der Verbundenheit durch ein singuläres Interesse und ohne jegliche hierarchische oder gar juristische Struktur. Wird ein Ziel erreicht, zerstreut sich die Community wieder. Ein Beispiel zeigt, wie fatal es für die eigene Interessengruppe sein kann, die Macht der Community-Bildung zu unterschätzen: Der Landtag des Freistaates Bayern hatte im Jahr 2009 Ausnahmeregelungen vom Rauchverbot beschlossen, die zum Beispiel das Rauchen in Zelten während des Münchner Oktoberfestes genehmigten. Eine Volksinitiative, die zwei Maybe'ler starteten, führte zu einem furiosen Erfolg der Nichtraucher, die gewöhnlich mehr am Laptop als am Stammtisch sitzen: während sich diejenigen, die für die Lockerung des Verbotes waren (hauptsächlich die CSU) auf herkömmliche Werbekampagnen wie Zeitung, Plakate, Flyer und Radio-Werbung verließen und dafür Unsummen an Geld investierten, starteten die mit weniger Finanzen ausgestatteten Jungen eigene Anti-Raucher-Kampagnen via Facebook und mit youtube-Videos, die sie selbst produziert hatten. Die Clips im Internet waren ernsthaft, aber originell. Kein erhobener Zeigefinger, kein Pochen auf Rechte, vielmehr der Appell für ein gesundes, auch kinderfreundliches Leben im gegenseitigen Respekt. Die Volksabstimmung war die zweiterfolgreichste in der Geschichte der Bundesrepublik: 37,7 % der Wahlberechtigten beteiligten sich und eindeutige 60,86 % stimmten für ein strengeres Gesetz. Ob dieses Ergebnis ohne die Bildung einer Community, die sich originelle Aktionen einfallen ließ, zustande gekommen wäre, ist sehr fraglich. Die Finanzkraft saß jedenfalls auf der anderen Seite; ihre Eigentümer hatten „nur" die neuen Medien unterschätzt.

Eine Unternehmerin (Jg. 1978) aus der Speditions-Branche erzählte mir im Jahr 2007, wie sie für null Euro potentielle Kunden dazu bekomme, sich immer wieder auf ihrer Homepage zu informieren, wenn sie etwas bräuchten. Die Branche sei ja an sich „unsexy" und in der Regel höre man nur von Speditionen, wenn etwas schief gelaufen sei – also spannend sei eigentlich nur Negatives. Als die Kassen immer leerer wurden, strich die Unternehmerin das ganze Budget für Werbung und machte sich selbst ans Werk: Sie schickt seither jede Woche an hunderte Kontaktadressen eine kurze Mail mit dem Link zu einem Video, das irgendwelche Trucker irgendwo auf der Welt auf Youtube hochgeladen haben. Jede Woche gelangt auf diese Weise ein neuer Clip mit kuriosen Begebenheiten und Situationen auf die Bildschirme von konkreten Ansprechpartnern quer durch produzierende Unternehmen, die die spezifische Zielgruppe für die Spedition bilden. Einige berichten in Gesprächen bis heute, dass sie sich immer schon auf den Newsletter freuen. Die Unternehmerin bietet ihren potentiellen Kunden also schon vor dem Auftrag einen Mehrwert, indem sie ungefragt eine echte frohe Nachricht ins Unternehmen schickt. Denn richtig: Lachen ist ein Mehrwert! Die innovative Spediteurin betreibt mittlerweile einen Blog, in dem die Fernfahrer entweder von besonderen Erlebnissen unterwegs erzählen oder auch von längerfristigen Gefahren auf den Strecken berichten. Den Blog kann natürlich jeder einsehen, auch diejenigen, die bei einer anderen Spedition fahren. Ihr Blog wird inzwischen von vielen Fernfahrern selbst aus anderen Ländern genutzt. Die Unternehmerin kam sehr zügig aus der finanziell angespannten Lage heraus und hat nie mehr für eine Werbeaktion bezahlt. Sie selbst hat viel Spaß dabei, die Videoclips für den wöchentlichen Letter heraus zu suchen und gleichzeitig weiß sie immer, was sie am Telefon als erstes anspricht oder worauf sie vermutlich angesprochen wird.

Die Distanz zu den Kunden wird durch diese kleine Gemeinsamkeit jede Woche neu reduziert, das Angebot auf Lachen zeitunabhängig vom Sender gemacht, und die Möglichkeit geschaffen, miteinander formlos zu kommunizieren und etwas von sich selbst zu erzählen.

Über dasselbe lachen, eine Nachricht im Briefkasten finden, sich Geschichten erzählen… das weckt genau die Gefühle, die Menschen dringend brauchen. Internet-Communities bieten das an, was wir in vertrauten Gemeinschaften finden und zum Leben brauchen.

Die unverbindliche Kommunikation im Internet, das Suchen und Finden Gleichgesinnter oder Menschen mit denselben Fragestellungen wird die bestimmende in den nächsten Jahrzehnten sein. Das Internet ist der Marktplatz der Welt, und wer dort nie hingeht, verpasst das, was die Welt bewegt. Bislang gehen Babyboomer und deren „Vorfahren" nur hin, wenn sie müssen; Spaß auf dem Marktplatz hat man höchstens privat und meistens dann heimlich – wer gibt schon zu, dass er sich auf Youtube alberne Clips ansieht? Sie sehen das Internet so sehr als Tool, dass es in dem Augenblick, in dem es beginnt Spaß zu machen, schon keine Arbeit mehr sein kann. Deshalb unterbewerten sie die lockere Kommunikation, die im Netz wie nebenbei und unverbindlich läuft, gewaltig.

Kooperationen, Geschäftsideen, gute Mitarbeiter und die Warnung vor Fehlern – alles kann man auf diesem Markt der Möglichkeiten finden und das, selbst wenn man nicht sucht. Nie war es so leicht, Kontakte zu knüpfen oder auch zu beenden. Mit letzterem haben wir Älteren ein besonderes Problem: für uns ist es eine Frage der Verlässlichkeit von Beziehungen, eben nicht einfach eine Weile oder für immer einfach weg zu bleiben, ohne sich vorher wenigstens abgemeldet zu haben. Wir werfen daher den Maybe'lern vor, sie seien zu oberflächlich und unzuverlässig.

Letztlich ist aber deren unverbindlicher Umgang mit Beziehungen in Communities die einzig mögliche Form, die Fülle an Kontakten zu bewältigen, ohne mit einem permanenten Defizitgefühl herum zu laufen. Wir Älteren verfallen in Stress, weil wir bei wachsender Anzahl an Kontakten unsere eigenen Erwartungen an Beziehungsqualität nicht mehr erfüllen können. Also begrenzen wir unseren Kreis und schütteln den Kopf über die Maybe'ler, die 857 Freunde auf Facebook haben, von denen sie 835 nicht einmal je gesehen haben.

Der Begriff „Freunde" wird in sozialen Netzwerken sicherlich inflationär gebraucht; das ist jedoch kein Argument, diese Art von Beziehungen als unnötig abzutun. Auch die Feststellung, dass im Zweifelsfall keiner da sei, stimmt nicht. Als ich in Barcelona bei einem (leider alltäglichen) Raub Bargeld, Bankkarten und sämtliche Unterlagen „abgegeben" hatte, rief ich über Mobiltelefon meine Schwester in Deutschland an. Diese ist wiederum in einem weltumspannenden sozialen Netzwerk, in welchem sie sofort postete, was mir passiert war. Binnen zwei Stunden rief sie mich zurück und gab mir Telefonnummern von deutschsprachigen Frauen in Barcelona, die mir weiter halfen. Im Laufe des nächsten Tages waren noch einige mehr hinzu gekommen. Wir kannten uns nicht und doch hatte ich das Gefühl, wir hätten jetzt auch eine Party am Strand feiern können. Das heißt aber nicht, dass wir uns fortan Weihnachtskarten schreiben – auch keine virtuellen.

Mit Spaß und Neugier zusammen zu kommen, ohne gleich ein Geschäft machen zu wollen, wird immer wichtiger werden. Die dafür nötige Kompetenz, mit vielen gleichzeitig Kontakt halten zu können, Beziehungen quasi zu „jonglieren", sie einschlafen zu lassen, wenn sie gerade „zu viel" sind, und wieder aufzunehmen, wenn es dafür einen Grund auf mindestens einer Seite gibt, haben die Generationen bis zu den Babyboomern nicht, außer sie sind journalistisch begabt. Die Maybe'ler können das. Sie posten mehr oder weniger Sinnvolles, sie beteiligen sich an Blogs und Kommentarpools, sie teilen ihre Erfahrungen und einen Teil ihrer Persönlichkeit mit. Vieles daran ist Geschmacksache; es ist allerdings keine Geschmacksache mehr fest zu stellen, dass die Beteiligung an Communities, das heißt auch das Geben von Leistungen ohne sofortigen Return of Invest in den nächsten Jahren zur Normalität wird.

Der Markt ist von einer Phase des unpersönlichen Geschäftemachens ausschließlich über den Preis wieder in eine andere Phase gekommen, in der Beziehungen einen hohen Stellenwert haben. Die Qualität der Beziehung wird im Wesentlichen an der Glaubwürdigkeit der Personen gemessen, die wiederum von deren Bereitschaft zur Augenhöhe und Offenheit abhängt. Die Marktregeln im www lauten: „Zeige mir, wer Du bist; dann zeige mir, was Du hast und dann gib' mir das Gefühl, dass wir eine spannende Zeit miteinander verbringen können! Danach können wir sehen, ob wir uns preislich finden." Was früher Monate und Jahre dauert, um diesen Kriterien gerecht werden zu können, geht heute schnell: eine kurze Internetrecherche in diversen Netzwerken, ein paar Chats, Fotos, Tipps, Klicks – und wir haben erstaunlich viel über die „Oberfläche" der anderen Person gefunden. Die Technisierung führt also zu einer neuen Personalisierung im Business mit überraschenden Effekten.

Das Leben in Communities wird auch im Business zunehmend an Bedeutung gewinnen. Die hierzu nötige Fähigkeit, sich mit Spaß und Offenheit zu beteiligen, geht den Generationen vor der Generation Maybe meistens völlig ab. Sie haben zwar oft noch das technische Know-How, finden das Ganze aber lästig und haben weder Lust, noch Zeit sich hier zu beteiligen. Sie werten das Ganze auch nicht als Arbeit, gerade weil es einen teilweise zweckfreien Charakter hat und auch noch mit guter Laune verbunden ist. Arbeit muss aber weh tun. Wer statt sich selbst einzubringen oder geeignete Mitarbeiter anzustoßen, Marketingexperten einsetzt, um trotzdem mitzumachen, wird meistens ertappt und erlebt eine selbsterfüllende Prophezeiung insofern, als das Ganze nichts bringt.

Die Vertreter der Maybe-Generation jedoch wagen es, Spaß bei der Arbeit haben zu wollen. Sie sind nicht bereit, einen Großteil ihres Lebens mit Tätigkeiten zu verbringen, auf die sie freiwillig keine Lust haben. Das spürt man zuallererst in den Communities: die Stimmung dort ist nicht immer prima, sondern leidenschaftlich in allen Facetten. Ob sich jemand aufregt oder freut: er oder sie ist mit ganzem Herzen dabei. Wo wir das altersunabhängig nachvollziehen können, ist bei den Bewertungen bei Amazon oder den Artikeln bei Wikipedia: dort investieren Menschen aller Altersgruppen enorm viel Zeit, um für eine unbekannte Gruppe an Interessierten so gut wie möglich zu beschreiben, was ihnen selbst als mitteilenswert erscheint. Es entstehen detaillierte Rezensionen zu Verstärkeranlagen, Videos zur Anwendung des Navigationsgerätes, Skizzen zum Selber-Bauen eines Baumhauses… Man müsste einmal zusammen rechnen, wie viele Stunden qualifizierter Arbeit hier wöchentlich hinein fließen und welchen Preis dieses „Geschenk von vielen an viele" hätte, wenn es denn bezahlt werden müsste. Ganz sicher kämen Millionen-Beträge heraus. Warum tun die Menschen das? Weil es ihnen Spaß macht, etwas mitzuteilen und einen Mehrwert für andere zu schaffen. Es macht Spaß, Teil einer Community zu sein, in der man zeigen darf, was man kann. Und – inzwischen vielleicht auch – weil sie selbst dankbar sind, von anderen zu profitieren und sie sehen, dass eine Balance zwischen Geben und Nehmen allen etwas bringt.

Diese Vitalität im Tun ist der Traum aller Unternehmer. Umdenken hieße hier: nicht die Vitalität für sich nutzen zu wollen, vielmehr den Spaß an der Sache zu fördern. Warum sollte man eigentlich nur im Freizeitpark Spaß haben dürfen? Porsche spricht diesen Wunsch auf seine eigene Art an: „Arbeit ist Kraft mal Weg. Leistung ist Arbeit durch Zeit. Porsche ist Leistung plus Spaß." Stellen wir uns vor, wie die verschiedenen Generationen darauf reagierten, wenn es hieße: „Arbeit in unserem Unternehmen ist Leistung – jederzeit und mit Spaß." Vor allem, wenn das kein Slogan, vielmehr ein echtes Bestreben im Unternehmen wäre!

3.1.2 Leben im Dauerkontakt

Spaß haben die Maybe'ler auch in der Kommunikation nach allen Seiten und in allen Varianten. Das kann ungemein nerven: wenn ich beim Frisör sitze und die Frisörin das Haareschneiden unterbricht, weil sie an ihr Handy geht; wenn in der Vorlesung nur ein Teil der Studierenden die Smartphones vom Tisch packt – trotz vorheriger Aufforderung; wenn eine Mandantin alle paar Minuten während des Coachings nachsieht, ob eine Nachricht herein gekommen ist und diese dann auch noch nebenher liest. Das alles sind Nebenwirkungen einer Welt, die scheinbar im Dauerkontakt zu einer unübersehbaren Anzahl anderer steht.

Die Hauptwirkung allerdings ist die, dass diese Generation dadurch eine Spontanität gewinnt, die vorher gar nicht möglich war. Der Vorwurf, die Maybe'ler seien alle unzuverlässig und kämen gar nicht mehr zu vereinbarten Zeiten an vereinbarte Orte, ist aus der Perspektive der Älteren richtig: sie stehen ja auch irgendwo und warten. Sie haben sich beeilt, eine Arbeit abzuschließen oder pünktlich vor Ort zu sein. Die punktgenaue Verabredung ist im privaten Alltag aber gar nicht mehr nötig: man kann sich kurzfristig melden, um einen Termin genau so zu vereinbaren, wie es gerade passt. Man kann aber auch spontan andere dazu einladen oder selbst absagen. Was uns Ältere enttäuscht, nämlich dass Geplantes sich verändert, finden die Jüngeren „normal" und nutzen das zum Vorteil. Man lässt sich eben die Wahl offen und dem anderen auch. Auf jeden Fall ist es zeit- und beziehungsoptimierend und den persönlichen Bedürfnissen angepasst, jedenfalls wenn man sich so verhält wie die Maybe'ler: immer auf Veränderungen eingestellt und auch nicht persönlich getroffen, wenn eine Verabredung nicht zustande kommt. Nur unter diesem Aspekt hält man nämlich diesen Zustand eines „Lebens in Wahrscheinlichkeiten" aus, der sich dadurch auszeichnet, permanent potentiell in Kontakt mit einer großen Menge an alten und neuen Bekannten zu sein, die auch noch täglich mehr wird. Die Alten sind gestresst allein bei der Vorstellung dieser vielen Kontakte, die Jungen überfordert damit, eine Auswahl angesichts der vielen Optionen zu treffen. Wie auch immer: zwei Prinzipien (nicht deren Wert) unserer Kultur werden damit in Frage gestellt: Unser Paradigma der prinzipiellen Pünktlichkeit und unser Begriff Zuverlässigkeit. Pünktlich ist nicht mehr, wer mit wehenden Rockschößen die Tür zum verabredeten Zeitpunkt durchschreitet, pünktlich ist, wer für beide passend vor Ort ist. Zuverlässig ist, wer sich meldet. Die Entgrenzung der Kommunikationsräume hat die Begrenzung der Kommunikations-Zeitrahmen und die Grenzen zwischen Lebensräumen fast aufgelöst. Das passt den Babyboomern & Co. überhaupt nicht, außer sie sind Chefs oder Workaholics; sie fühlen sich von der Arbeit, von Vorgesetzten, Kollegen und Mitarbeitern regelrecht bis ins Freibad verfolgt. Man möchte doch „auch mal seine Ruhe haben" und den „wohlverdienten Feierabend" genießen.

Genau an dieser Stelle hat ein Paradigmenwechsel stattgefunden, den eine Work-Life-Balance-Gesellschaft, die versucht, Arbeit und Leben zu trennen, nicht versteht: Die Maybe'ler betrachten es als Freiheit, zu arbeiten, wann und wo es ihnen passt. Denn mit der „neuen" Technologie sind aus ihrer Sicht Formen der Kommunikation entstanden, die andere Grenzen aufgehoben haben, nämlich die zwischen Arbeit als Stress- und Frei-zeit als Erholungsraum. Ob der- oder diejenige im Café in Kreuzberg, in seinem Büro im Headquarter oder auf dem heimischen Sofa sitzt, macht häufig vor allem einen Unter-schied: die Lebenszufriedenheit, die er dabei verspürt. Mit einem Interviewpartner für dieses Buch, Ingenieur Jahrgang 1978, diskutierte ich die Neuerungen bei Konzernen wie VW, die alle technischen Hebel nutzten, um Arbeit am Notebook oder mit dem Smart-phone nach einer bestimmten Uhrzeit zu unterbinden, um die Mitarbeiter zu schützen. Mein Gesprächspartner war sauer: „Was fällt denen denn eigentlich ein, mir verbieten zu wollen, am Abend noch Mails zu bearbeiten?! Ich gehe doch lieber um 17 h nach Hause, kann mit meiner kleinen Tochter noch spielen und sie zu Bett bringen, und dann am Abend mit einem Bier nochmal im Wohnzimmer Mails bearbeiten oder eine Präsentation für den nächsten Tag vorbereiten. Meine Frau telefoniert dann mit einer Freundin oder sieht fern und wir fühlen uns dabei pudelwohl. Manche Kollegen arbeiten auch noch abends zu Hause; mit denen chatte ich dann noch so nebenher, natürlich auch Privates. Da erfahre ich dann zum Beispiel was über Biermarken oder den neuesten Klatsch im Betrieb. Kürz-lich haben wir kurz vor Mitternacht verabredet, wer am nächsten Morgen Croissants mit-bringt. Da bin ich morgens richtig gerne aufgestanden. Ich zähle aber auch abends keine Stunden; ich trage ein, was ich so schätze, wie viel ich für die eigentliche Arbeit gebraucht habe. Die Frühaufsteher haben am Morgen gleich was, woran sie weiter arbeiten können oder haben Fragen vorbereitet bis ich im Büro auftauche. Meine Frau findet vor allem gut, dass ich Zeit am Tag habe, um etwas mit der Familie zu machen; richtig Streit wegen der abendlichen Arbeit gab's nur am Anfang bis wir einen Modus gefunden haben, der uns beiden gut passt." Er lacht, als er das sagt und erzählt über die Frage der „Quality-Time", die sie für sich überprüft hätten. „Manchmal habe ich natürlich auch keine Lust oder bin zu kaputt; dann arbeite ich halt nicht mehr weiter, sondern hänge ein bisschen ab. Eine Firma, die mir verbieten würde, zu meinen Zeiten zu arbeiten, würde ich verlassen – oder eben alle Tricks anwenden, um das zu umgehen. Da käme ich schon drum rum. Ich lass' mich doch nicht gängeln. Bei meiner Zweijährigen mache ich sowas, dass ich sie vor sich selbst schütze, aber mit Erwachsenen?!"

Ein anderer, Abteilungsleiter in einer Automobil-Zulieferer-Firma, hat viel weniger Hektik, seit er die beiden morgendlichen Telefonkonferenzen mit den asiatischen Ko-operationspartnern vom heimischen Schreibtisch aus macht. Mittlerweile liebt er das: zweimal in der Woche morgens in Ruhe frühstücken und sich auf die Sitzung konzent-rieren; dann das jedes Mal sehr anstrengende Gespräch. Danach sitzt er manchmal noch eine halbe Stunde im Garten, checkt am Laptop die neuesten Mails oder trinkt mit seiner Frau noch einen Kaffee, bevor er auf dem Weg zum Unternehmen noch einmal den Kopf „lüftet" und die verschiedenen Punkte durchdenkt, die als nächstes anstehen. Am Büro-Schreibtisch beginnt er den Arbeitstag wie zum zweiten Mal. Seit er das so macht, fühlt er sich erheblich besser. In einem Anfall von schlechtem Gewissen, weil er am Mittag von der Arbeit gar nicht mehr so fertig ist wie früher, hat er errechnet, dass er keine Minute weniger arbeitet, nur durch den Rhythmus besser gelaunt ist. Komisch fühle er sich trotz-dem und er wisse auch, dass die meisten Abteilungsleiterkollegen denken, er arbeite seit dieser Zeit weniger.

Er habe das jetzt auch seinen Mitarbeitern angeboten, sich die Zeit selbst einzuteilen. Sitzungstermine müssen natürlich eingehalten bleiben; die können die Mitarbeiter aber auch selbst bestimmen. Kürzlich habe einer mit einer Doodle-Umfrage ermittelt, wann für alle die besten Zeiten seien. Manche haben jetzt angefangen, ihre Arbeitszeit mehr nach ihren Lebensgewohnheiten zu richten. Das Vertrauen in die Mitarbeiter hat sich gelohnt: Die Stimmung sei spürbar gestiegen, die Projekte liefen gut.

Was einen belastet oder nicht, hängt entscheidend von der Praxis ab, die im Umgang mit der Technologie entstanden ist: der Dauerkontakt ist möglich, aber nicht zwingend. Aber er bietet auf jeden Fall eine völlig neue Art des Arbeitens, vor der sich die Mehrheit noch fürchtet. Die Generation Maybe lebt es teilweise vor. Und das mit dem die Älteren befremdenden Schwerpunkt der Lebensqualität: Ich nehme die Arbeit wieder auf, wann es mir gut tut und wie es mir gut tut; in der Community treffe ich dann andere, die das auch gerade machen.

Statt allein im Großraumbüro ein Arbeiten in Gemeinschaft mit anderen am privaten Lieblingsplatz. Das Smartphone und der Tablet PC ist der neue Konnektor für Teams, die ohne große Firmenprogramme für sich selbst sorgen, indem sie sich spontan en passent während der Arbeit ins Kino oder zum Joggen verabreden – oder auch zum gemeinsamen Spielen am PC.

3.1.3   Leben in der Feedback-Schleife

Was machen Sie, wenn Sie eine Verstärkeranlage, einen Schulranzen für Ihr Kind oder ein Buch kaufen? Oder wenn Sie das alles nicht machen: wenn Sie ein Hotel buchen? Sie sehen im Internet nach Kommentaren und Rezensionen, die Sie sich partiell durchlesen. Seit einiger Zeit filmen Rezensenten den Umgang mit Produkten in guter Qualität und geben noch besseren Einblick.

Die Feedback-Portale sind extrem gut; sie ermöglichen, die Bewertungskriterien der Einzelnen nachzuvollziehen und für sich einzuordnen. Wenn jemand zum Beispiel eine schlechte Note gibt, weil in der Sauna des Hotels zu viele Menschen unbekleidet sind (Zitat einer Bewertung!) oder die Bar nur eine Sorte Whisky anbietet, so kann ich das „Contra" zu einem „Pro" umwerten. Immerhin sind wir ja mündige Internet-Nutzer – und vor allem schätzen wir Transparenz.

Die Gefahr, dass die Kommentare von den Betrieben selbst gesteuert sind, ist zwar da, aber insgesamt gibt es so viele seriöse Plattformen, dass diese Gefahr immer kleiner wird. Und dass gedruckte Statistiken nicht stimmen müssen, wissen wir seit dem ADAC-Skandal.

Richtig aufgerüttelt hat dieser Trend der Internet-Rezensionen Unternehmer sehr spät, nämlich als sie bemerkten, dass es Portale wie kununu gibt, auf denen Arbeitnehmer unter verschlüsselter ID Feedback zu Ihrem (Ex-)Arbeitgeber geben können. Entgegen der weit verbreiteten Annahme, hier würde ja nur Frust abgebaut, finden sich hier kurze Texte, die gut darlegen, wie es einem geht, wenn man in dem Unternehmen arbeitet. Das Internet mag dazu einladen, unverblümter zu texten, aber da man bei übler Nachrede trotz aller Anonymität juristisch belangt werden kann, und die Portale-Betreiber sogar die persönlichen Einträge einzeln sichten, gibt es hier kaum Missbrauch (vgl. Schormann 2014). Ein Mandant äußerte sich zwar nicht erfreut, aber erstaunt: die Angaben waren passend, auch zu seinem Führungsstil.

Wir alle leben in einer Feedback-Schleife, spätestens wenn wir uns am Markt bewegen. Entgegen dem Vorwurf, wir würden immer mehr durch bearbeitete Bilder hinters Licht geführt, lässt sich gerade im Internet nur noch wenig verbergen. Rezensionen zu Produkten, Dienstleistungen und Arbeitsverhältnissen – alles per Mausklick auf jedem Bildschirm nachzulesen. Das bedeutet auch Transparenz in einem immer weiter ausufernden Maße. Es wird immer weniger möglich, Produkt- oder jedwede Leistungsschwächen unter Verschluss zu halten; das gilt selbstverständlich auch über Ländergrenzen hinweg.

Wir leben in einer Feedback-Schleife, die man ernst nehmen muss. Sie ist von Vorteil für diejenigen, die von sich und ihrem Produkt überzeugt sind. Sie erhalten Empfehlungsmarketing, das sie zwar nicht kontrollieren können, dafür aber auch nichts bezahlen müssen.

Wer damit am besten umgehen kann, das sind die Maybe'ler, die von klein auf mitmischen.

3.1.4 Leben im Netz

Solange wir zwar mit etwas Skepsis, aber summa summarum „weitgehend wohlwollend" auf die Aktivitäten im Internet blicken, die sowohl im Unternehmen, als auch im privaten Rahmen neue und effiziente Möglichkeiten eröffnen, solange wir das Ganze als ein Hinzu-Gekommenes betrachten, haben wir die durchgreifende Veränderung nicht ernst genommen. Wirklich vonnöten ist nämlich ein „Change of Mindset". Hingegen agieren die meisten Führenden immer noch so, als sei die Welt ein Räderwerk und wie eine Maschine zu steuern und zu warten (Abb. 3.1).

Abb. 3.1 Erstmals erschienen als „Flammarions Holzstich"; Erstveröffentlichung datiert auf 1888. Künstler unbekannt

Die erste Loslösung von einem animistischen Weltbild geschah durch die Entdeckung, Naturereignisse und Himmelsgeschehnisse wie Sonnen- und Mondfinsternis und Sternenverläufe und voraus berechnen zu können. Daraus leiteten Wissenschaftler einen kosmischen Mechanismus ab, der mit der zunehmenden Technisierung immer mehr als Maschinen-Räderwerk verstanden wurde.

Kepler hatte 1618 die ersten bahnbrechenden Berechnungen angestellt, aus denen er schloss, dass „die Himmelsmechanik nicht einem göttlichen Gefüge, sondern eher einem Uhrwerk verglichen werden muss". Heute, 400 Jahre später, behandeln wir die Welt immer noch wie eine große Maschinerie.

Die Komplexität der Welt, die durch die Verdichtung und Grenzenlosigkeit unmerklich entstanden ist, führt aber dazu, dass wir nicht nur die Technologie, sondern die Welt als solches wie ein Netz begreifen müssen. Schäfer spricht vom Netz als „Leitmetapher des 21. Jahrhunderts" (Schäfer 2012, S. 28). Die Wirtschaftswelt hat sehr lange gebraucht, die Konsequenzen aus der „Internetisierung" zu ziehen, bisweilen stehen manche Unternehmen immer noch in Warteposition. Die Herausforderung ist die, einen Mind-Shift von der mechanischen zu einer vernetzten Weltsicht zu vollziehen (Abb. 3.2).

Mitte des 20. Jahrhunderts wurde die Wissenschaft der Kybernetik zu einer der umgreifenden Disziplinen. Mit den Themen aus der Psychologie wurden Themen aus Naturwissenschaften und Technik verbunden und zu neuen Theorien verknüpft. Entscheidungs- und Spieltheorien entstanden, in denen versucht wird, die Komplexität der Welt inklusiver ihrer Kontingenzen abzubilden.

Abb. 3.2 Die Welt als Netzwerk ohne Anfang und Ende

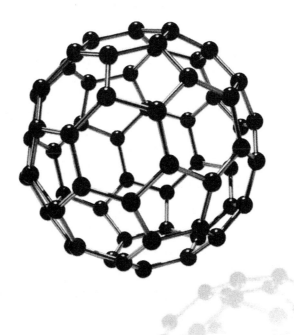

Bereits im Jahr 1967 machte Stanley Milgram an der Harvard University ein Experiment, das als „Small-World-Experiment" in die sozialpsychologische Forschung einging. Danach sind Menschen höchstens um „sechs Ecken" voneinander entfernt; mittlerweile rechnet man sogar damit, dass es nur vier Personen als Zwischenglied bedarf, um jedweden gewünschten Kontakt herstellen zu können. Zumindest in der Theorie lässt sich das nachvollziehen.

Das lineare Denken muss also durch das vernetzte Denken ersetzt werden, das heißt es wird komplexer – man könnte auch sagen „unübersichtlicher" – und wir scheitern immer öfter mit unseren monokausalen Erklärungsversuchen, die vor allem unser westliches Denken prägen. Das bedeutet auch, das Gefühl, Sachverhalte ein für allemal in den Griff bekommen zu können, ist trügerisch. Zeit und Raum, nach Immanuel Kant die Grundlagen für sinnliche Wahrnehmung überhaupt, haben sich in einer Weise verdichtet, dass sich auch unsere Wahrnehmung der Welt als solches verändern muss, wenn wir in dieser Welt noch als eigenständige Individuen teilnehmen wollen. Der Umgang mit Komplexität und Lebenskontingenzen jenseits einer errechenbaren Wahrscheinlichkeit ist die Herausforderung des 21. Jahrhunderts. Wir versuchen wegzuerklären, dass sich alles langfristig ändert, aber wir sind immer mehr gestresst, weil die Führungsarbeit immer schwieriger wird. Deshalb müssen wir uns fragen, woran wir uns angesichts einer runden Netz-Welt noch orientieren können.

Von dieser Frage ist die Generation Maybe im Besonderen betroffen, weil sie im Gegensatz zu ihren Vorläufern mit der Erfahrung der Netzwelt aufgewachsen ist. Mit dem Vorteil, sich in dieser Welt leichter zu bewegen und mit dem Nachteil, kein Gefühl der Sicherheit erlebt zu haben und auch keinen Fixpunkt, an dem sie sich verorten konnten. Der Philosoph Peter Sloterdijk beschreibt das erste Jahrzehnt des 21. Jahrhunderts als eine Art „Belle-Epoque" im Lebensstil mit der magischen Vorstellung der „Harry-Potter-Welt"; so sehr seien die Relationen zwischen Realität und Schein verschwommen, dass eine Orientierung an einem Ursache-Wirkungs-Prinzip fast unmöglich geworden sei (vgl. Sloterdijk 2010).

Wer im Fluss schwimmt, kann keine Anker werfen. In diesem Sinne ist Flexibilität das „Zauberwort": die Bereitschaft, sich ständig zu verändern, sich anzupassen, sich als Individuum an die gegebenen Verhältnisse anzupassen. Sind wir denn alle so biegsam oder: wollen wir das überhaupt sein? Wie kann man noch agieren, wenn das Leben in der Hauptsache aus Re-agieren besteht?

3.2 Der Einzelne ohne Grenzen

Der Blick auf die Generationen als Kohorten und die Betrachtung auf die Unternehmen in einer verdichteten und vernetzten Welt, lassen noch die Frage offen, was das Ganze für den einzelnen Vertreter der Generation Maybe bedeutet. Natürlich trifft vieles, was auf eine Gemeinschaft zutrifft, auch auf den Einzelnen zu. Was jeden einzelnen Erwachsenen maßgeblich prägt, ist die Multioptionalität in allen Facetten des Lebens. Dies trifft vor

allem für diejenigen zu, die den Milieus der oberen bürgerlichen Mitte, dem sozialöko-
logischen, dem liberal-intellektuellen, dem Performer und expeditiven Milieu zuzuordnen
sind (vgl. SINUS-Studie im voran gegangenen Kapitel). Sie gehören zu den High-Poten-
tials der Gesellschaft, denen Selbstverwirklichung, Emanzipation und damit verknüpft,
das Leben eigenständig und frei zu gestalten besonders wichtig ist. Dementsprechend
sammeln viele Akademiker schon während ihrer Praktika in fernen Ländern Erfahrungen,
die andere vermutlich nie machen werden. Andererseits erleben wir dieselben Menschen
in einer ungeahnten Unsicherheit in Bezug auf ihre langfristige Lebensführung.

Die Maybe'ler handeln insofern paradox, als sie versuchen, sich mit allen Mitteln abzusichern und gleichzeitig alle Türen offen halten wollen. Freiheit bedeutet in diesem
Verständnis also nicht, sich beruflich selbstständig zu machen, sondern im Gegenteil: eine
feste Anstellung zu haben, die einen finanziell so weit absichert, dass man in der Freizeit
machen kann, wozu einem gerade ist. Oder eine Anstellung, die einem die Möglichkeit
gibt, die Orte zu wechseln, andere spannende Aufgaben aufzunehmen, sich umzuorien-
tieren. Die Maybe'ler bieten Flexibilität in höchstem Maße, allerdings mit hohen Forde-
rungen an diejenigen, die davon profitieren wollen: Sicherheit, Wohlstand, persönliche
Entwicklungsmöglichkeiten und Vereinbarkeit von Beruf und primären Beziehungen wie
Familie und enge Freundschaften.

Familie und enge Freundschaften bieten den einzigen Anker, den es noch gibt; langjährige Beziehungen sind der Garant für Identität und Sicherheit. Das Gefühl, trotz einer
Netz-Welt als Einzelner sicher sein zu können, gibt es am besten in den Elternhäuser, in
denen die Maybe'ler auch herzlich willkommen sind: als Erwachsene leben sie bis über
ihre 30er Jahre in fester beruflicher Anstellung ohne finanzielles Risiko und behalten häufig noch ihr „Kinderzimmer", das bei den Eltern darauf wartet, von ihnen nach Belieben
bezogen zu werden.

So fragen sich viele, noch weit über die Pubertät hinaus, wer sie eigentlich sind, wenn
sie in den Spiegel blicken. Die Selbstverortung in einer Welt, die so spürbar im Fluss ist,
wird zu einer der größten Aufgaben der Persönlichkeitsentwicklung.

3.2.1 Ich bin, was ich bin, durch die Community

Was der Generation Maybe fälschlicherweise vorgeworfen wird, sind die mangelnden
persönlichen Beziehungen. Das lässt sich keineswegs statistisch nachvollziehen; eher im
Gegenteil. Durch die unkomplizierte, kostengünstige und zeitlose Kommunikation halten
persönliche Beziehungen dauerhafter.

Was sich enorm verstärkt hat, ist die berufliche und private Bedeutung des Netzwerkes
in Hinblick auf die Selbstinterpretation. Bin ich in der Community von Interesse? Kann
ich der Community irgend etwas bieten? Wie viele „Likes" hat mein Foto, wie viele lesen
meinen Blog, gehen auf meine Homepage oder laden mich in ihr Netzwerk ein? Wir haben
es mit einem regelrechten Wettbewerb der Beliebtheit zu tun. Es ist schwierig, sich auf
der einen Seite als Persönlichkeit individuell entfalten zu sollen (!) und auf der anderen

Seite ein beliebtes Mitglied der Community zu sein. Jeder will mit in der Mitte der Gemeinschaft stehen, zumindest dabei sein. Das können einzelne Performer sein, aber auch spontane Gruppen, die zum Beispiel ein Video produzieren und hochladen. Aufmerksamkeit bekommt, wer sich öffentlich zeigt – mit allen Vor- und Nachteilen.

Bei diesem Wettlauf um Aufmerksamkeit nehmen auch erfolgreiche Unternehmen teil. Erst recht, wenn Beliebtheit und Beziehungspflege den Preis der Mitbewerber schlagen muss. Die genannte Speditions-Unternehmerin macht das, indem sie Kunden und Noch-Nicht-Kunden miteinander verbindet, sich darin von anderen Speditionen unterscheidet und sich damit in der Community positiv platziert.

Der Hersteller von Ladegutsicherung allsafe Jungfalk bietet ein wachsendes Dienstleistungsnetzwerk für Kunden, die aJ-Produkte gekauft haben. Außerdem ist das Produktionsunternehmen Gründer eines qualitativ hochwertigen Forums für mittelständische Unternehmer, auf dem aktuelle Themen diskutiert werden: MindMapMittelstand hat erst einmal nichts mit Ladegutsicherung zu tun, aber der Geschäftsführer von allsafe Jungfalk stiftet mit seinem persönlichen Interesse Mehrwert für andere Unternehmen – ob und was es letztlich dem Unternehmen an Zugewinn bringt, muss man noch sehen. Schlimmstenfalls „nur" guten Gesprächsstoff für die Vertriebsmitarbeiter, teambildende Aufgaben im Unternehmen und spannende Gespräche zwischen der Führungsmannschaft und anderen Unternehmern am Markt.

Die Annahme, damit langfristig einen wirtschaftlichen Vorteil zu erlangen, ist berechtigt, denn ein Unternehmen wird auf dem Markt wie eine Person wahrgenommen. Auch hier gilt also die Regel nach Jeges: „Ich poste, also bin ich!"

3.2.2 Erfolgreich ist, wer macht, was er will

Ein immer häufiger aufbrechendes Gespräch in Team-Coachings ist das Lamento über die Generation Maybe. Sie seien so wenig einsatzbereit, wüssten alles immer schon besser, stellten den Anspruch auf Spaß, wollten sich nicht hocharbeiten, verließen den Arbeitsplatz pünktlich und überlegten sich bei Nachfrage erst einmal, ob sie die Überstunden machen könnten – oder wollten. Auch Mitarbeiter in aufsteigenden Positionen zeigen nach Aussage der Coachingnehmer dieses Verhalten.

Die Babyboomer & Co. sind also ungehalten. „Worüber eigentlich?" – frage ich mittlerweile zurück. Meistens kommt die Antwort, dass es so eben nicht gehe, und dass „die Jungen" in deren Alter doch nun wirklich mehr schuften könnten. Was vor allem aufstößt, ist der Anspruch auf Spaß und persönliche Entfaltung.

Die Babyboomer sehen nämlich jemanden im Spiegel: einen, der sich mit Engagement dorthin gebracht hat, wo er jetzt steht; einen, der stolz auf sich und das Geleistete ist. Und er kann nicht verstehen, warum die jüngeren Mitarbeiter ihm nicht nachfolgen, nicht auch eine ähnliche Karriere anstreben.

Interessanterweise verstummt jedes Lamentieren, sobald die Frage im Raum steht, ob man als Zwanzigjähriger gewollt hätte, heute der zu sein, der man ist. Mit diesem Lebenslauf, dieser gesundheitlichen Konstitution und diesem Aussehen. Interessanterweise schüttelt der Großteil den Kopf: wenn sie gewusst hätten, dass ihre Karriere Ehe, Gesundheit, die Beziehung zu den Kindern usw. so stark belastet, dann hätten sie möglicherweise anders entschieden. Der jetzige Status: ja; der Weg dorthin: nur mit sehr starken Einschränkungen. Genau das ist das Dilemma der einzelnen Vertreter der Generation Maybe: sie finden den Lebensstandard ihrer Vorgesetzten gut, aber sie sind nicht bereit, ihre Lebensqualität einzubüßen. Sie wollen es sogar besser machen: für ihre Freunde, Partner, Kinder da sein und Karriere machen. Sie wollen arbeiten, aber nicht sich aufopfern. Diese Haltung schlägt sich auch im Begriff dessen nieder, was als Erfolg gewertet wird: Erfolg ist nicht mehr rein pekuniär, vielmehr zeigt er sich darin, ob man seine Persönlichkeit entfaltet und das tun kann, was man will. Die Verschiebung der Bedeutung von Erfolg auf der individuellen Werte-Skala zeigt sich auch statistisch. Die Journalisten Jungbluth und Rückert konstatieren einen Sinneswandel: „Auf dem Werteindex der Deutschen fiel die Bedeutung des Erfolgs zwischen 2009 und 2012 von Platz zwei auf Platz sechs. Im gleichen Zeitraum stieg der Wert der Gemeinschaft von Platz zehn auf Platz vier. Auf Platz eins: die Freiheit.

Werte wie Verantwortung und Nächstenliebe haben offenbar wieder Zukunft." (Jungbluth und Rückert 2014, S. 20)

Im Grunde will die Generation nur eins: ein gutes Leben führen und das sowohl in Hinblick auf ihren Lebensstil, als auch in ethischer Hinsicht.

„Der große Konflikt, in dem sich die Jugendlichen heute befinden, ist ihr Drang nach Selbstverwirklichung und das gleichzeitige Streben nach Harmonie. […] Die Jugendlichen träumen nicht vom Familienleben, sondern vom ‚coolen' Familienleben. Das bedeutet Kinder, Karriere, Lifestyle und Freunde miteinander zu verbinden. Auch spannende Projekte müssen sich nebenbei realisieren lassen, die persönliche Freiheit bleibt weiterhin wichtigstes Ziel." (Rump und Eilers 2013, S. 93 f.)

Ein weiteres Indiz für die Bevorzugung der persönlichen Interessen vor einem schnellen Aufstieg ist die Feststellung, die Unternehmen wie Mc Kinsey, Roland Berger oder PWC machen: hochqualifizierte Bewerber fragen im Gespräch danach, welche Möglichkeiten der potentielle Arbeitgeber für ein Sabbatical einräumt. Die Unternehmensberatungen, die bislang als Karriererampe für Akademiker aller Couleur galten, haben darauf reagiert. Seit sie eine flexible Kombination von Arbeit und Familie, unbezahlten Urlaub und ähnliche Angebote in die Ausschreibung mit einbeziehen, kommen wieder mehr qualifizierte Bewerber.

Die Maybe'ler sind für die anderen also schwer zu verstehen: ist das ihr Ernst, alles zu wollen und das gleichzeitig? Wer meinen sie denn, wer sie sind? Genau das scheint ihnen unklarer zu sein als allen Generationen vor ihnen. Die jungen Erwachsenen von heute haben zwei große Fragen, die bei ihren Vorgesetzten seit deren Pubertät verschüttet sind: Wer bin ich? Wozu bin ich?

Mit ihrem Dasein, ihrer Wertsetzung und ihren Ansprüchen locken sie regelrecht bei den Älteren diese Fragestellung neu hervor: Wer bin ich geworden? Wozu bin ich da?

3.3   Wer bin ich, und wenn ja: wie viele?

„Wer bin ich? Und wenn ja: wie viele" lautete der Titel eines Bestsellers, der die Kassen zum Klingeln brachte und Richard David Precht zum intellektuellen Star am deutschen Medienhimmel avancieren ließ (Precht (2012)). Wie schafft es die paradoxe Formulierung einer Frage, die keineswegs einer luziden, vielmehr einer alkoholschwangeren Begebenheit entsprang, auf die Bestsellerliste? Ganz einfach: Die Frage nimmt in flotter Weise ein Lebensgefühl auf, das sich kaum anders ausdrücken lässt, als mit einer in sich widersprüchlichen Formulierung: Es stehen nicht nur unüberschaubar viele berufliche Optionen an, etwas zu tun, sondern fast so viele Möglichkeiten, jemand zu sein. Wer bin ich? Und falls ich überhaupt sein sollte: wie viele ICHs könnte ich sein? Und: Wer bestimmt mein ICH? Wir leiden zwar nicht an einer multiplen Persönlichkeitsstörung, aber es fällt uns zunehmend schwer, dem Rollenmuster einer einzigen Persönlichkeit zu folgen. In jedem von uns schlummern mehrere Potentiale – Woher wissen, welches langfristig das bestmögliche ist? Warum nicht alle ausprobieren? Diese identitätsrelevanten Fragen, die mehr gefühlt als gewusst werden, bilden die Grundlage für das Lebensgefühl der Generation Maybe. Bekannt ist dieses Gefühl fast allen.

3.3.1   Der flexible Mensch

Alle selbstreflektierenden Menschen kennen diese inneren Konflikte, die mit dem Gefühl der Unsicherheit und Ratlosigkeit verknüpft sind; die Pubertät ist gerade deshalb für alle Beteiligten so anstrengend. Die individuelle Identitätssuche gehört zum Leben wie das körperliche Wachstum. Das neue Phänomen besteht darin, dass sich die Fragestellungen nicht auflösen, das heißt wir finden keine hormonelle, aber eine intellektuelle Verlängerung der Pubertät zum Teil bis ins dreißigste Lebensjahr vor. So ist Prechts scheinbar launige Fragestellung der Ausdruck der tiefgreifenden Selbstunsicherheit, die vor allem unter der jüngeren Erwachsenengeneration besteht. Die Baby-Boomer-Generation hatte noch nie Lust, immer dieselbe Person darzustellen. Sie hat das Thema auf ihre Art gelöst, indem ihre Vertreter unterschiedliche Rollen in verschiedenen Kontexten darstellen, das heißt in einem Leben parallel Räume für verschiedene Facetten geschaffen haben: im Business der angestrengte Geschäftsmann, am Wochenende der Freizeitrocker; im Business die korrekte Personalleiterin im Kostüm, in der Freizeit in Jeans und Turnschuhen an der Bar. Deshalb ist für diese Generation auch das Thema Work-Life-Balance so wichtig: es braucht voneinander getrennte Räume, um die verschiedenen Bedürfnisse entfalten zu können, die in ein und derselben Person liegen. Diese Unterscheidung zwischen einem Berufs-Ich und einem Freizeit-Ich gibt es in den Generationen davor und danach in nur sehr viel abgeschwächter Form: ein Hippie zu sein, ist eine Lebenseinstellung, kein Freizeitlook; die Vertreter der Generation X kamen oft schon mit Krawatte und Aktenkoffer, mindestens mit Markenklamotten und Leasing-Auto an die Universität.

Die Maybe'ler hingegen – im Netz-Gefühl aufgewachsen – sollen flexibel sein und suchen Authentizität; sie wollen kein segmentiertes Dasein führen, sie wollen „echt", sie wollen „natürlich" und „ganzheitlich" leben. Nur: was ist „echt", wenn Jeges mit seiner Diagnose recht haben sollte, seine Generation sei „eine Generation ohne Eigenschaften"? (Jeges 2014, S. 11)

Wie kann sich ein Mensch definieren, wenn weder seine Heimat als Position im Raum fixiert ist (Mobilität), noch ein Lebensrhythmus um ihn herum als selbstverständlich gilt, in den er sich zunächst einbetten kann (Spontaneität), noch festgelegte Regeln vorschreiben, wie er sich zu entwickeln hat (Flexibilität)? Der amerikanische Soziologe Richard Sennett widmet sich diesem Thema in seinem Buch: „The Corrosion of Charakter" (deutsche Ausgabe: Der flexible Mensch).

Sennett bewertet die Flexibilität, die unsere moderne Welt auf Grund der sich verflüssigenden Strukturen neu definiere, vor allem als Überforderung für den Einzelnen. Diese prinzipielle strukturelle Veränderungen führt er auf die sich in jeder Hinsicht vernetzte Welt zurück. Die Flexibilität wirkt in sich beschleunigend und bestehe

> [...] aus drei Elementen: dem diskontinuierlichen Umbau von Institutionen, der flexiblen Spezialisierung der Produktion und der Konzentration der Macht ohne Zentralisierung. (Sennett 1998, S. 59)

Die Verdichtung der Zeit wird gar nicht mehr als Verdichtung, vielmehr als Diskontinuität beschrieben, die den Begriff Zeit geradezu fragwürdig macht:

> Der Pfeil der Zeit ist zerbrochen; er hat keine Flugbahn mehr in einer sich ständig umstrukturierenden, routinelosen, kurzfristigen Ökonomie. Die Menschen spüren das Fehlen anhaltender persönlicher Beziehungen und dauerhafter Absichten. Coca-Cola Light mag gut für das Gewicht sein, aber > Zeit Light < ist nicht gut für das Herz. (ebd. S. 131)

Die Erfahrung der Diskontinuität und der ständig drohenden Entwertung von Qualifikationen durch spontane Veränderungen und das Gefühl einer Ohnmacht, weil es im Netz keine konkrete Gruppe oder Instanz gibt, die die Verhältnisse maßgeblich ändern könnte, kritisiert Sennett in der Hinsicht, dass es unter diesen Umständen zu einem zunehmenden Verlust an Persönlichkeitssubstanz kommt:

Die Oberfläche wird zum eigentlichen Lebensraum gemacht, das heißt das, was wir nach außen tragen (die „Oberfläche") wird allmählich als Substanz begriffen. Die Flexibilität lässt nach Sennet gar nicht mehr zu, dass Menschen überhaupt in tiefere Schichten der Beziehungen gehen – nicht einmal mit sich selbst. Wer immer surft, sei es im Internet und im Netz der diversen Beziehungen, muss nicht in die Tiefe gehen und irgendwann kann er es auch nicht mehr. Was früher ein Witz war, könnte sich mittlerweile zu einer echten Angst entwickelt haben: „Ich ging in mich – da war aber keiner, also ging ich wieder raus."

Angesichts dieser Situation ist nachvollziehbar, was der Philosoph Wilhelm Schmid mit seiner Aussage meint, das 21. Jahrhundert sei das „Jahrhundert der Sinnsuche".

Authentizität, Lebendigkeit, Orientierung, Sicherheit und vor allem auch die Antwort auf die Frage nach dem Wozu-Das-Alles, kurz: die Antwort auf die Frage nach dem Sinn: das ist die große Sehnsucht der Generation Maybe.

3.3.2   Babyboomer und Generation Maybe: was sie verbindet

„Baby Boomer versus Generation Y" lautet der Untertitel eines Fachbuches von Jutta Rump, in dem die Soziologin sich mit den diversen Faktoren der generationalen Veränderung für die Arbeitswelt auseinander setzt. Tatsächlich wurde in den letzten Jahren immer wieder ein „versus" herauf beschworen, das sich im Alltag höchstens auf einer Seite zeigt, nämlich in der Kritik der Babyboomer an den bereits genannten Punkten. Ein „Methusalem-Komplott" (Schirrmacher (2004)) wie Frank Schirrmacher es herauf beschwor, ist nicht in Sicht und auch eine Maybe-Revolution ist nicht zu erwarten. Im Gegenteil: die Generationen, im Grunde eine Eltern-Kind-Beziehung, verstehen sich sehr gut, sie hören einander zu, sie mögen sich.

Die Problematik im Führungsalltag ist völlig anderer Natur als die früherer Konflikte, die sehr stark von mangelndem gegenseitigen Respekt geprägt waren.

Beim Studium der Lebensvorstellungen der Generation Maybe fällt vor allem deren unbedingter Wunsch nach Sinn-Erfüllung und der Möglichkeit einer balancierten Lebensführung ins Auge. Balanciert in dem Sinne, dass Wünsche nicht seriell erfüllt werden sollen, sondern eben parallel: Familie und Karriere; berufliches und soziales Engagement; gut leben und die Umwelt schützen; vernetzt sein und sich abgrenzen. Die Konjunktion „und" ist nicht mehr weg zu denken, die Konjunktion „oder" ist undenkbar! – Die Generation Maybe fordert also von den Vorgesetzten (meistens Baby Boomer) ein Arbeitsumfeld, das diese Und-Verknüpfung berücksichtigt.

Was beschäftigt die Babyboomer in deren Alltag, was fordern ihre Vertreter im Unternehmen? Die meisten beschäftigt die Frage, wie sie die beruflichen Anforderungen in ihrer privaten und gesundheitlichen Situation in den nächsten Jahren möglichst erfüllen können. Daneben besteht der starke Wunsch, die mittleren Jahre mehr für die eigenen Interessen zu nutzen, man möchte sich nicht mehr so verschleißen lassen. Der Satz „Jetzt sind mal die anderen dran" gehört zur Standardrhetorik.

Das Streben nach dem Erhalt der Leistungsfähigkeit ist aus zwei Gründen besonders problematisch: erstens, weil die psychophysischen Kräfte sich verändern; zweitens, weil die Babyboomer mit derselben Netzwelt konfrontiert sind wie die jungen Kollegen. Nur haben sie nicht gelernt, sich in dieser Netzwelt so zu bewegen, dass es irgendwie zu leisten wäre:

- Die meisten versuchen, mit derselben Verlässlichkeit auf allen möglichen Plattformen zu kommunizieren, wie sie es zuvor schriftlich oder fernmündlich getan haben.
- Sie formatieren und korrigieren jedes Schriftstück, als wäre es eine Buchseite, dabei hat es oft denselben Stellenwert wie früher eine handschriftliche Notiz auf einem Steno-Block.

- Sie verfolgen alle möglichen Entwicklungen mit Anteilnahme und schwanken zwischen Resignation angesichts der immer noch großen Probleme in der Welt und Wut über die mangelhafte Beteiligung anderer Bevölkerungsgruppen.

Außerdem befinden sich die Babyboomer in einer neuen Lebensphase mit neuen Herausforderungen:

- Sie sind für die Ausbildung ihrer Kinder ebenso zuständig wie für die Pflege ihrer Eltern.
- Sie erleben die Aufhebung der Altersbegrenzungen nach oben und versuchen, ihr Älterwerden aufzuschieben.
- Burnout wird eine immer größere Bedrohung, zumal der Rückweg in den Beruf mit zunehmendem Alter von Unternehmensseite her als fragwürdig betrachtet wird.
- Familie wird mehr und mehr zum Lebensinhalt.
- Sie fragen sich: Was will ich noch erreichen und erleben?
- Sie blicken das erste Mal auf ihr Leben zurück und stellen sich die Frage: Wozu war das alles gut? Würde ich es noch einmal so machen?

Wer sich mit der Literatur zur Burnout-Prävention und den Herausforderungen der Babyboomer beschäftigt, wird bald folgenden Ratschlägen begegnen:

- Erwarten Sie nicht zu viel von sich selbst, lernen Sie, sich abzugrenzen und „nein" zu sagen.
- Denken Sie daran, dass Sie nicht für alles zuständig sind.
- Suchen Sie ein Arbeitsumfeld, in dem Sie sich wohl fühlen und mit Menschen zusammen arbeiten, mit denen Sie sich gut verstehen.
- Unternehmen Sie Dinge, die Ihnen Spaß machen.
- Achten Sie darauf, balanciert zu leben, das heißt neben Ihrer Arbeit sich konsequent Zeit für persönliche Ressourcen wie Familie, Freunde und Hobbies zu nehmen.
- Achten Sie auf Ernährung und gesunde Bewegung.
- Sorgen Sie dafür, dass Sie in Ihrem Leben verschiedene Aspekte haben, die Ihnen Sinn geben.
- Geld macht weder glücklich, noch gesund: denken Sie daran, wenn es darum geht, mehr Arbeit für mehr Geld zu machen.

Fällt Ihnen beim Lesen etwas auf? – Die Ratschläge, die der Eltern-Generation der Maybe'ler gegeben werden, weil sie sonst kaputt zu gehen drohen, brauchen die Maybe'ler gar nicht. Weil sie viele bereits jetzt schon befolgen! Im Grunde empören sich manche Babyboomer über die jungen Mitarbeiter, weil diese nicht bereit sind, eine Ochsentour zu machen, um dann später mit der Einsicht zurück zu treten, man hätte es nicht „so übertreiben" dürfen. Das zu erkennen, ist ein wichtiger Schritt, wenn es darum geht, beide Generationen zu führen.

Zum andern fällt auf, dass beide Generationen – mehr als die Weltwirtschaftswunder-kinder und die Generation Golf – sich die Frage stellen, welchen Sinn sie im Leben haben und welchen Sinn ihre Arbeit hat. Das Jagen nach Zielerreichung ist bei den einen wenig ausgeprägt und hat bei den anderen ausgedient. Umso deutlicher sichtbar ist der Wunsch, etwas zu (er-)schaffen, das über den kleinen Lebensalltag hinaus reicht, was in dieser ver-netzten Welt Bestand hat. Gesucht wird also von einem Großteil der Arbeitnehmer, egal welchen Alters, der selbst-transzendierende Faktor im Leben: der Sinn des Tuns.

Mangelsdorf beschäftigt sich in der Broschüre zur Generation Y mit der Frage, was Arbeitgeber der Nachwuchsgeneration bieten müssen, um sie überhaupt für sich zu ge-winnen. Sie schlägt empathisches Führen, helle Räume, ein „Rundum-Sorglos-Paket" vor (Mangelsdorf 2014, S. 42). Damit bewegt sie sich auf der Spur, mit äußeren Faktoren bis hin zur Beantwortung persönlicher Bedürfnisse wie Anerkennung, motivieren zu wollen. Das ist ganz sicher ein sehr guter Rahmen, um Menschen allgemein zu führen.

Der tiefgreifenden Orientierungslosigkeit zu begegnen wird jedoch die Königsdisziplin der heutigen Führungspersonen sein, mit der die talentiertesten jungen Mitarbeiter und die besten älteren motiviert werden, gemeinsam vorwärts zu gehen: das Führen mit Sinn ist die einzige Möglichkeit, Menschen langfristig eine Orientierung zu bieten, ohne diese festzubinden. Um zu verstehen, inwiefern und weshalb ein Unternehmen, das langfristig erfolgreich sein will, einen Change of Mindset vornehmen muss, ist es hilfreich zu verfol-gen, wie es vom Konzept des Management by Objectives zum Leading by Meaning kam. Denken wir also vorwärts.

3.4 Review

3.4.1 Checkup-Fragen

Fragen

Hat Ihr Unternehmen einen Facebook-Account (oder eine entsprechende „Adresse" in einem sozialen Netzwerk)?

Wenn ja: wird dieser Account gepflegt?

Wenn nein: was hindert Sie an der Einrichtung eines Accounts?

Wie beschreiben Sie Ihre persönliche Haltung/ Einstellung Ihres Unternehmens zur „Netzwelt"?

Welche Bedeutung hat die persönliche Beziehung zu Kunden im Vertrieb?

Womit sorgen Sie dafür, dass diese Beziehung beiden Seiten Spaß macht?

Wo und wodurch bietet Ihr Unternehmen den Kunden oder Mitarbeitern den Mehrwert „Freude" oder „Lachen"?

Welche Möglichkeiten bietet Ihr Unternehmen für eine individuell förderliche Balance zur Lebensgestaltung?

Wie sorgen Sie dafür, eine Balance zwischen „Kraft abgeben" und „Kraft aufnehmen" zu leben?

3.4.2 Schritte nach vorne

To Dos

Vermeiden Sie eine halbherzige „Pseudo-Teilnahme" an einem sozialen Netzwerk. Die Community entlarvt das sofort!
Suchen Sie jemanden – am besten einen Maybe'ler – dem Sie die Pflege eines Netzwerk-Accounts anvertrauen können.

Hören Sie auf, über die verwöhnten Jungen zu stöhnen und beginnen Sie zu überlegen, was diesen in Ihren Unternehmen Spaß machen könnte.

Besinnen Sie sich trotz der Alltagshektik immer wieder darauf, welche Substanz (inhaltlich und aufgabenbezogen) Ihr Unternehmen ausmacht. So können Sie trotz Flexibilität verwurzelt bleiben.

Nehmen Sie die junge Generation im Betrieb in den Blick und finden Sie heraus, wann diese begeisterungsfähig sind – und wenn es bisher nur in der Pause war.
Sprechen Sie die Jungen an und fragen Sie ganz offen, was ihnen im Leben wichtig ist.
Überlegen Sie, wie Ihr Unternehmen dazu beitragen kann, den Lebens-Werten der Generation Maybe (und damit oft auch der der Baby Boomer!) durch Unternehmenskultur und –struktur entgegen zu kommen.

Literatur

Han B-Y (2010) Müdigkeitsgesellschaft. Matthes & Seitz, Berlin
Jungbluth R, Rückert S (2014) Ist Ethik käuflich? In: DIE ZEIT, 9. Januar 2014, no. 3, S. 20 (Rubrik Wirtschaft)
Mangelsdorf M (2014) 30 min Generation Y. Gabal Verlag, Offenbach
Precht R D (2012) Wer bin ich und wenn ja wie viele? Eine philosophische Reise. Goldmann, München
Rump J, Eilers S (2013) Die jüngere Generation in einer alternden Arbeitswelt. Baby Boomer versus Generation Y. Verlag Wissenschaft & Praxis, Ludwigshafen
Schäfer F (2012) Minimal Management. Von der Kunst, vernetzte Menschen zu führen. Midas, St. Gallen
Schirrmacher F (2004) Das Methusalem-Komplott. Karl Blessing Verlag GmbH, München
Schormann T (2014) Im Internet über den Chef zu motzen ist gefährlich. In: Die Welt, Axel Springer 2014. http://www.welt.de/wirtschaft/karriere/tipps/article13452604/Im-Internet-ueber-den-Chef-zu-motzen-ist-gefaehrlich.html .Zugegriffen: 18. Apr. 2014)
Sennett R (1998) Der flexible Mensch. Die Kultur des neuen Kapitalismus. Berlin Verlag, Berlin
Sloterdijk P (2010) http://www.sueddeutsche.de/kultur/peter-sloterdijk-ueber-zukunft-revolution-des-geistes-1.371816 zugegriffen: 16. April 2014

Von Management by Objectives zu Leading by Meaning

4.1 Management by Objectives als Geschichte auf dem Weg

4.1.1 Die Welt dreht sich nicht nur, sie verändert sich auch

Peter F. Drucker, 1909 in Wien geboren, ist aus der Management-Welt in der zweiten Hälfte des 20. Jahrhunderts nicht weg zu denken, sein Einfluss kann gar nicht überschätzt werden. Drucker, der als Soziologe bereits in den 1930er Jahren seine Karriere mit einem Auftrag bei General Motors startete, galt bis zu seinem Tod im Jahr 2005 als Impulsgeber etlicher Management-Theorien und als visionärer Denker. Er gab klare, einfache und schonungslos ehrliche Antworten auf Fragen, die viele Top-Manager und Politiker noch gar nicht am Horizont entdeckt hatten, die aber unweigerlich als Herausforderung auf sie zukamen. So wies Drucker bereits Mitte der 1990er Jahre im Havard Business Review eindringlich darauf hin, unsere nächste wichtigste Herausforderung sei die kommende *Unter*bevölkerung Europas; eine der Konsequenzen werde der notwendige Anstieg des Rentenalters auf über 70 Jahre bereits ab 2010 sein. 1954 stellte sich Drucker der Frage, wie Menschen „heute" geführt werden können und entwickelte in Folge die Theorie des Management by Objectives (MbO). Weshalb musste diese Frage überhaupt neu gestellt werden? Man hatte doch auch schon vorher Mitarbeiter geführt – Was hatte sich verändert? Die Antwort ist verblüffend einfach: die Gesellschaft und das Arbeitsumfeld.

Mit der Industrialisierung waren einerseits Menschen durch Maschinen ersetzt worden, und zugleich wurden Menschen als „Produktionsmittel" aufgefasst, die dem Rhythmus der Maschine zu folgen hatten. Einen Höhepunkt erreichte diese Entwicklung mit dem Taylorismus, den Anforderungen an die Rüstungsindustrie des Ersten Weltkrieges und der großen Depression nach 1929, als Arbeitskräfte billig wortwörtlich auf der Straße standen. Im Stummfilm „Moderne Zeiten" (1936) stellt Charlie Chaplin einen Fließbandarbeiter dar, der durch seine Individualität den ganzen Ablauf eines Betriebs ins Chaos stürzt.

© Springer-Verlag Berlin Heidelberg 2014
A. S. Fintz, *Leading by Meaning,* DOI 10.1007/978-3-662-44073-5_4

Chaplin entspricht im Film einfach nicht dem Menschenbild, das dem damaligen Management zu Grunde lag: nämlich dem, dass Menschen allein durch die Angst vor Arbeitslosigkeit und durch Lohn zu motivieren seien, im Takt einer Maschine Höchstleistung erbringen könnten und von sich aus nicht mitdenken wollten. Menschliche Bedürfnisse wurden
erst gar nicht als solche im Rahmen eines Arbeitsprozesses berücksichtigt. Genau dieses
Bild bringt Chaplin ins Wanken, indem er simplen menschlichen Bedürfnissen nachgibt
und damit alles durcheinander bringt.

Bis zum Zweiten Weltkrieg folgte „Führungs"-arbeit dem Prinzip „Leistung durch Druck".
Dieses Bild wurde von jungen Wissenschaftlern der Psychologie und Betriebswirtschaft (wie
z. B. McGregor und Drucker) hinterfragt. Sie gingen im Gegenteil davon aus, dass (fast alle)
Menschen von sich aus etwas leisten *wollen* und es daher die Aufgabe der Führenden sei, die
Mitarbeiter so zu lenken, dass deren Anstrengungen den Zielen des Unternehmens entsprechen. Beinahe hellsichtig weist Drucker in diesem Zusammenhang bereits 1954 darauf hin,
inwiefern zielgerichtetes, eigenständiges Mitdenken jedes Mitarbeiters mit dem Fortschritt
der Technik zu einem unverzichtbaren Aspekt werden wird. Er sollte recht behalten:

Das 20. Jahrhundert kann in der Europäischen und Angloamerikanischen Welt als das
Jahrhundert der wirtschaftlichen Ausdifferenzierung und des zunehmenden Selbstbewusst-
seins verschiedener Gesellschaftsgruppen bezeichnet werden; zum Beispiel forderten
Arbeiter und Frauen das Wahlrecht und den Zugang zu Bildungseinrichtungen, die zuvor
nur Bürgern und/oder Männern vorbehalten waren. Das heißt aber auch, man konnte immer
weniger von „DER Wirtschaft" oder „DEM Menschen" sprechen. Zwar wurde beim „Pro-
duktionsfaktor Mensch" von Beginn an vergessen, dass es sich um Wesen mit „menschlichen Bedürfnissen und Beweggründen" handelt (Drucker 1954, S. 271), die Auswirkungen
dieses Mangels wurden jedoch deutlicher, als es darum ging, aus Arbeitern MIT-Arbeiter
zu machen. Die Erfahrung zeigte, dass die persönliche Haltung das Ergebnis der Produktivität maßgeblich bestimmt; *„Productivity is an Attitude"* – so Drucker (ebd. S. 278).

Die Annahme, Menschen arbeiteten dann am besten, wenn man sie kontrolliert und mit
Geld „lockt", bröckelte, das Menschenbild des simplen Reiz-Reaktions-Wesens (Geld →
Arbeit, mehr Geld → mehr Arbeit) ließ sich im Führungsalltag nicht mehr abbilden.

Drucker zeichnet in seinem 1954 erschienen Buch „Die Praxis des Managements" ein
erschütterndes Bild vom Personalmanagement, das sich seit dem ersten Weltkrieg nicht
verändert habe – und deshalb inzwischen versage:

> Was wir brauchen, ist ein Ersatz für den von außen kommenden Antrieb in Gestalt der Furcht
> durch einen von innen kommenden Leistungsantrieb des Einzelnen. **Hierfür kann nicht die
> Zufriedenheit, sondern einzig und allein die Verantwortlichkeit in Frage kommen.** (…)
> Verantwortungsbewusstsein lässt sich nicht für Geld kaufen.
> (Drucker 1954 S. 320 – Hervorhebung im Original)

> (…) durch sorgfältigen Einsatz, hohe Leistungsnormen, durch ausreichende Informationen,
> damit er seine Arbeit selbst zu kontrollieren vermag, und durch Möglichkeiten der Teilhabe,
> die seinen Gesichtskreis im unternehmerischen Sinne erweitern. Alle vier sind gleicherweise
> notwendig. (ebd. S. 321)

Im Folgenden entwirft Drucker konkrete Führungsmaßnahmen, die diesen vier grundlegenden Anforderungen entsprechen sollten: das Management by Objectives, in der deutschen Literatur mit „Führen mit Zielen" übersetzt. Diese Übersetzung ist insofern etwas verhängnisvoll, als sie impliziert, damit zu führen – allerdings managet man mit MbO und führt nicht.

MbO basiert auf dem Prinzip, den einzelnen Mitarbeiter aus normativen Leistungsniveaus heraus zu lösen und mit seinem persönlichen Leistungspotential in den Mittelpunkt zu stellen, indem der Vorgesetzte mit dem Mitarbeiter gemeinsam ein möglichst hohes Leistungsziel als Anreiz setzt. Durch die persönliche Zielsetzung, so Drucker, gewinne der Einzelne einen individuellen Bezug zu seiner Arbeit und fühle sich für das Erreichen seines Zieles verantwortlich. Die Aufgabe der Führungsperson besteht dann nicht mehr in der Kontrolle, sondern vornehmlich darin, die nötigen Ressourcen für den Mitarbeiter bereit zu stellen.

Drucker baute 1954 mit dieser Theorie des Management by Objectives eine Brücke zwischen dem bis dahin vorherrschenden Bild des „Economic Man" (vgl. Steiger und Lippmann 1999, S. 138), dessen Arbeitsleistung von Druck, Kontrolle und Eigennutz abhing, zu einem veränderten Bild: die finanzielle Entlohnung wird nicht mehr als dominanter Motivationsfaktor eingesetzt, vielmehr wird eine Belohnung dafür ausbezahlt, dass der Mitarbeiter seine Ziele erreicht hat. Damit stehen keine Arbeitsstunden, sondern das erreichte Ergebnis als individuelle Leistung im Mittelpunkt der Aufmerksamkeit. Die intrinsische Motivation jedes Einzelnen, der sich wie in einer Art Wettlauf auf sein eigenes Ziel hin fühlen darf, paart sich zur extrinsischen Motivation des lebensnotwendigen Geld-Verdienens. Mit diesem „Coup" flocht Drucker das Bedürfnis des Menschen nach einem inneren Ansporn in das Entlohnungssystem gewinnbringend für beide Seiten ein: der Arbeitgeber kann durch Zielsetzungen starke individuelle Anreize setzen, den Mitarbeiter emotional einbinden und ihn pekuniär am Erfolg teilhaben lassen. Der Arbeitnehmer fühlt sich dabei in seiner Persönlichkeit ernst genommen und kann durch individuelle Leistung einen entscheidenden Einfluss auf sein Einkommen nehmen. Der Siegeszug von MbO nahm seinen Lauf. Heute ist MbO in Unternehmen das Normalste von der Welt, es ist fast schon des Managers liebstes Kind geworden.

4.1.2 Ziele als selbst gegrabene Falle

Angesichts der hier geschilderten Effekte scheint das nicht verwunderlich zu sein – bis man sich vergegenwärtigt, wie der Mechanismus in der Praxis aussieht und die Methode sich selbst teilweise ad absurdum führt:

Wenn die Leiterin einer Personalabteilung bei knappem Fachkräfteangebot Boni für neu eingestellte Mitarbeiter erhält, die sie bis zum Quartalsende zur Unterschrift bewegt, kann man sich fragen, ob es ein Unternehmen vorwärts bringt, denjenigen gewonnen zu haben, den die Personalleiterin bis zu „ihrer Frist" gefunden hat – oder ob es nicht besser wäre, sich Zeit zu nehmen, um auf denjenigen zu warten, der wirklich optimal zu passen scheint. Im konkreten Coachingfall war es sogar so, dass die Personalleiterin von der hohen Fluktuation profitierte, weil sie für Pro-Kopf-Neueinstellungen Boni erhielt, so dass Mitarbeiter, die das Unternehmen schon bald wieder verließen, von neuen Kandidaten baldmöglichst ersetzt wurden. Leider ist solch ein Beispiel kein Einzelfall. Welche Zielerreichung mit welchen Parametern gemessen werden soll, ist bereits eine eigene Herausforderung an den Manager (vgl. Scherwolfe (2008)).

Entgegen aller Ratgeber, wie Zielsetzungsgespräche verlaufen sollten, finden sich die beteiligten Personen nämlich immer auch von wesentlichen Grenzen bestimmt: Die Situation des Unternehmens erlaubt zum Beispiel nicht, dass alle Mitarbeiter in ihrer Benotung Top-Bewertungen erhalten, weil einfach nicht genug Budget zur Verfügung steht.

Ein Team, das ein außergewöhnliches Engagement an den Tag gelegt hat und ein Projekt zu einem unerwartet großen Erfolg katapultiert, dürfte danach konsequenterweise eine außergewöhnliche Prämie erwarten. Die bleibt in der Regel aus. Egal, ob bei einem Team oder einer Einzelperson: die erbrachte Leistung wird nicht singulär betrachtet, vielmehr fällt der erste Blick auf den hierfür vorgesehenen Belohnungstopf.

Ab einer bestimmten Zielmarke gibt es keine höhere Prämie mehr. Ein leitender Bankangestellter lachte mich eines schönen Julitags an: „So. Jetzt könnte ich den Rest des Jahres eigentlich > nine-to-five < machen." Auf mein erstauntes Gesicht folgte die Erklärung: „Als ich im Herbst letzten Jahres mit meinem Vorstand meine Ziele vereinbart habe, konnte keiner wissen, dass es so nach oben abgehen würde! Ich habe vor knapp zwei Wochen mein höchstmögliches Jahresziel erreicht. Jetzt müsste ich eigentlich nur noch verwalten, ohne irgend eine weitere Steigerung für die Bank zu erwirtschaften." – „Haben Sie denn nicht nochmals nachverhandelt?" – „Das habe ich versucht, muss aber zugeben, dass die Antwort verständlich ist. Wir haben damals im Gespräch einen extrem guten Bonus bei einem damals irrealistisch erscheinenden hohen Ziel gesetzt – in der Annahme, das motiviert mich, möglichst dicht dran zu kommen. Dass ich übers Ziel hinaus schießen könnte, damit hat keiner gerechnet, ich selbst ja auch nicht. Auf meine Anfrage nach einem noch höheren Bonus erhielt ich ein klares und entrüstetes > Nein <." – „Und was machen Sie jetzt?" – „Es ist immerhin meine Bank und ich habe wirklich einen hohen Bonus für das Jahr erhalten. Natürlich werde ich weiterhin genau so weiter arbeiten wie bisher – das bin ich einfach. Wenn ich anders wäre, hätte ich vermutlich dieses hohe Ziel jetzt noch gar nicht erreichen können. Ich hätte bis vor zwei Wochen auch nicht anders gearbeitet, wenn es dieses Bonus-System nicht gäbe. Klar will ich am Erfolg partizipieren; aber das müsste auch anders gehen, gerade in diesen Zeiten, in denen man heute noch weniger weiß, wie sich die Wirtschaft mittelfristig entwickelt." In diesem Fall könnte man sagen: im besten Fall hat die Zielsetzung nicht geschadet – sie hat weder genützt, noch geholfen.

4.1.3 Der alltägliche Umgang mit MbO: Von Zielen zu Interessenskonflikten

Systemimmanent ist auch das Problem von Interessenkonflikten, das durch MbO zu destruktivem Konkurrenzverhalten innerhalb des Unternehmens führt:

Wenn in der Produktion Zielerreichungen üblicherweise durch Stück/Stunde (oder andere entsprechende sinnvolle Einheiten) berechnet werden, könnte man annehmen, hier sei das Führen mit Zielen wirklich kein Problem. Allerdings beliefern verschiedene Produktions-Teams wiederum andere Teams im Unternehmen, was zur Folge hat, dass ein komplexes System der Interdependenzen entsteht, das heißt eine Abhängigkeit des internen Zulieferns. Das eine Team trägt zum Beispiel nur bedingt Verantwortung für eine geringere Stückzahl als vorgesehen, denn eventuell wurde von einem anderen Team zu wenig vorgearbeitetes Material zugeliefert. Das kann wiederum daran liegen, dass es dort ein Qualitätsproblem gegeben hat, ein anderer Auftrag vorgezogen werden musste und so weiter. Oder auch umgekehrt: um die Zahl hochzuschrauben, werden Stückzahlen möglichst effizient produziert, ungeachtet der Kundenabfrage – wieder ein Problem für die Logistik, die oftmals auf vollen Lagern sitzt und doch Beschwerden wegen Lieferrückständen bearbeiten soll. Diese Konkurrenz in Prozessen, die meist unter dem Stichwort der „Erhöhung der Produktivität" begründet wird, kann ganze Abläufe zum Stocken bringen. Eliyahu Goldrat hat dies in seinem Klassiker „Das Ziel" in einem einfachen, aber realitätsnahen Managerroman spannend und einleuchtend dargelegt (Goldratt 2013).

Die interne Konkurrenz kann aber nicht nur in der Produktion negative Blüten treiben: Der Vertriebsmann, der in nahezu allen Unternehmen zu einem hohen Anteil mit Boni bezahlt wird, hat ein Interesse, Aufträge mit hohem Umsatzvolumen zu erhalten. Aber kann auch der Einkäufer bei jedem dieser Aufträge wiederum seine Bonusaussichten verwirklichen – oder führt gerade das für diesen Pilot-Auftrag benötigte Material zu einer Erhöhung des geplanten Einkaufsbudgets (und sein Ziel ist es, das Budget zu senken)?

Man könnte weitere Erfahrungen der internen Konkurrenz anführen; in jedem Unternehmen bestehen spezifische Zielkonflikte zwischen den Teams, die nicht selten zur Verschleppung von Informationen und gegenseitiger Unterstützung führen.

Die Fertigkeit, die „kleinen" Ziele so zu formulieren, dass sie einander zuarbeiten, statt sich gegenseitig Erfolge streitig zu machen, ist eine vielleicht unmögliche Kunst.

Trotz der allgegenwärtigen Anwendung von MbO gibt es bislang keine größere Studie, ob und in welchem Ausmaß das Tool wirkt! Verschiedene kleinere Untersuchungen legen nahe, dass die Methode sogar zu verzerrter Beurteilung von Leistungen führt (vgl. Reich und Püchert 2011, S. 41) oder erreichte Ziele von den Betreffenden in keinen Zusammenhang mit den Zielvereinbarungen gesetzt werden. Für die Zielerreichung werden eher andere Faktoren wie persönliches Interesse am Projekt, günstige Entwicklung der Konjunktur, gutes Betriebsklima oder kooperative Kunden verantwortlich gemacht. Die meisten haben ihre Ziele gar nicht mehr im Sinn: 27 % der Mitarbeiter und sagenhafte 52 % der Führungspersonen konnten ihre Ziele in einer Spontanumfrage gar nicht nennen – sie hatten sie im Alltag schlicht nicht präsent, sondern schlugen es jeweils vor den anstehenden Mitarbeitergesprächen nach. Bei verpassten Zielen wurde die Verantwortung selbstverständlich nicht übernommen, sondern – noch viel mehr als bei Erfolg – auf äußere Einflüsse geschoben (vgl. Meyer (2013), S. 59 f.).

Fazit: Die Mitarbeiter machen sozusagen sowieso, was sie wollen – das muss gar nicht so schlecht, das kann sogar fantastisch sein. – Wozu dann aber noch der Aufwand, konkrete Ziele zu setzen und Mitarbeiter danach zu entlohnen?

4.1.4   Pflägings Modell der „flexiblen Ziele"

Niels Pfläging versucht mit der Methode der „flexiblen Ziele", dem Problem unvorher-
sehbarer erheblicher Ertragsschwankungen im Laufe des Wirtschaftsjahres zu entkommen. Er schlägt vor, „flexible Ziele" zu vereinbaren, die sich dem aktuellen Geschehen
jeweils anpassen. Damit hätte zum Beispiel der oben genannte Financier ganz andere Ziele mit seinem Vorstand vereinbart, nämlich relativ zur Marktentwicklung. Ein Vertriebsmitarbeiter wird nach Pfläging bei plötzlichem Konjunktureinbruch an dem gemessen,
was momentan möglich ist – nicht an dem, was man etliche Monate zuvor meinte, planen
zu können. In diesem Sinne werden Ziele also im wahrsten Sinne des Wortes realistisch,
weil sie sich immer wieder neu an der Realität orientieren, nicht am Plan. Außerdem ap-
pelliert Pfläging, im Vergütungssystem die Leistungsergebnisse mehr aus der vernetzten
Mitarbeiter-Leistung heraus zu verstehen, und sie weniger den jeweiligen Einzelpersonen
zuzuschreiben:

> Im Zusammenhang mit der Leistungssteuerung einer Organisation sind Ziele und Planwerte
> nämlich keine objektiven und validen Kriterien für Leistungsbewertung und Vergütung. […]
> Eine einfache Möglichkeit, die Entwicklung vernünftiger Vergütungssysteme anzustoßen
> kann oft sein, das bereits für das Topmanagement verwendete System variabler Vergütung
> auf alle Mitarbeiter auszudehnen. Die Vergütungsregeln für das obere Management sind oft-
> mals viel eher an Kollektivleistung und weitgehend objektiven Kriterien orientiert als andere
> Systeme in Unternehmen. Daher sind diese auch besser geeignet, ein Menschenbild in Orga-
> nisationen zu fördern, das Mitarbeiter als Erwachsene und einmalige Individuen behandelt,
> die fähig sind zu verantwortlicher Entscheidung und Selbstverpflichtung.
> (Pfläging 2008, S. 193 f.)

Der Autor schlägt auch vor, wie dieses „Beyond Budgeting"-Modell konkret umgesetzt
werden soll. In zehn Punkten geht er auf die veränderte Kultur ein, die das Führen mit flexiblen Zielen braucht: die Veränderung des Sprachgebrauchs, Transparenz der Gehälter,
Einfachheit, Langfristigkeit, Individualität und Werte-Orientierung.

„Führen mit flexiblen Zielen" ist in diesem Sinn eine Anpassung an die Erfordernisse,
die eine in immer kleineren Zyklen sich verändernde Wirtschaft braucht, um MbO überhaupt so einzusetzen, dass es eine Wirkung als Motivationstool haben kann. Mit McGregor geht Pfläging von der Selbstmotivation jedes Menschen aus, die durch relative Zielsetzungen und entsprechenden Vergütungssysteme unterstützt wird, statt sie mit „Ritualen
von Erpressung und Bestechung" (ebd.) zu verschütten.

Niels Pfläging legt mit seiner Theorie den Finger in beide Wunden, die Wirtschafts-
unternehmen zunehmend schwächen: einerseits das Menschenbild, das eher einem Esel
gleicht, der sich von der Karotte verführen lässt, andererseits die starren Planungen mit
all' ihren Planzahlen, die Unternehmen angesichts der wachsenden Marktunsicherheit
vornehmen. Sein Tool der Führung mit flexiblen Zielen entfernt sich daher maßgeblich
von der Philosophie des MbO und konzentriert sich prinzipiell auf gemeinschaftliches
Vorwärtskommen.

Wie Ziele erst motivieren, aber doch nach und nach mit einer Leere verbunden sind, weil Ziele in sich noch keinen Lebensinhalt bieten, erzählt schon ein Mythos aus der Antike, den der Existenzphilosoph Camus aufgegriffen hat und mit seinem Roman dafür sorgte, dass die Sinnlosigkeit in der Arbeit ein Bild bekam. Überraschenderweise handelt es sich bei dieser Allegorie nicht um eine sozialistische Gesellschaftskritik, vielmehr um die Frage, wie es sein kann, dass wir glücklich sind.

4.1.5 Ist Sisyphos glücklich?

Ob Kinder oder Erwachsene: Menschen können durch Ziele motiviert werden. Wer schon einmal müde bergauf gewandert ist und sich dabei durch den Blick auf den Gipfel immer wieder neu Kraft holte, hat das am eigenen Leib eindrücklich erlebt. Die Kraft, die einem immer wieder doch nochmals zuwächst, das Glücksgefühl, wenn man's geschafft hat – ohne das Ziel vor Augen wäre sowohl die Anstrengung als auch der Erfolg vermutlich nicht möglich gewesen.

Aber was, wenn dieser Gipfel gar nicht „mein" Gipfel wäre? Wenn mein Alltag darin bestünde, immerzu am Berg zu wandern, ich meinen Ausblick kaum genießen kann, weil ich ihn entweder schon kenne oder immer gleich schon weiter soll – und zwar hinauf. Wie lang wäre ich motiviert, immer wieder von Neuem auf den Gipfel zu wandern, oben zu hören, dass es jetzt wieder unten weiter geht und dann wieder unten zu starten, um wieder von Neuem auf den Gipfel zu wandern…?

Albert Camus hat dieses Gefühl im Rückgriff auf den Mythos von Sisyphos erzählend dargestellt: Sisyphos rollt den Stein den Berg hinauf; immer wenn er den Gipfel gerade erreicht hat, rollt der Stein wieder hinunter und Sisyphos muss ihn erneut hochschaffen. Grund dafür sind die Götter, die Sisyphos dieses immer-wieder-Gleiche als ewige Strafe auferlegt haben. Camus beschreibt mit diesem Mythos die Absurdität des Daseins und vor allem des aufgeklärten Menschen. Er schließt seinen Roman mit den Worten: „Wir müssen uns Sisyphos als einen glücklichen Menschen vorstellen." (Camus 2002, S. 160).

Können wir uns Sisyphos, der „den" Menschen schlechthin darstellen soll, wirklich als „glücklichen Menschen" vorstellen? Camus meint, uns bliebe nichts anderes übrig, als die Sinnlosigkeit des Daseins zu akzeptieren. Sisyphos schafft es glücklich zu sein, weil er fröhlich den Berg wieder hinunter läuft und mit dieser Fröhlichkeit den Göttern trotzt, ihnen den letzten Triumph nimmt, nämlich den, Sisyphos leiden zu sehen. Das ist heroisch – aber kann (will?) man ein Leben lang heroisch sein?

Der Volksmund hat ein weniger philosophisches Bild für das Gefühl, das vielen Menschen, die seit Jahrzehnten mit Zielen geführt werden, inzwischen aufstößt: der Volksmund spricht gern vom „Hamster im Rad".

Der Hamster läuft ständig vorwärts, leicht nach oben – und dabei tritt er auf der Stelle. Natürlich treibt der Hamster-Mensch (im übertragenen Sinne) eine Antriebswelle an, die wiederum etwas bewegt. Aber im Grunde bleibt alles beim Alten: ohne Rad ist der Hamster ohne Rahmen und ohne Tätigkeit; im Rad strengt er sich an, einen Mechanismus in

Betrieb zu setzen, den er nicht richtig sehen kann und tritt auf der Stelle. Der Hamster mag „glücklich" sein, der Mensch ist es nicht. Menschen bemerken, dass sie im Rad laufen. Wir sind Sisyphos, der bemerkt, dass er wieder denselben Hang hinab läuft und wieder denselben Stein hinauf schieben muss. Nur, wer die Augen (und das Hirn) konsequent verschließt (zum Beispiel durch temporeiches Arbeiten), nimmt keine Notiz von dem, was er da eigentlich tut.

Menschen, die bemerken, dass sie wie Sisyphos leben, die jeden Tag ihr bestes geben, um den Stein hinauf zu wälzen, sind die eigentlich vom Burn-Out bedrohten; denn Anstrengung, die immer nur wieder in neuer Anstrengung mündet, erschöpft. MbO hat das Potential, diesen erschöpfenden Teufelskreis in Gang zu setzen und am Laufen zu halten.

4.1.6 Führungs-„Tools" für Führungskräfte

Neben dem Wiener Psychologen Viktor Emil Frankl, der bereits in den 1930ern darauf hinwies, Menschen seien letztlich nur durch Sinn wirklich zu bewegen, haben später die beiden Managementexperten Walter Böckmann (Böckmann 1980) und Reinhard Sprenger (Sprenger 2000) unabhängig voneinander gegen die Annahme argumentiert, Mitarbeiter seien mittel- und langfristig durch extrinsische Motivation zu führen. Sie decken auf, wie herabwürdigend das mechanistische Menschenbild ist, bei dem das „Führen" von Mitarbeitern auf Psychotricks reduziert wird: stetige Kontrolle, monetäre Anreizsysteme, psychologisch reflektiertes Lobverhalten und Belohnungstabellen zur Erfüllung von Zielen – alles Methoden, um Mitarbeiter auf äußere Reize anzusetzen. Bei den meisten funktioniert das ja auch.

Deshalb darf der Schluss gezogen werden, nach dem jede Führungsperson die Mitarbeiter hat, die sie „verdient". Wer Menschen wie Reiz-Reaktions-Wesen behandelt, so Sprenger, muss sich letztlich auch nicht wundern, wenn er Mitarbeiter schließlich nur noch durch äußere Reize wie Boni und Incentives motivieren kann. Führungspersonen müssen sich also entscheiden, ob sie in die Wahlfreiheit (und damit in die Selbstverpflichtung) eines Mitarbeiters investieren oder ob sie ihn als Reiz-Reaktions-Wesen behandeln, von dem auch wenig Verantwortungsbewusstsein für das eigene Handeln erwartet werden darf. Wenn eine Führungsperson ihre Mitarbeiter konditioniert, statt optimale Bedingungen für Leistung zu schaffen, der führt nicht, sondern der „ver-führt" (Sprenger 2004 S. 19 und 269).

Die offensichtlichen Probleme, die durch MbO entstehen, die Kritik am dahinter stehenden anthropologischen Konzept lassen uns erneut die Frage stellen, welches Menschenbild im 21. Jahrhundert „stimmt" – oder: von welchem wir uns bestimmen lassen wollen. Allein der Begriff „Führungs-Tool" (Werkzeug) zeigt, welches mechanistische Weltbild und demzufolge auch Menschenbild im Alltag herrscht. Wenn das mechanistische Menschenbild des „Economic Man", der von sich aus nur wenig zu leisten bereit ist, nicht stimmt, dann ist vermutlich auch das „Tool" nicht mehr angebracht.

4.2 Vom Tool zum Menschen: die selbst-entscheidende Persönlichkeit

4.2.1 Fehler in der Skizze

Als Sigmund Freud 1900 den Menschen als den Trieben unbewusst ausgeliefertes Wesen skizzierte, das nicht „Herr im eigenen Haus" sei, war das nicht nur ein Paukenschlag für den selbstbewussten Europäer. Im Nachhinein kann man sagen, Freuds Grundlage der Psychoanalyse war auch ein Grundriss für das bestimmende Bild vom Menschen im 20. Jahrhundert. Begriffe, die ursprünglich der Psychoanalyse entstammen, wie z. B. „Verdrängung", „Unbewusstes"/„Unterbewusstes", „Trauma", „Komplex" und viele mehr sind längst Teil des aktiven Alltags-Wortschatzes geworden. Sie werden selbstverständlich verwendet und gelten fraglos als Allgemeinwissen. Ebenso selbstverständlich wurde das Menschenbild der Psychoanalyse grundlegend für Management-, Führungs- und Kommunikationstheorien im 20. Jahrhundert angewandt. Der „psychische Apparat" wie Freud den Triebmechanismus zwischen Eros und Thanatos nannte, passte zum vorherrschenden technikorientierten Weltbild, das wirklich allem eine Mechanik zu Grunde legt und sich selbst in der sprachlichen Metaphorik niederschlägt: Wir sprechen davon, dass es uns „beziehungs *technisch*" (nicht) gut gehe; psychisch Kranke haben „eine Schraube locker" und wer von Demenz betroffen ist, hat „keinen Speicherzugriff mehr". Bei dieser Rhetorik handelt es sich um mehr als nur um einen sprachlichen Rückgriff auf unsere Alltagswelt. Sie ist ein Hinweis darauf, wie unser Denken einer logisch zwingenden Mechanik *folgt*. Wo die Rädchen der Mechanik falsch laufen, dort muss eingegriffen werden, um das Ganze wieder „rund laufen" zu lassen.

Beziehungen können wir mit Hilfe von hierfür ausgebildeten „Technikern" (= Seelenklempner) wieder hinbekommen; beim Kranken muss die Schraube im Gehirn eben wieder angezogen werden (= Medikation); beim Dementen… ja, was macht man mit lieb gewordenem Elektroschrott? Auf jeden Fall tun viele von uns zum Beispiel eine Menge dafür, die Mechanik im Kopf beständig zu „ölen", indem wir uns fit halten, gesund ernähren und Sudoku spielen. Wir hoffen auf Medikamente, die bis zum Tag X verfügbar sind. Die Alternative zu all dem lautet: die Gefahr verdrängen, eines Tages selbst dement zu werden, selbst „Elektroschrott" zu sein.

Im Business zieht das psycho-wissenschaftliche Menschenbild andere Konsequenzen nach sich: In Kommunikationsseminaren soll trainiert werden, wie die verschiedenen unbewussten Schichten des Gegenübers angesprochen werden sollen. Supervisionen tragen Sorge dafür, dass die „Chemie wieder stimmt". In Führungskräfte-Seminaren wird die Hamburger-Power-Kritik-Methode gelehrt, bei der das Gegenüber seine negative Kritik zwischen zwei Lob-Brötchenhälften serviert bekommt; positiv angetriggert schluckt er nämlich die Kritik unbewusst besser, weil sein Kind-Ich durch das Lob zuvor angesprochen und er dadurch innerlich defensiver wurde.

Beauftragt wird der Trainer vom „HRM", dem Human Ressource-Management; der Mensch – eine „Ressource", die gemanagt wird.

Abb. 4.1 Projektion eines
Körpers auf 2 Ebenen

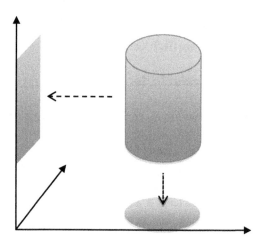

Der Umgang mit anderen und sich selbst, die Bewertung von richtig und falsch: sehr viele heutige Selbstverständlichkeiten basieren auf einer Vorstellung vom Menschen, die eher einer Maschine gleicht. Wir sind das alles so gewöhnt, dass wir es gar nicht mehr bemerken oder gar hinterfragen.

Was in einer Euphorie über den endlich zu durchschauenden, berechnenden Menschen vergessen wurde, war die Mehrdimensionalität des Menschen: wenn man *ein* erkanntes Merkmal als einziges annimmt, wird das Bild falsch. Der Wiener Psychologe Viktor Emil Frankl versuchte, diesen Fehler in der von ihm so benannten „Dimensionalontologie" darzulegen (vgl. Frankl 1996, S. 143f). In einem verblüffend einfachen Bild veranschaulicht er unseren Denkfehler: ein und derselbe Gegenstand, von verschiedenen Perspektiven aus auf eine Fläche projiziert, kann voneinander völlig verschiedene Abbildungen ergeben, wobei beide „wahr" sind. Ein Zylinder zum Beispiel projiziert auf der einen Fläche ein Rechteck, auf der anderen einen Kreis. – Beides, Rechteck und Kreis sind Abbilder des Zylinders. Problematisch wird die Betrachtung erst, wenn das eine oder andere Abbild schon für den Zylinder selbst gehalten wird, wenn „pars pro toto" gilt. Weder der Kreis, noch das Rechteck *sind* der Zylinder (Abb. 4.1).

Ein und derselbe Körper (dreidimensional) kann in der Projektion auf zwei Dimensionen völlig unterschiedliche Schatten werfen. → Man kann nicht von der Ursache auf die Wirkung schließen (vgl. Frankl 1996).

Aus der Betrachtung von zwei Dimensionen dürfen keine Rückschlüsse auf einen dreidimensionalen Körper gemacht werden.

Bezogen auf den Menschen bedeutet das: wenn zwei Faktoren bekannt sind (zum Beispiel Geschlecht und Herkunftsmilieu einer Person), so darf daraus nicht gefolgert werden, wie sich einzelne Personen in speziellen Situationen verhalten.

Selbstverständlich kann ein Kreis kein Schatten eines Quaders sein; im übertragenen Sinne können wir also höchstens einige wenige Konsequenzen ausschließen (Abb. 4.2).

Verschiedene Körper (= dreidimensional) können ein und dieselbe Projektion hervorbringen. → man kann nicht von der Wirkung auf die Ursache schließen.

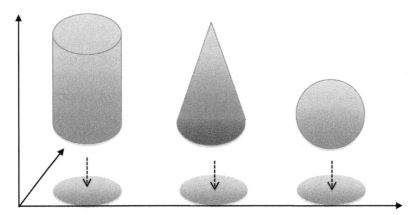

Abb. 4.2 Projektion verschiedener Körper auf ein und dieselbe Ebene

Im übertragenen Sinne bedeutet das: ein Mensch kann dasselbe aus sehr verschiede-
nen Motiven heraus tun. Einer der größten Fehler besteht im Alltag zum Beispiel darin,
von sich auf andere zu schließen und zu meinen, wenn einer etwas Bestimmtes tut, liege es
an ein und demselben Motiv, das einen selbst dabei anzieht.

Zum Thema Führen können wir davon ableiten: Auch wenn der Mensch ein Reiz-Reaktions-Wesen ist, so ist er doch viel mehr als das. Als Führende/r muss ich mich fragen,
was ich im Menschen ansprechen will, wenn ich ihn anspreche. Spreche ich seine unbewusste und überpersönliche Trieb-Dynamik an – oder seine Freiheit. Beides ist möglich.

Inwiefern der Mensch frei (und verantwortlich) ist, was daraus folgt und wie er zu
führen sei, damit setzen sich zeitgleich Philosophen, Psychologen und Managementbe-
rater auseinander. Man kann von einem „Glaubensstreit" sprechen: auf der einen Seite
die psychologistischen und biologistischen Vertreter eines mechanistisch-bio-chemischen
Menschenbildes. Man kann es mit der obigen Abbildung auch Wissenschafts-(Aber-)glau-
be nennen, denn selbst diese Abbildung stellt noch keinen Zylinder dar. Ein Zylinder ist
nämlich drei-dimensional und gar nicht auf Papier darstellbar. Das meinte Magritte, als er
unter sein Abbild einer Pfeife „çeci n'est pas une pipe" schrieb. Und hier müsste stehen:
„Das ist kein Zylinder".

Abbildungen psychischer Mechanismen sind nicht falsch und haben ihre Berechtigung.
Irreführend ist die Ein- oder Zweidimensionalität, die sich im Werkzeug des Psychohand-
werks zeigt. Gegen diesen Umgang wenden sich vor allem diejenigen, die von der Freiheit
des Menschen überzeugt sind. Diese Freiheit gründet in einem geistigen Prinzip, in einer
indeterminierten Form des Seins, die zu den beiden andern Dimensionen hinzu kommt.
Wie lässt sich das verstehen?

Jeder Mensch hat seine Art, mit seinen Eigenarten umzugehen und ist in diesem Sinne einzig-artig. Würde man zum Beispiel Philipp Lahm klonen, so würde der Klon vermutlich nicht so gut Fußball spielen – oder sogar noch besser? Auf jeden Fall nicht auf

dieselbe Weise wie das Original, und auf jeden Fall verliefe dessen Lebensweg anders. Klonen kann man eben nur die Gene; Geschichte und Sozialisation findet nicht nur um uns, sondern auch in uns statt. Menschen mit ein und derselben Veranlagung entscheiden sich in derselben Situation unterschiedlich und das wiederum formt ihren Charakter. Die individuelle Entscheidungsfähigkeit, die sich zu einem Eigenwillen formt, besteht unabhängig von den psychophysischen Mechanismen.

Frankl nennt die Fähigkeit, zu eigenen Neigungen, Wünschen und Trieben „nein" sagen zu können, die „Trotzmacht des Geistes". Jeder, der schon einmal eine Diät, eine anstrengende Wanderung gemacht oder mühsam morgens zur Arbeit gegangen ist, kennt das: der Trieb lässt das Wasser im Mund zusammen laufen, will die schmerzenden Glieder ruhen lassen oder sich selbst vor der Arbeit drücken. Der Geist setzt dagegen, das heißt „trotzt" diesen ursprünglichen Reizen. Frankl widerspricht nicht, sondern er ergänzt hier Maslow, dessen Bedürfnispyramide den wissenschaftlichen Beleg zu Bertolt Brechts berühmt gewordenem Wort „erst kommt das Fressen, dann die Moral" zu geben schien.

Dem allgemeinen psychophysischen Prinzip des Menschen kommt die Dimension der individuellen Persönlichkeit qua seiner geistigen Dimension hinzu. Konkret bedeutet das, jeder Mensch kann sich darauf besinnen, inwiefern er der Bedürfnisbefriedigung Raum gibt bzw. seine Entscheidung davon maßgeblich beeinflussen lässt und inwiefern er selbst einen Sinn-Inhalt verfolgt, der ihn dazu befähigt, das eine oder andere Bedürfnis hintan zu stellen, um einen in Konkurrenz stehenden Sinn zu verwirklichen oder ein Ziel zu erreichen (Abb. 4.3).

Natürlich sind wir Menschen und zwar natürliche Menschen. Das heißt wir sind mit einem „Psychophysikum" ausgestattet, das Natur-Gesetzen folgt: wir haben Hunger, wir sehnen uns nach Geliebt-Werden, wir brauchen Ansprache und haben individuell ausgeprägte Vorlieben und Bedürfnisse, die wir entfalten und befriedigt haben wollen.

Aber zum menschlichen Wesen gehört auch die geistige Dimension, die dieses Natürliche an und in uns reflektieren und sich dazu verhalten kann. Welche Vorliebe, welche persönliche Nähe oder Begabung der je Einzelne zu einer Sinn-Komponente werden lässt, ist eine Entscheidung, die im Rahmen dieser geistigen Dimension vollzogen wird.

Fälschlicherweise wird Sinn häufig als Teil der Selbstverwirklichung oder sogar noch als letzte kleine Spitze in die Maslow'sche Bedürfnispyramide eingefügt. Das ist deshalb so falsch, weil Sinn kein Bedürfnis ist, das in die Reihe psychophysischer Bedürfnisse gehört. Die geistige Dimension gesellt sich beim Menschen zu dessen Bedürfnissen hinzu. Er kann nicht anders als sich Fragen zu stellen, auf die es keine einfachen Antworten gibt (auch wenn viele sich letztendlich mit einfachen Antworten zufrieden geben). Das ist mitnichten eine neue Entdeckung; Immanuel Kant beschrieb es bereits in der Einleitung zur Kritik der reinen Vernunft.

Auch viele Tierarten haben individuelle Bedürfnisse und so etwas wie Geltungsdrang; aber sie reflektieren und bewerten diese Bedürfnisse nicht, sie suchen keinen Sinn für ihr Leben. Das Fragen nach Identität, nach persönlichem Weg und gesellschaftlichen Strukturen ist hingegen grundlegend menschlich und in der geistigen Dimension verankert, in-

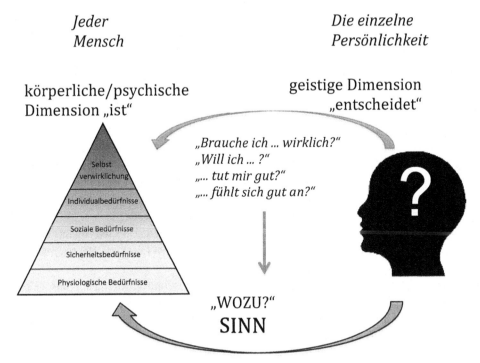

Jeder Mensch

Die einzelne Persönlichkeit

körperliche/psychische Dimension „ist"

geistige Dimension „entscheidet"

„Brauche ich ... wirklich?"
„Will ich ... ?"
„... tut mir gut?"
„... fühlt sich gut an?"

Selbstverwirklichung

Individualbedürfnisse

Soziale Bedürfnisse

Sicherheitsbedürfnisse

Physiologische Bedürfnisse

„WOZU?"
SINN

Abb. 4.3 Bedürfnispyramide von Maslow in Kombination mit der geistigen Dimension

nerhalb derer der Umgang mit sich selbst, moralische Bewertungen und Sinnorientierung wurzeln. So können wir zu Bedürfnissen aus diversen Interessen heraus „nein" sagen. Wo wir das nicht können, haben wir ein Stück unserer Freiheit hergegeben. Wir können uns dem Lockruf des herrlichen Duftes aus einem Restaurant entziehen; wir können den trägen Hund in uns, der morgens liegen bleiben möchte, von der Kante schubsen; wir können diverse verlockende Angebote ablehnen. Es ist nicht immer leicht und es geht nicht immer ohne weiteres, aber wir können, wenn wir unbedingt wollen. Und oft wollen wir nicht, deshalb „können" wir nicht und oftmals ist das im Alltag überhaupt kein Problem.

Beim Umsetzen der eigenen Freiheit geht es nämlich um Selbstführung, nicht um Selbstdisziplin. Letztere brauche ich manchmal, um mich selbst zu führen, aber nicht um prinzipiell gegen das vorzugehen, was in mir angelegt ist. Selbstführung kann als liebevolle Fortsetzung der Erziehung bezeichnet werden: wenn ich unvernünftig bin – und das nicht sein will – dann muss ich eben streng mit mir sein. Das macht nicht immer Spaß, tut aber gut.

Solange ich in einer Balance mit mir selbst bin, ist das kaum nötig, weil ich dann von ganz alleine das verfolge, was mir gut tut und was mein Leben mit Sinn erfüllt. Letztlich ist es nämlich das, wonach sich meine Selbstführung ausrichtet – nichts anderes.

Auf diese Weise können wir Gestalter unseres Lebens sein, das heißt: wir sind frei.

4.2.2   Wir sind frei!

Zu einem Besuch in Hamburg gehört immer auch ein Bummel über die Reeperbahn und die Straße mit dem wunderbaren Namen „Große Freiheit". Leider trifft man hier nur wenig Freiheit an, eher (um es wissenschaftlich neutral auszudrücken) eine Fokussierung auf die basalen Bedürfnisse der Maslow'schen Pyramide. Wie eben dargestellt, ist das eben nicht die Freiheit, die uns wirklich frei macht.

Gibt es sie überhaupt, die viel ersehnte Freiheit?

Die Botschaft, wir seien frei, wird selbst von Führungspersonen oft mit einem bedauernden Kopfschütteln seufzend abgetan: Die vielen Sachzwänge, juristische Umstände, Steuergesetze, der Markt, schließlich noch die persönliche Situation wie die Kosten für die Familie, Versicherungen... Wer kann da noch von Freiheit sprechen?

Wer so redet, verwechselt Freiheit mit Bedingungslosigkeit. Und wer meint, frei sei man nur, wenn man das machen könne, wozu man gerade eben Lust habe, der verwechselt Freiheit mit Willkür.

Wirkliche Freiheit stellt sich zu dem ein, was gegeben ist und denkt von dort aus weiter. Aus dieser selbstdistanzierten Perspektive können großartige Dinge erwachsen. Wenn ein Beinamputierter ein Buch mit dem Titel „Ich lass mich nicht behindern" veröffentlicht, dann ist das so etwas. Ein weiteres bewegendes Beispiel ist Jean-Dominique Bauby, der in „Schmetterling und Taucherglocke" beschreibt, wie er sich trotz seines Locked-In-Syndroms (abgeschlossen von der Welt wie in einer „Taucherglocke") in Gedanken völlig frei bewegt („Schmetterling"). Keine Zeile seines Buches beschäftigt sich mit Unfreiheit, statt dessen mit der Schilderung des verbliebenen Freiheitsraumes. Selbstverständlich erzählt der durchaus stolze Mann auch seinen Ärger und Frust, der sich angesichts seiner faktischen Ohnmacht gegenüber seinem nahezu funktionsverweigernden Körper empfindet. Dennoch bleibt vom Buch der Eindruck zurück, dass Bauby bis zuletzt frei war. Ein anderer Zeuge der Freiheit trotz Bedingtheiten, ist Viktor Frankl, der als Überlebender mehrerer Konzentrationslager im Dritten Reich darlegt, persönliche Freiheit habe sich im Lager darin gezeigt, wie jeder einzelne seinen Bedürfnissen (vgl. Maslow) nachgekommen sei und welchen Preis er dafür zu zahlen bereit war, in entscheidenden Situationen so zu handeln, dass man noch in den nicht-vorhandenen Spiegel hätte schauen mögen – also „moralisch". Der Wiener Psychologe schildert als selbst Betroffener eindrücklich, wie Respekt und Rücksicht gerade in diesen bedrängenden Situationen als Ausdruck von Freiheit zu begreifen sind, die jedem Menschen qua seiner Einstellung zu sich und der Welt möglich seien.

Natürlich sind solche Beispiele Verweise auf Extremsituationen; aber wenn eine Theorie sich prüfen lassen will, dann eben in besonders schwierigen Situationen. An ihnen kann gezeigt werden, worum es geht. Nämlich nicht darum, in einem bedingungslosen Raum quasi besinnungslos fröhlich herum zu tollen, vielmehr mittels der gegebenen Umstände immer wieder besonnen zu entscheiden, wer man sein will und welche Richtung man mit dieser Identität einschlagen möchte. Bei Freiheit geht es darum, sich nicht als Opfer seiner

Umstände zu begreifen, sondern der Freiraum-Gestalter zu bleiben, egal wie klein dieser Raum sein mag.

Führungspersonen sind in ihrer Haltung zuallererst solche Gestalter und unterstützen andere darin, Freiräume verantwortlich auszufüllen.

4.2.3 „Ich hab' nur gemacht, was Sie gesagt haben!" – Teenager im Business

Leider machen wir nicht immer die besten Erfahrungen mit der Nutzung von Freiheits-räumen – und das unabhängig vom Alter der Betreffenden:

Herr Koraczek hatte seinen Mitarbeitern beim Antritt als neuer Verwaltungsleiter einer Reha-Klinik viel Handlungsfreiheit und einen kooperativen Führungsstil zugesagt. Als es konkret darum ging, die sukzessiv von den Kur-Gästen entwendeten Föns erneut zu ersetzen, übernahm Frau Feldauer, langjährige Mitarbeiterin und rechte Hand des Vorgän-gers, diese Aufgabe gern. Angesichts der Rechnung über 650,- Euro, die kurz darauf auf Koraczeks Tisch flatterte, begann der dann doch an der Einschätzung seiner Führungsidee mit Freiheit und Kooperation zu zweifeln: Was war Frau Feldauer eigentlich eingefallen, beim ortsansässigen Elektrohändler den „Maserati unter den Föns" zu besorgen – und das gleich zehnmal!? Koraczek zog eine Abmahnung wegen absichtlicher Schädigung des Betriebes in Erwägung.

Schließlich entschied er sich für ein Gespräch mit Frau Feldauer bevor er die Abmah-nung fixieren wollte. Was kann sie sich dabei gedacht haben, diese Summe für Geräte aus-zugeben, deren Halbwertszeit in den Zimmern erfahrungsgemäß nicht sehr lange ist („Hat sie überhaupt etwas gedacht?!" fragte sich Koraczek natürlich). Antwort der Assistentin: Der Chef hätte doch gesagt, sie solle überlegen was sie „für das Beste" halte und dann könne sie frei entscheiden! Und das seien die besten Föns. Es folgte keine Abmahnung; stattdessen blieb ein völlig frustrierter Verwaltungsleiter zurück.

Herr Koraczek hätte natürlich einen klareren Rahmen vorgeben können: „Das Beste gemessen daran, welche finanziellen Mittel allgemein zur Verfügung stehen, wie lange die Geräte bei dem erfahrenen Schwund halten sollten und ob es vielleicht Sicherungsmög-lichkeiten gegen Diebstahl gibt." Koraczek vertraute hingegen darauf, dass eine Assisten-tin der Verwaltungsleitung, die privat mit ihrem Mann und zwei jugendlichen Töchtern zusammen lebte, diesen Rahmen per se annehmen würde. Stattdessen hatte Frau Feldauer fröhlich eingekauft, was sie sich schon lange selbst einmal gönnen wollte.

Diese Geschichte ist leider nicht frei erfunden. Leider hat sie genau so stattgefunden und steht für eine Alltagserfahrung vieler Vorgesetzter. Nach solchen und ähnlichen Er-fahrung geht es ihnen wie Herrn Koraczek: sie zweifeln an ihren Mitarbeitern und gehen davon aus, man müsse alles selbst machen oder zumindest kontrollieren. Wie bei einer Vater-Tochter-Beziehung eben.

Ist das wirklich so? Welche Konsequenzen kann man als Führungsperson alternativ zu Restriktion und Misstrauen ziehen?

Sehen wir uns die Geschichte von der Metaebene aus an:

Offensichtlich gilt diese Erfahrung hauptsächlich für die Kontexte, für die der jeweilige Mitarbeiter nicht explizit zuständig ist. An anderer Stelle hatte Frau Feldauer zum Beispiel verlässlich und verantwortlich gearbeitet: über Jahre und bis dato hatte sie entschieden, welche Post bei ihrem Chef wirklich landete, hatte dessen Kalender geführt und teilweise Mails kompetent beantwortet. Dafür hatte sie den expliziten Rahmen und war mit den (vermuteten) Wünschen ihres Chefs vertraut. Anders war es offensichtlich mit der Besorgung der Föns gelaufen:

Frau Feldauer hatte „Freiheit" so missverstanden wie diejenigen, die der Hamburger Straße den Namen gaben: Freiheit als Freibrief, der aktuellen Lust nachzugeben. Nicht bedacht wurde bei der Namensgebung: Wer mit einem Bein auf der Straße der Freiheit läuft, setzt den anderen Fuß in die Straße der Verantwortung. Nur: wofür bin ich jeweils verantwortlich? Woran orientiere ich mich?

Was in den meisten Betrieben funktioniert, ist die Begrenzung der Freiheit in einem Rahmen, der vorgibt „bis hierhin und nicht weiter". Wie bei einem unsichtbaren elektrischen Zaun, der einen bei Berührung in die Schranken weist. Der besonders freiheitswillige Mitarbeiter geht also bis zur Schmerzgrenze des Chef-Willens. Ein zwar bizarres Bild, das aber die Wirklichkeitgut beschreibt.

Der Chef wiederum sieht Freiheit des Mitarbeiters als eine großzügige Gabe an den Mitarbeiter, wobei es sich dann um eine Mischung aus Arbeitsentlastung und gutsherrenartiger Großzügigkeit handelt.

Kein Wunder, wenn Mitarbeiter sich dann und wann benehmen wie Teenager auf Schulausflug; schließlich werden sie auch so behandelt.

Feldauers teenagerhaftes Einkaufsverhalten kann psychologisch unter vielen Aspekten als Signalgebung gewertet werden: Trotz, Suche nach Aufmerksamkeit, Wichtigtuerei beim Elektrohändler…

Das alles wollen wir uns ersparen. Die Frage, die sich in unserem Kontext nämlich stellt, ist vielmehr: was hätte das in ihr angelegte verantwortliche Verhalten gefördert, ja sogar herausgefordert?

Die Antwort: Das völlige ernst nehmen als Erwachsene, von der Verantwortung gar nicht gefordert, vielmehr vorausgesetzt wird. Das geht nicht durch die Delegation einer einzelnen Aufgabe. Das ist ein anstrengender Prozess für beide Seiten, denn wir sind – auf beiden Seiten – seit Jahrzehnten anderes gewöhnt.

4.2.4 „Ich entscheide fürs Unternehmen!" – Erwachsene im Business

Frau Eckstein, Finanzchefin eines mittelständischen Betriebes, ist eine sehr genaue Mitarbeiterin, die im Laufe ihrer jahrzehntelangen Berufserfahrung gelernt hat, wie wichtig es ist, keine Fehler zu machen. Schon gar nicht, wenn es ums Geld geht. Sie hatte während eines Team-Coachings, bei dem es um die Entwicklung der Unternehmenskultur ging, einen Satz besonders verinnerlicht: „Handle wie Du willst, aber handle so, als wäre es

DEIN Unternehmen, DEIN Lebenswerk und nicht zu vergessen: es gibt keine anonymen Kollegen, sondern um dich herum sind lauter Menschen, die vom Unternehmen abhängen."

Eckstein war (so wie drei Jahre zuvor) mit der Frage zum Geschäftsführer gegangen, wie er den Dollarkurs einschätze. Die Bank habe Vorschläge gemacht und es stünde die Entscheidung an, welche Summe zu welchem Kurs mit welcher Laufzeit demzufolge mit der Bank vereinbart werden solle. Der Geschäftsführer antwortete: „Das müssen Sie entscheiden. Sie sind die Finanzchefin und haben täglich mit Geld zu tun. Wir können uns über Einschätzungen gerne austauschen, wir können diskutieren, aber ich entscheide das keinesfalls. Das machen SIE." Eckstein schlief ein paar Nächte schlecht. Ihre Einschätzung war plötzlich kein Vorschlag mehr; jetzt war die Verantwortung für eventuell weniger Gewinn durch veränderten Kursverlauf nicht mehr abzugeben. Es war IHR Risiko; zwar nicht in ihrem eigenen Geldbeutel, aber moralisch. Das Gefühl, direkt in Zusammenhang mit einer Konsequenz zu stehen, also moralische Verantwortung zu spüren, reicht bei den meisten Menschen völlig aus, um ernsthaft verantwortlich zu arbeiten.

Die Freiheit war für Frau Eckstein zur Last geworden und zugleich zu dem, was sie im Unternehmenskontext immer ist: Gestaltung von Prozessen mit der Denke eines Unternehmers und nicht des Arbeitnehmers.

Eckstein hatte keinen Rahmen im Sinne einer Begrenzung bekommen, vielmehr eine Öffnung aller Grenzen unter dem Aspekt Unternehmenswohl: „Sei, wer Du mit deiner Kompetenz sein kannst!" Der Chef hatte sie nicht nur wie eine Erwachsene behandelt, er hatte gefordert, sich also solche zu verhalten.

Eckstein hat übrigens anders entschieden, als der risikobereitere Geschäftsführer es gemacht hätte. Sie hat deshalb mitnichten falsch gehandelt und auch nicht zum Schaden des Unternehmens. Eckstein ist einfach konservativer. Manchmal bewahren ihre Urteile das Unternehmen vor Verlusten, manchmal bringen sie weniger Gewinne ein. Das Wichtigste dabei ist: Frau Eckstein hat verstanden, dass die Freiheit eine Erweiterung ihrer Verantwortlichkeit bedeutet und keine Lizenz zum Spielen ist. Sie hat diese Erkenntnis erst nächtelang durchlebt und lebt es seither wie selbstverständlich weiter:

„Man gewöhnt sich auch an die Sorgen, die mich ursprünglich um meinen Schlaf brachten. Klar bin ich manchmal heute auch noch unruhig; schließlich arbeiten wir nicht mit Spielgeld. Trotzdem macht alles mehr Spaß und ich bin viel wacher bei der Arbeit. Eigentlich fühle ich mich mindestens zehn Jahre jünger! Heute habe ich meinen Chef als Diskussionspartner in Entscheidungen. Da kann ich im Streit schon mal sagen: Ich mache das jetzt aber so! Schließlich haben Sie mich als Finanzexpertin eingestellt!"

Nach dem Prinzip: „Tochter war gestern – Augenhöhe ist heute."

Kants kategorischer Imperativ gibt in Hinblick auf die Balance zwischen Freiheit und Verantwortung die beste Orientierungshilfe: „Handle so, dass die Absichten Deines Handelns zu jeder Zeit zu einem allgemeinen Gesetz im Unternehmen werden könnten!"

Im Unternehmenskontext bezieht sich das Zwillingspaar Freiheit und Verantwortung also nur sekundär auf ein zu erreichendes (meistens individuell orientiertes) Ziel; primär ist das Zwillingspaar dem „Besten fürs Unternehmen" verpflichtet. Was dieses „Beste" ist, definiert sich über den Sinn-Horizont.

4.3   Leading by Meaning: Führen mit Sinn

4.3.1   Der Mensch auf der Suche nach Sinn – auch in der Arbeitswelt

Die Generation Maybe zeigt uns sehr deutlich, inwiefern im 21. Jahrhundert andere Fragen unter anderen Vorzeichen gestellt werden als dies im 20. Jahrhundert der Fall war. Der Philosoph Wilhelm Schmid steht nicht alleine, wenn er das 21. Jahrhundert als das „Jahrhundert der Sinn-Suche" bezeichnet.

Durch Viktor E. Frankl, dem Sinn-Psychologen vor allen anderen, in der Folge Walter Böckmann, der sich seit Jahrzehnten im Rahmen der Motivationspsychologie mit dem Menschen als Sinn-suchendem Wesen wissenschaftlich befasst hat, bis hin zum neuen Aufbruch „in Sachen Sinn" in der Philosophie können wir auf eine fundierte Auseinandersetzung mit einer entsprechenden anthroplogischen Konzeption zurück greifen. „Leading by Meaning" ist nach der heutigen gesellschaftlichen Entwicklung, die sich im Auftreten der Generation Maybe manifestiert, die sinnvolle Alternative zum Management by Objectives. Menschen schauen auf Ziele, weil sie nach Sinn streben.

4.3.1.1   Was sucht ein Mensch, wenn er Sinn sucht?

Der Begriff Sinn leitet sich etymologisch von „sinan" (sanskrit) ab und bedeutet eine Reise machen, einen Weg gehen (vgl. Meggle et al (2000)). Der ursprüngliche Begriff hat also mit der Vorstellung unseres westlichen Denkens, das linear, mono-kausal und wesentlich darauf ausgerichtet ist, irgendwo anzukommen, wenig zu tun. Sinn im ursprünglichen Wortsinn entspringt einem zirkulären Weltbild des Werdens und Vergehens. Man geht also nicht den Weg, um einen Sinn zu erreichen; den Weg zu gehen, ist bereits Sinn. Nietzsches berühmter Aphorismus, nach dem der Weg das Ziel sei, zeigt, wie verwurzelt die Vorstellung in monotheistischen Kulturen und der europäisch-griechischen Denktradition ist, dass ein Weg auf ein Ziel hinführen muss. In der Sprachlogik des Sanskrit und auch bis heute im asiatischen Denken müsste es heißen: „Der Weg ist der Weg." Was als Tautologie daher kommt, können wir mit unserem Denken nachvollziehen, wenn wir daraus formen, dass der Weg bereits der Sinn selbst ist! Viele interkulturelle Probleme wären kleiner, wenn diese Differenzierung verstanden würde.

Sinn wird in der ursprünglichen Bedeutung, an die wir uns im Sinn-orientierten Führen anlehnen, nicht als Vorgegebenes entdeckt, vielmehr als möglicher Zusammenhang erfasst. Sinn versteht sich also als eine von mehreren Verwirklichungsmöglichkeiten, wie sich ein Unternehmen in der Welt verstehen will, welchen Mehrwert es insgesamt beisteuern möchte. In diesem Verständnis können sich dann alle Shareholder, allen voran die Mitarbeiter und Führungspersonen im Verhältnis zum Unternehmen verorten. Sinn ist also nicht dasselbe wie „Ziel",„Nutzen", „Absicht" oder „Bestimmung"; es hat auch keine religiöse oder metaphysische Komponente. Ein Sinn-Leben entspringt vielmehr einem zu eigen gemachten Lebensentwurf, der sich aus persönlichen Werten, Überzeugungen und äußeren Anlässen ergibt. Entgegen Viktor Frankls Theorie, nach der jeder Mensch einen ihm persönlich zugeordneten Sinn hat, den es zu finden gilt, wird hier von einem Sinn-Horizont gesprochen, der sich als eine Möglichkeit unter mehreren bietet. Das Bild eines Sinn-Horizonts unterstützt zum einen die multioptionalen Lebensentwürfe in einer postmodernen Welt und löst einen Widerspruch auf, der sich aus Elisabeth Lukas' Versuch ergibt, mehrere Sinn-Ebenen in einer Sinn-Pyramide aufzuzeichnen (Lukas 1982, S. 22; Fintz 2006, S. 77 f.). Zum andern lässt sich mit dem Bild des Sinn-Horizonts die Vielfalt unserer Rollen, die unterschiedlichen Fokussierungen im Rahmen des Lebenszyklus' und das Reagieren auf Lebenskontingenzen, also der Umgang mit Unvorhergesehenem im Leben, in einem großen Zusammenhang darstellen.

Von einem Sinn-Horizont an Stelle von „Sinn" zu sprechen, hat auch einen ganz pragmatischen Grund: Ein Sinn-Horizont wirkt freier und es ist viel leichter einzusehen, dass verschiedene Interpretationen und Wege dorthin führen können.

4.3.2   Horizont-Erweiterungen: Der Sinn-Horizont

Was unterscheidet den Sinn vom Sinn-Horizont? – Die Weite und die Tatsache, dass man einen Horizont nicht erreichen kann, sondern immer darauf zugeht. Ein Sinn-Horizont gibt deshalb sehr viel Spielraum für diverse Sinn-Optionen, die innerhalb eines Sinn-Horizonts Platz haben, die teilweise lebenszyklisch gebunden sind und sich ändern können – ohne das Gefühl haben zu müssen, man habe „seinen Sinn" verlassen. Dafür wird der einzelne Sinn greifbarer, kann besser kommuniziert werden und gewinnt Konturen.

Schließlich bietet der Sinn-Horizont vor allem im unternehmerischen Kontext einen erheblichen Vorteil im Vergleich zur allgemeinen Rede vom Sinn: er erlaubt das Einbetten individueller Sinn-Konzepte in den großen Horizont, das heißt völlig unterschiedliche Menschen können auch unterschiedliche Sinn-Konzepte verfolgen und doch an ein und demselben Sinn-Horizont partizipieren, das heißt sie müssen sich nicht verbiegen, um Teil einer motivierten Mitarbeiterschaft sein zu können. Je weniger ein Unternehmen idealistisch geprägt ist (wie z. B. kirchliche Einrichtungen oder Parteien es sind), desto wichtiger ist es für aktuelle und potentielle Mitarbeiter, einen Sinn-Horizont vorzufinden, in dem sich ihr persönlicher Sinn einbetten lässt (vgl. Abb. 4.4).

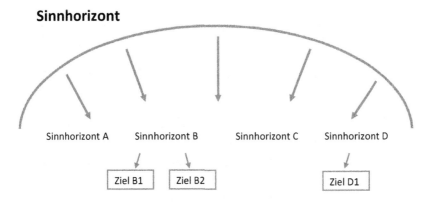

Abb. 4.4 Sinnhorizont in Zusammenhang mit Zielen

Von ein und demselben Sinn-Horizont lassen sich verschiedene andere Sinn-Horizonte entweder ableiten oder haben darunter Platz. Wenn der Sinn-Horizont zum Beispiel darin besteht, unseren Planeten vor dem rasanten Verfall zu bewahren, gibt es unterschiedlichste Sinn-Horizonte, die sich unter diesen einbetten lassen: Politik, Erziehung, Wissenschaft, Wissen über Wertschöpfungsketten mitteilen.

Von den diversen Sinn-Horizonten, von denen der Einzelne motiviert ist oder die Abteilungen zusammen schweißt, werden Ziele für den Alltag formuliert. Hier beginnt das strategische Arbeiten im Alltag; ab hier kann gemanagt werden.

Was in Abb. 4.4 skizziert ist, lässt sich mit einem Beispiel aus dem Alltag leicht konkretisieren: Im Laufe eines größeren Umbaus bei mir zu Hause kam ich öfter mit dem Heizungsbauer und seinen Mitarbeitern ins Gespräch. Eines Tages sagte der Chef zu mir: „Die Klimaerwärmung ist nicht gut für unser Geschäft. Die Sommer sind lang und sehr heiß, da haben die Leute einfach weniger mit ihren Heizungen zu tun." Ich reagierte überrascht: „Aber die Menschen haben doch einen neuen Bedarf, sie suchen Kühlung im Sommer. Sie könnten doch auch Klimaanlagen anbieten." – „Nein, wir bauen doch Heizungen…" lautete der etwas verlegene Kommentar des Heizungsbauers. Dann verstand ich auch besser, warum manche Mitarbeiter nicht gerade begeistert zur Arbeit kamen. Wer will schon gern tagtäglich im Keller fremder Leuten stehen, bei spärlicher Beleuchtung Kästen öffnen, mit verschmierten Händen Leitungen verlegen oder Schrauben anziehen? Wären da nicht vermutlich immer wieder Kunden, die ihre Dankbarkeit über die wieder funktionierende Heizung kund täten, so wäre das eine sehr triste Arbeit. Auf neue Ideen kommt man bei der Tätigkeit, die in sich schon genug sein soll, natürlich nicht.

Ich schlug meinem Handwerker also vor, sich zu überlegen, welchen Unterschied es machen würde, nicht die Tätigkeit schon als Sinn-Inhalt zu betrachten, sondern den Unterschied zu fokussieren, den die Kunden erleben. Dann hätte sein Geschäft zum Beispiel folgenden Sinn-Horizont: Wir sorgen dafür, dass unsere Kunden zu jeder Jahreszeit ein angenehmes Klima zu Hause haben. „Sie bauen primär also nicht mehr Heizungen, Sie sorgen für Menschen. Das fühlt sich völlig anders an. Da kommen vielleicht auch noch neue Ideen für den Kundenservice dazu." Der Heizungsbauer kratzte sich am Kopf; das sei jetzt ganz neu, er werde mal darüber nachdenken.

In der Tat ist diese Denkrichtung vor allem in Mitteleuropa ungewöhnlich. Der uralte Vertriebler-Spruch, der Köder müsse dem Fisch schmecken, nicht dem Angler, wäre schon ein Schritt in die richtige Richtung, immerhin wird dabei der Versuch gestartet, von der Kundenseite her zu denken. Im Formulieren des Sinn-Horizontes geht es allerdings nicht zuerst um cleveres Marketing oder um Kundenorientierung als unternehmerische Strategie. Es geht vielmehr darum, was das Unternehmen weitreichend für mich und für andere sein könnte. Der Sinn-Horizont ist also immer verknüpft mit der Kern-Identität des Unternehmens und dem, was Beziehung zu anderen oder anderem geben kann, das weit über sich hinaus geht und mehr als einen monetären Wert hat.

In einem Workshop für ein Non-Profit-Unternehmen, das den Mangel an Freiwilligen im Bereitschaftsdienst für den Katastrophenschutz beklagte, überlegten wir, welchen Sinn-Horizont den potentiellen Einsatzkräften geboten werden könnte. „Komm zu uns und stehe dir die Beine in den Bauch!" war natürlich kein guter Slogan. Der letztlich gefundene Ansatz lautete: „Du machst den Unterschied!" Das gilt dann sowohl für die eigenen Mitarbeiter, als auch für die Menschen, die man im Einsatzfall rettet. Es gilt für diejenigen, die andere schulen und auch für diejenigen, die ihre Fähigkeiten im Büro einsetzen. Keiner erledigt nur einen Job, jeder bewegt sich innerhalb eines Sinn-Horizonts, der diesem Unternehmen ein ganz eigenes Gesicht gibt und zugleich Weite für Kreativität im alltäglichen Umgang bietet. Ob das wirklich etwas „nützt" hängt nun von der Führungsperson ab, die immer wieder auf diesen Sinn-Horizont hinweisen muss. Vor allem, wenn viele den Kopf hängen lassen und den Horizont aus dem Blick verlieren.

Eine Allegorie verdeutlicht, welchen Unterschied es macht, ob ein Mitarbeiter auf seine aktuelle Arbeit als singuläres Tun schaut oder den Sinn dieser Aufgabe entdeckt hat:

> Ein Mann läuft an einer Baustelle vorbei und sieht einen Steinmetz bei der Arbeit. Er fragt ihn: „Was machst du da?" – Antwort: „Ich behaue Steine." Der Mann geht weiter und fragt den nächsten Steinmetz: „Was machst du da?" – Antwort: „Ich baue eine Mauer." Unser Mann geht noch ein Stück weiter und fragt wieder: „Was machst du da?" – Antwort: „Ich baue eine Kathedrale zur Ehre des Herrn!"

Welchem der drei Steinmetze wird eine Lösung einfallen, wenn es ein Problem gibt? Wer fühlt sich verantwortlich für das Ganze? Nicht nur in Allegorien spielt die Sinn-Orientierung eine erhebliche Rolle dabei, wie Mitarbeiter sich im Unternehmen verstehen.

Folgende Beispiele sind Formulierungen, die kleine und große Unternehmen für sich gewählt haben:

„Wir geben Sicherheit – grenzenlos"	*allsafe Jungfalk* Hersteller von LadeGutsicherung
„Stabilität mit Leidenschaft"	*LEIBER Group* Aluminiumschmiede
„Alles, was Sie berührt"	*Schiesser AG* Wäschehersteller
„Connecting people"	*NOKIA* Telekommunikations-Konzern
„Weil Nähe zählt"	*Malteser gGmbH Deutschland* Verschiedene soziale Dienste
„Das Bedürfnis der Zeit ist unsere Aufgabe"	*Barmherzige Schwestern vom Heiligen Kreuz*
„Wir machen den Weg frei"	*Volksbanken* Finanzdienstleistungen

Die Formulierung eines Sinn-Horizontes ist natürlich noch kein Garant für begeistertes Arbeiten. Es ist der erste Schritt in der Führungsarbeit und er muss ernst genommen werden, vor allem von der Führungsebene. Der Sinn-Horizont ist Überbau und zugleich (!) Grundlage aller weiteren Arbeit.

Dieses Denken im Rahmen eines Sinn-Horizonts begegnet einem in den USA auf Schritt und Tritt: eine Postbotin erklärt ihre stets gute Laune mit dem Gefühl, für andere eine wichtige Brücke der Kommunikation zu sein: *„Ich bringe nicht nur die Post. Ich verbinde Menschen, ich unterstütze ihr Miteinander. Abgesehen davon sind die Leute von mir abhängig, und ich will sie nicht hängen lassen."* (Pattakos 2011, S. 25)

Der Mann, der mir mein Fahrrad repariert, erklärt mir stolz, er sei für die Sicherheit auf den Radwegen mitverantwortlich. Die Concierge im Hotel gibt nicht einfach Straßenkarten aus und Informationen weiter: Grace sagt mir mit ernster Miene, durch sie lernten die Touristen die Stadt lieben (!) – da hatte sie recht.

Besonders eindrücklich ist ein Unternehmen in einer amerikanischen Kleinstadt, das vor einigen Jahren begonnen hatte, Rollatoren zu verkaufen. Es führt den Namen „Liberty on Wheels" – Freiheit auf Rädern. Im Schaufenster war zu lesen, dass sie seit Neuestem auch begannen, motorisierte Rollstühle zu verkaufen. Vor knapp zwanzig Jahren (so die Kurzdarstellung des Unternehmens) hatten sie einen Fahrradhandel eröffnet, wobei damals schon „Freiheit durch Räder" als beflügelnde Idee diente. Bei diesem Sinn-Horizont war es in einer langsam überalternden Stadt eine fast zwangsläufige Konsequenz, die „Freiheit auf Rädern" kundengerecht umzugestalten: schließlich verkaufen diese Leute nicht Rollatoren, sondern bieten anderen Menschen an, ihre Freiheit mittels Rädern zurück zu gewinnen.

Würde das amerikanische Dorf einen Zuzug vieler junger Familien verzeichnen, wäre vielleicht ein Kinderwagen im Portfolio, der sich den Lebensgewohnheiten der Region anpasst oder innovative Fahrräder oder Inliner.... Ein Sinn-Horizont wie „FREIHEIT auf RÄDERN" bietet denjenigen, die daran partizipieren, einen freien Kopf für die Aufgaben, die die Welt für sie bereit hält und fokussiert sie nicht auf ein bestimmtes Produkt. Das Produktwissen ist dann Ausgangspunkt für Neues, das allen Sinn bietet, die an der Wertschöpfungskette beteiligt sind.

Ein so formulierter Sinn-Horizont weckt positive Emotionen und macht Lust mitzumachen.

Wie sähen unsere Städte wohl aus, wenn ältere Mitmenschen nicht die Einstellung hätten, es sehe lächerlich aus, eine Gehhilfe benutzen zu müssen, weshalb sie lieber – meistens alleine – in den eigenen vier Wänden bleiben.

Wie wäre es, wenn der Rollator zum Symbol individueller Freiheit würde? Dann hieße es plötzlich: „Ich bin heute mit den Rädern unterwegs!"

Ich sehe vor meinem geistigen Auge keine alten Menschen gebückt herum schlurfen, die sich an hässlichen Gestellen mit Rädern festhalten. Ich sehe Menschen, die früher in raschem Schritt unterwegs waren und heute an schicken, individuell gestalteten, stylischen „Rädern", deren Modelle „Taifun", „Silver Lady" oder „White Elegance" heißen, das Straßenbild bunt machen. Ich sehe ältere Menschen, die sich mit einfachen technischen Mitteln (einer speziellen Navigations-App) orientieren können, die stolz sind auf ihr Gefährt, das ihnen die selbstverständliche Freiheit außerhalb der eigenen vier Wände ermöglicht. Ich sehe Freiheit an Rädern.

Ist das kein anziehendes Bild?

Solange der Rollator aber ein Ausdruck von Hilflosigkeit ist, solange er den Charme eines Infusionsständers ausstrahlt, solange er das Image einer Vorstufe zum Tod hat, solange keiner einen Rollator in einem Atemzug mit Freiheit verwendet – solange wird sich die aktuelle Situation nicht ändern. Stattdessen sitzen viele alte Menschen in ihren Privat-Gefängnissen und fühlen sich dessen beraubt, was sie zu einem vollwertigen Mitglied der Gesellschaft macht: der Bewegungsfreiheit. Im Moment fehlt jedoch (im wahrsten Sinne des Wortes) der Sinn für einen anderen Sinn-Horizont.

4.3.3 Anziehen statt Antreiben

Wer das längst begriffen hat, sind die Vertreter der Werbebranche.

Werbetexter und Werbefotografen sind Menschenfänger; was man von ihnen lernen kann, ist unter anderem, wie leicht Menschen zu „triggern" sind. Besonders deutlich lässt sich das bei der Reaktion auf Bilder zeigen. Ob es uns gefällt oder nicht: beim Anblick von gewissen Rundungen setzt die hochgelobte Logik bei Männern zumindest vorläufig völlig aus. Ob es uns gefällt oder nicht: die meisten Frauen schmelzen angesichts eines George-Cloony-Schemas dahin und legen ihr Weibchen-Schema an den Tag. Werber nützen diese Reflexe aus:

Wenn auf einem großen Plakat sinnlich-rote Lippen den Bierschaum berühren, dann verbindet nun mal das Gehirn desjenigen, der das Foto gesehen hat, Biergenuss mit einem erotischen Kuss. Da muss das Bier schon furchtbar schmecken, um diese Verknüpfung zu lösen. Bei jeder Cola denke ich an den jungen muskelbepackten Mann, der in der Sommerhitze eine Palette Coke in das Großraumbüro voller gut aussehender Frauen schleppt, denen die Stifte aus der Hand fallen. Ein Schluck – und ich bin selbst eine gut aussehende Brünette, die vom Getränkelieferanten scharf angesehen wird. 70 Cent für den braunen Inhalt in einer roten Dose – und schon fühle ich mich attraktiv. Jedenfalls, wenn ich die Werbung gesehen habe.

So einfach sind wir gestrickt und mittlerweile wissen wir das auch. Deshalb funktioniert Werbung nicht mehr ganz so einfach wie noch vor wenigen Jahren. Zu viele versprechen dasselbe und wir sind sowieso schon satt. Deshalb haben sich Werber gefragt, wonach Menschen wirklich suchen – außer nach Erotik, Attraktivität und Bequemlichkeit. Es gibt keine Studie zu dieser Suche und zu deren Ergebnis. – Es gibt offensichtliche Konsequenzen in der Werbung.

Sehr früh warb das Möbelhaus IKEA mit dem Slogan: „Wohnst du noch – oder lebst Du schon?" IKEA hat deshalb auch keine Möbelverkäufer, sondern Lebensraumberater. Kein Wunder, dass dieser Slogan vielfach nachgeahmt wurde, denn er weitet den Blick, macht kreativ und stiftet Sinn für alle am Geschäft Beteiligten.

Die SBB (Schweizer Bundesbahn) hat für 2016 den Slogan „Unterwegs zu Hause" gewählt. Das ist zwar nicht wahnsinnig aufregend (das wäre auch nicht Schweizerisch), weist aber einen klaren Sinn-Horizont auf: Jeder Mitarbeiter soll dazu beitragen, dass

Abb. 4.5 Motivation durch die Aufforderung, Gehorsam zu leisten. Selber Denken ist unerwünscht. „Tu, was man Dir sagt!"

sich die Fahrgäste „wie zu Hause" fühlen. Das gilt dann vom Polsterer der Sitze über die Einrichtung der Bahnhöfe bis hin zum Service unterwegs (WLAN-Anschluss, Videothek, Restaurant usw.). Es handelt sich hier eben nicht um ein hoch gestecktes Ziel, sondern um ein Verständnis, wozu die SBB eigentlich da sein will: sie soll Menschen nicht nur von A nach B verhelfen, sondern die sollen sich auch noch unterwegs fühlen, als seien sie zu Hause. Diesen Sinn zu erfüllen, findet kein Ende. So, wie sich die Lebensgewohnheiten der Reisenden verändern, so verändern sich auch die Anforderungen an die SBB. Die Umstände verändern sich, der Sinn-Horizont bleibt.

„Ich schneide keine Haare – Ich rette Dein morgiges Date!" heißt es da keck vom Plakat eines Frisörs. Zu sehen ist ein Tisch-Arrangement à la Pretty-Woman mit Kerzen, Stoffservietten und allem Schnick-Schnack – der Traum aller Frauen. Der Frisörsalon sucht motivierte Mitarbeiter und Auszubildende, die mehr wollen als nur einen Job. Sie sollen nicht irgendwelchen Kunden die Haare schneiden, sondern sie sollen die Menschen, die „ihren Kopf hinhalten" in allen Lebenslagen besonders gut aussehen lassen. Von Frisören mit dieser Einstellung würde ich mich gerne beraten und „stutzen" lassen.

Ein Beispiel, wie unterschiedlich versucht werden kann, Menschen zu einem bestimmten Handeln zu bewegen, kann man an folgenden Beschilderungen ablesen (Abb. 4.5, 4.6 und 4.7):

Ein Sinn-Horizont ist also weder ein hoch gestecktes Unternehmensziel, noch eine träumerische Idee. Ein Sinn-Horizont ist ein lebendiges Bild, das Raum bietet für verschiedene individuelle Sinn-Inhalte (vgl. Abb. 4.4), im Optimalfall auf verschiedenen Ebenen. Worin liegt der Unterschied zum Ziel?

Die Leiterin eines Mobilen Pflegedienstes setzte sich seufzend. „Mein letztes Jahr ist super gelaufen. Der Umsatz lag bei einer Million – ich bin ganz stolz. Der Chef fand das auch prima. Dieses Jahr soll ich 1,2 Millionen Umsatz machen. Wie, das hat er nicht gesagt. Und vor allem weiß ich nicht, wem das was bringen soll, wenn wir zahlenmäßig wachsen." Die Idee, von allem ein bisschen mehr, bietet eben nicht das, was uns wichtig ist: Sinn.

Wer Ziele setzt, geht immer noch davon aus, dass Menschen am besten leisten, wenn sie angetrieben werden. Der Spruch „Jeder hat etwas, was ihn antreibt" hat sich fest in unser Denken eingegraben. Aber was ist das eigentlich für ein Bild?! (Abb. 4.8)

Abb. 4.6 Motivation durch
Androhung von Strafe. „Wer
nicht hören will, muss fühlen!"

Abb. 4.7 Motivation durch
Sinn-Stiftung. „Pass auf Dich
auf, Du wirst gebraucht!"

Abb. 4.8 Der Mensch als
Gejagter

Auch das Bild des Angetriebenseins entspringt dem mechanistischen Menschenbild. Eine Maschine braucht einen Antrieb; eine Maschine kann sich aber auch nicht gejagt fühlen – ganz im Gegensatz zum Menschen.

Kein Wunder, wenn Burnout zur Volkskrankheit wird, nachdem sich eine ganze Gesellschaft zugeschrieben hat, entweder Jäger oder Gejagter zu sein. Irgendwann sind eben doch beide erschöpft – selbst wenn das Jagen Spaß gemacht hat. Menschen brauchen, weil sie mehr als Instinktwesen sind, langfristig mehr als „Spaß am Jagen".

Grob skizziert haben Menschen drei tiefe Wünsche:

- Menschen wollen **für etwas da sein**, das größer ist als sie selbst oder bedeutsamer als ihr Alltag.
- Menschen wünschen sich ein **Kontinuum** (einen „roten Faden") in ihrem Leben.
- Menschen wollen durch die Teilhabe an einer Aufgabe eine **persönliche Bedeutung** gewinnen.

Wir brauchen also keinen Antreiber, wir brauchen etwas, das uns eine Möglichkeit gibt, diese drei tiefen Wünsche zu erfüllen: Wir brauchen einen Sinn-Horizont, der uns anzieht und der über uns als Einzelne hinaus geht (Abb. 4.9).

Wir sprechen zum Beispiel von einem „attraktiven Angebot", das heißt einem Angebot, dem man kaum widerstehen kann, so anziehend ist es. Keine Allegorie vermittelt ein besseres Bild dieser Anziehungskraft als die von Antoine de Saint-Exupéry:

Abb. 4.9 Der Mensch als Angezogener

„Wenn Du ein Schiff bauen willst, dann trommle nicht die Männer zusammen, um Holz zu beschaffen, Aufgaben zu vergeben und die Arbeit einzuteilen, sondern lehre den Männern die Sehnsucht nach dem weiten endlosen Meer."

Je größer die Anziehung, desto mehr Kraft, Kreativität und Wille wächst einem Menschen zu. Während das Getriebenwerden zusätzlich zur Lauf-Energie massiv durch die psychische Belastung zehrt, wird bei Anziehungskraft zusätzlich Energie frei.

4.4 Führen heißt, über sich hinaus denken

4.4.1 Bei sich beginnen, aber nicht bei sich enden.

„Wieso soll ich den Leuten jetzt auch noch sagen, *wozu* sie arbeiten sollen? Das muss doch jedem klar sein!" Nicht selten kommt dieser Satz von Geschäftsführern und Team-Leitern, wenn es darum geht, mit „Leading by Meaning" ein verändertes Führungsprofil zu entwickeln. „Was ist denn Ihr persönlicher Sinn-Horizont?" frage ich dann. – Meistens kommt als Antwort: „Dass alles läuft." oder „Geld verdienen." Die meisten Gesprächspartner kennen die Geschichte mit dem Meer und den Seeleuten; sie finden sie sehr einleuchtend, in manchen Büros hängt der Spruch sogar an der Wand. Aber sie haben das Gleichnis nicht verstanden, und wenn doch, so setzen sie es nicht um.

Wer wirklich gute Schiffe baut, der liebt die See, ohne je darüber nachgedacht zu haben. Für den ist alles klar, ohne es je formuliert haben zu müssen. Jede Führungsperson ist nach Saint-Exupérys Bild der Besitzer einer Werft. Der „Werft-Besitzer", der wie eben zitiert antwortet, sagt also: „Ich mache das, damit Schiffe gebaut werden." oder „Weil ich mit Schiffen meinen Lebensunterhalt verdiene." Da kommt wirklich keine Sehnsucht auf, bei keinem.

Geschäftsführender Gesellschafter Hofmann hatte in einem Gespräch wie oben beschrieben geantwortet, sein Sinn im Unternehmen liege darin, den Betrieb am Laufen zu halten. Auf die Anmerkung, er könne sein Leben mit viel weniger Arbeitsbelastung führen, wenn er den Betrieb verkaufen würde, ein Vermögensverwalter könne alles Finanzielle fortan regeln und er müsse dann auch nie wieder über EBIT oder sonstige Kennzahlen nachdenken, reagierte Hofmann entrüstet: das gehe ja gar nicht! Warum? Sein Sinn-Horizont besteht darin, das Familienunternehmen (Automobilzulieferer-Betrieb) zwar modernisiert, aber in einer menschenfreundlichen Atmosphäre weiter zu führen. Die Region, die Menschen, ehrliches Wirtschaften in harter, oft unehrlicher Umgebung: das waren und sind seine persönlichen Wunsch-Wirkungsfelder. Um diesem Wunschbild einer fairen Wirtschaft näher zu kommen, steht er jeden Morgen auf. Natürlich fahren durch die Arbeit im Betrieb jeden Tag Lastwagen mit Produkten zum Kunden; natürlich verdient Herr Hofmann mit dieser Arbeit seinen Lebensunterhalt. Der Unterschied zwischen dem, was faktisch geschieht (Lieferung, Gehalt etc.) und dem, was einen anzieht, ist dennoch gravierend. Deshalb gehört es auch zu den schwereren Übungen einer Führungsperson, für das Unternehmen oder das Team einen Sinn-Horizont zu formulieren, der für alle einen Anreiz bieten kann.

Herr Hofmann hat es in gewisser Hinsicht leicht, seinen Sinn-Horizont zu verfolgen – er geht einfach täglich darauf zu, ohne es je reflektiert zu haben. Der Sinn wird von vielen Unternehmern und vielen Führungspersonen so selbstverständlich gelebt, dass sie sich darüber gar nicht im Klaren sind. Es versteht sich nämlich von selbst, ganz ohne Reflektion: Wer denkt schon darüber nach, ob und warum er atmet? Bei angestellten Führungspersonen offenbart sich die Kongruenz zwischen persönlichem Sinn und dem Aufgabengebiet erst, wenn sie auf eine Position versetzt werden, die sie ihres persönlichen Sinn-Inhaltes beraubt.

Herr Mühlberg (Jg. 1961) war jahrelang Direktor in einem Konzernbereich, bei dem viel Kommunikation zwischen den asiatischen und europäischen Werken gefordert war. Mühlberg wurde nun vom Vorstand mit einem für den Konzern bedeutsameren Bereich in Südamerika betraut. Er sei der beste Mann für den Job und eine neue Herausforderung stünde doch sowieso an. Der Vorstand fiel aus allen Wolken, als das „Angebot" für die nächste Karrierestufe mit einer Kündigung quittiert wurde.

Direktor „a. D." Mühlberg meinte im Coaching, ihm sei egal, wenn er in Südamerika noch mehr Lorbeeren einfahren könne. Dass er aber seine Liebe zur asiatischen Kunst und Kultur nicht mehr in Geschäftsprozessen einbringen könne und keine Brücke zwischen Europa und Asien mehr sei, das sei das Dümmste, was hätte kommen können. Das Vermittlersein zwischen diesen beiden Kulturen hätte ihn von Beginn an motiviert, die Position im Unternehmen anzustreben; alles andere sei einfach nur der Weg dorthin gewesen. Er schätze das asiatische Denken und finde es wichtig, dass Europäer von Asiaten lernen und umgekehrt. Der Nachfolger sei nur Manager ohne jede Liebe zu Asien. Leider kannte im Konzern niemand Mühlbergs Motivation – alle waren davon ausgegangen, es sei die Karriere mit ihren Wohlstandsstufen, die ihn so gut in seinem Job machte. Und jetzt?

„Lieber für eine Klitsche arbeiten, die in Asien Kontakte aufbauen möchte, und das für ein Drittel des Gehalts als ein Manager im Jetset-Modus zu sein." Der Konzern hat nicht nur einen guten Mitarbeiter verloren, sondern auch noch einen, der mit starken Werte-Vorstellungen viel mehr anbot als sein Fachwissen, nämlich seine Persönlichkeit.

Der Konzern-Vorstand war von dem ausgegangen, was als State of the Art des Managers gilt, nämlich dass Aufstieg und Herausforderungen auf Führungspersönlichkeiten prinzipiell das Anziehendste sind. Diese Vorstellung ist immer weniger zutreffend, vor allem bei denen, die für Führungsverantwortung geeignet sind. Wer wirklich begabte, motivierte und motivierende High Potentials rekrutieren will, muss attraktiv (anziehend) sein, das heißt Sinn bieten. Sowohl der Vorstand im beschriebenen Beispiel, als auch Herr Hofmann laufen Gefahr, bei sich zu beginnen... aber auch bei sich zu enden. Das heißt, sie gehen davon aus, dass ihre persönliche Motivation das ist, was die anderen auch motiviert. Und wenn nicht das, dann doch wenigstens Status oder Geld.

Letzteres wird immer auch irgendwelche Menschen anziehen – aber wollen wir in Betrieben gerade in Führungspositionen wirklich diejenigen haben, deren größte Motivation darin besteht, das meiste für sich selbst heraus zu holen?

Welche Alternativen gibt es?

4.4.2 Bei sich beginnen und ... dann aufs Ganze gehen

Jeder Mensch hat etwas, das ihn anzieht oder zumindest: was ihn anziehen könnte. Das ist der Sinn-Horizont, der bei jedem Menschen unterschiedlich aussehen kann. Oftmals arbeiten selbst verschiedene Charaktere gut zusammen, weil derselbe Horizont sie verbindet. Das ist besonders gut in Ehrenämtern sichtbar. Wenn in einer Kirchengemeinde oder in einem Schwimmverein Arbeit zu tun ist, dann sind sich meistens alle einig: Ärmel hoch – egal, welches Amt man bekleidet. Das macht sogar noch Spaß. Diese Einstellung wünscht sich so mancher Geschäftsführer, der über den Stellenbeschreibungen nächtelang sitzt, um ja nichts zu vergessen. Was können Führungspersonen tun – was kann Herr Hofmann tun?

Sie sollten tatsächlich bei sich beginnen, also dabei, was sie persönlich begeistert, fasziniert und auch in Krisen durchhalten lässt. Und dann sollten sie „aufs Ganze gehen": Welchen Sinn-Horizont bietet das Unternehmen, das Werk, die Abteilung für andere Mitarbeiter? Was könnte daran emotional berühren? Das ist mit „das Ganze" gemeint. Es kann, muss aber nicht mit der Branche zu tun haben. Es gibt keinen einzigen Bereich, in dem das nicht möglich ist.

Führen bedeutet, über sich selbst und den Alltag hinwegsehen und nicht am Unternehmensinteresse stecken zu bleiben. Wem dient das Unternehmen? In aller Regel dient es viel mehr Menschen als nur den Kunden; und auch hier kann man sich fragen, wie man diese nicht nur zufrieden stellt, sondern sie emotional berührt. Wie man sie zu „Fans" macht, wie die Generation Maybe das treffend nennt.

Eine Führungsperson, die es schafft herauszustellen, dass die alltägliche Arbeit in einen größeren Kontext eingebettet sein kann, bietet etwas an, das über die eigene Person und eigene Interessen hinaus reicht: Sinn.

Das Beispiel der Postbotin zeigt, wie eine sehr einfache Arbeit zu einer höchst sinnvollen Aufgabe werden kann: „Ich sorge dafür, dass Menschen miteinander in Verbindung bleiben." Die Concierge, die hier zitiert wurde, war eine sehr einfach Frau in einem Washingtoner Hotel, keine besonders fachkundige Touristen-Beraterin. Aber sie hat der Stadt ein Gesicht gegeben, weil sie sich das selbst als Sinn-Horizont gesetzt hatte: die Menschen sollten „ihre Stadt" lieben lernen. Die Arbeiterin, die Airbags faltet, schützt Menschen bei eventuellen Unfällen; oder sie sorgt mit verlässlicher Qualität für sichere Arbeitsplätze in der Region; die Liste kann beliebig fort gesetzt werden.

Es gibt keine Sinn-Horizont-Zuweisung qua Branche, aber es gibt für jedes Unternehmen einen Sinn-Horizont. Vielleicht muss manches an diesem „Ganzen" verändert werden, damit es keine Wunsch-Vorstellung, sondern ein echter Horizont wird. Alles das ist Führungsaufgabe, die erst dann gesehen und wahr genommen wird, wenn die Führungsperson über sich hinaus sieht, wenn sie nicht nur nach-, vielmehr vorwärts-denkt.

Die Mitglieder der Generation Maybe können hier eine Katalysator-Funktion übernehmen. Sie sind es, die expliziter als jede Generation vor ihnen Orientierung an solch einem Sinn-Horizont wollen und außerdem den Freiraum dafür nützen können, das ihrige dazu beizutragen.

Hören Sie als Führungsperson auf, den „Geldweg" zu gehen, der letztlich doch zu kurz ist. Überdenken Sie Ihre eigene, Ihre wirkliche Motivation; legen Sie weg, was früher war oder was andere finden. Gehen Sie „aufs Ganze"!

4.5　Review

4.5.1　Checkup-Fragen

Fragen

Welche Erfahrungen haben Sie mit Management by Objectives gemacht?
Wo fördert Ihr Entlohnungs-Bonus-System Mechanismen, bei denen nicht das Wohl des Unternehmens im Fokus steht?

Wie oft reden Ihre Mitarbeiter darüber, sich wie die „Hamster im Rad" oder wie „Bauern auf dem Schachbrett" zu fühlen?

Wie viel Anteil hat bei Ihnen im Unternehmen die extrinsische Motivation (Geld, Insentives) im Vergleich zur intrinsischen Motivation (wie Möglichkeiten zur Identifikation und Entfaltung)?

4.5.2　Schritte nach vorne

To Dos

Formulieren Sie einen – oder auch mehrere – Sinn-Horizonte.
Fragen Sie gute Kollegen und/oder Freunde, welchen Mehrwert Ihr Unternehmen deren Ansicht nach stiftet.

Beenden Sie die „Treibjagd", bei der jeder von etwas angetrieben ist.
Setzen Sie statt dessen Magnete!

Geben Sie Freiräume und achten Sie darauf, die Freiheit mit bestimmten Verantwortungen fürs Unternehmen verbinden.

Sorgen Sie dafür, dass Mitarbeiter die Unternehmenszusammenhänge soweit wie möglich sehen können.

Überlegen Sie, zu welchen „Bauleuten" in der Allegorie Sie gehören:
Behauen Sie Steine, bauen Sie eine Mauer oder sehen Sie die Kathedrale bei der Arbeit?
Versuchen Sie, die Mitarbeiter Ihres Unternehmens zuzuordnen.
Tragen Sie dazu bei, möglichst oft auf die Kathedrale hinzuweisen.

Literatur

Böckmann W (1980) Sinn-orientierte Leistungsmotivation und Mitarbeiterführung. Ein Beitrag der Humanistischen Psychologie, insbesondere der Logotherapie nach V.E. Frankl, zum Sinn-Problem der Arbeit. Ferdinand Enke, Stuttgart

Camus A (2002) Der Mythos des Sisyphos. Rowohlt, Berlin

Drucker PF (1954, 1970 & 1998) Die Praxis des Managements. Ein Leitfaden für die Führungsaufgaben in der modernen Wirtschaft. Econ, Düsseldorf

Drucker PF (2000, Die Kunst des Managements. Econ, München

Fintz A (2006) Die Kunst der Beratung. Jaspers' Philosophie in Sinn-orientierter Beratung. Aisthesis, Bielefeld

Frankl VE (1996) Der Wille zum Sinn. Ausgewählte Vorträge zur Logotherapie. Piper, München

Goldratt E (2013) Das Ziel. Ein Roman über Prozessoptimierung. Campus, Frankfurt/Main

Lukas E (1984) Auch dein Leben hat Sinn. Logotherapeutische Wege zur Gesundung. Herder, Freiburg

Meggle G, Fehige C, Wessels U (2000) Der Sinn des Lebens. dtv, München

Meyer A (2013) Management by Objectives. Eine kritische Betrachtung der Wirksamkeit von Zielvereinbarungen. Diplomica, Hamburg

Pattakos A (2011) Gefangene unserer Gedanken: Viktor Frankls 7 Prinzipien, die Leben und Arbeit Sinn geben, 2. akt. und erw. Aufl. Linde-Verlag, Wien

Pfläging, N (2008) Führen mit flexiblen Zielen. Beyond Budgeting in der Praxis. Campus, Frankfurt a. M.

Püchert W, Reich J (2011) Vergütung nach „gemessener" Zielerreichung: Zufallsergebnisse untergraben die Motivation. In: WSI-Mitteilungen Ausgabe 1/2011, S. 41–43 Mitteilung der Hans-Böckler-Stiftung

Scherwolfe A (2008) Management by Objectives als Führungsinstrument. Kritische Auseinandersetzung mit der praktischen Umsetzung. GRIN-Verlag, München

Schmid W (2013) Dem Leben Sinn geben. Von der Lebenskunst im Umgang mit Anderen und der Welt. Suhrkamp, Berlin

Sprenger RK (2004) Mythos Motivation. Wege aus einer Sackgasse. Campus, Frankfurt a. M.

Steiger T, Lippmann E (1999) Handbuch angewandte Psychologie für Führungskräfte. Führungskompetenz und Führungswissen. Bd. 2. Springer, Berlin

Ohne Sinn hat alles keinen Zweck

5.1 Mit Sinn führen heißt: mit Persönlichkeit führen

5.1.1 Von 1-Minuten-„Führung" und anderen Rezepten

Von Führungsliteratur wird meistens erwartet, dass sie einem gute Rezepte an die Hand gibt. Wer A tut, wird damit B erreichen. Mit allen möglichen psychologischen Tricks, Kommunikations- und Management-Methoden sollen Mitarbeiter so geformt werden, wie das Unternehmen sie am besten brauchen kann.

Wenn ich zum Beispiel meinen Mitarbeiter jeden Tag 1 Minute lang (60 s) lobe (Verhältnis 24: 1/60), dann wird er gut mitmachen und bessere Arbeitsergebnisse liefern; das jedenfalls verspricht die Führungsstrategie des „1-Minuten-Lobs", die in manchen Führungskräfte-Trainings gelernt werden kann:

> Loben kann man lernen wie alles andere auch. Ein Leitfaden für das Loben können Sie *hier* kostenlos herunterladen. Übrigens, Sie werden überrascht feststellen, ein solches Lob dauert nicht länger als 1 Minute. (…) Falls Sie das Thema vertiefen wollen, es gibt ein nettes Büchlein von Ken Blanchard „Der 1-Minuten-Manager". Dort geht es nicht nur um das 1-Minuten-Lob, sondern auch um die 1-Minuten-Kritik und um die 1-Minuten-Zielsetzung.
> (Quelle: http://www.tempus.de/blog/2012/04/das-1-minuten-lob-so-geht's/ – eingesehen am 11. März 2014)

Manche Technik funktioniert tatsächlich; schließlich hat die Maslow'sche Bedürfnispyramide ihre Berechtigung. Und natürlich steckt der Pawlow'sche Hund, dem allein schon beim Ton seiner Futterglocke automatisch der Speichelfluss kommt, auch in jedem Menschen. Dennoch: wie jämmerlich ist es, wenn wir Mitarbeiter mit psychologisch optimierten Lob-Einheiten versorgen, um sie am Laufen zu halten? Reinhard Sprenger spricht es in „Mythos Motivation" klar aus: Es handele sich hierbei nicht um Führung, sondern um „Verführung" (Sprenger 2004, S. 19).

© Springer-Verlag Berlin Heidelberg 2014
A. S. Fintz, *Leading by Meaning,* DOI 10.1007/978-3-662-44073-5_5

Führen mit Sinn basiert darauf, Mensch nicht zu manipulieren, sondern zum eigenen Denken anzustiften, um sie für einen Sinn-Horizont zu gewinnen. Mitarbeiter sollen gar nicht getriggert oder angepasst werden; sie sollen zum aktiven selbst gesteuerten Mitmachen ermutigt werden. Führen mit Sinn, Leading by Meaning, spielt also in einer ganz anderen Kategorie als die hier beispielhaft genannten Führungsmethoden. Für LbM gibt es kein einfaches Rezept, es ist eher ein Konzept. Es reicht auch nicht aus, „es gut zu finden" oder hin und wieder anzuwenden. Leading by Meaning kann man gar nicht „anwenden", man muss es *leben*. Der Sinn-Horizont wird durch die Persönlichkeiten im Unternehmen buchstäblich verkörpert.

Führen mit Sinn braucht deshalb Persönlichkeiten, die in der Lage sind, die Verbindung zwischen Sinn-Horizont, Menschen und operativem Geschäft zu herzustellen und diese Verbindungen in Bewegung zu halten. Führen mit Sinn ist deshalb für die eigene Person herausfordernd, anspruchsvoll und nicht zuletzt abenteuerlich. Das macht die Sache nicht einfach, aber lohnend. Es gibt im Leben keine Garantien; dennoch kann man behaupten, dass es keinen Menschen gibt, der es bereut hat, sich auf Sinn-orientiertes Führen eingelassen zu haben.

5.1.2   Von der Führungskraft zur Führungspersönlichkeit

Wo von Führungskräften und Arbeitskräften gesprochen wird, zeigt sich wieder die mechanistische Idee vom Menschen. Von dort kommt auch das Wort „Kraft", nämlich aus einem Teilbereich der Physik, aus der Mechanik. „Arbeits-Kraft" ist ein Begriff der Industrialisierung, das heißt der Vermassung von Arbeit. Ein Bauernhof hatte früher keine Arbeitskräfte; dort arbeiteten Knechte und Mägde, Verwalter, Bauern und so weiter. In einer Lagerhalle schleppten Arbeiter die Kisten. Egal wo: Nie war die Rede von Arbeitskräften. Ist das Wortklauberei? Worin liegt der Unterschied?

Was ändert sich, wenn sich die gewohnten Begriffe ändern? – Ganz einfach: unsere Haltung.

„Arbeiter" und „Vorgesetzte" sind Menschen. Sie werden als Einzelpersonen mit ihren geschätzten und ungeliebten Eigenschaften wahr genommen und entsprechend agieren sie: Mitarbeiter und Chefs können miteinander ins Gespräch kommen, streiten, Arbeitstempi einteilen, Freundschaften und Feindschaften pflegen. Wenn persönliche Beziehungen einen anerkannt wesentlichen Stellenwert selbst im Business haben, ändert sich tatsächlich auch der Sprachgebrauch: Im Vertrieb wird von „Vertriebs-Mitarbeitern" oder Vertrieb'lern gesprochen, nicht von Verkaufs-Kräften. Aus gutem Grund: fast nirgends ist die Bedeutung der Persönlichkeit für das Ergebnis für jeden so klar wie im Vertrieb. Diese Klarheit besteht leider nicht in allen Bereichen, selbst nicht bei den Arbeitgebern, bei denen man das erwarten würde. Selbst in sozialen und kirchlichen Einrichtungen, wo Menschen im Mittelpunkt stehen, ist längst von Führungskräften die Rede, sogar dann, wenn es um Bischöfe, Pastoren und Pfarrer geht.

Welchem Denkfehler muss man hier auf die Spur kommen?

Der Begriff „Arbeitskraft" entspringt natürlich dem Zusammenhang der Austauschbarkeit von Menschenkraft und Maschinenkraft. Zu Beginn des 20. Jahrhunderts wirkte die Erfahrung faszinierend und teils verängstigend, wie hoch Maschinen einem Menschen in dessen Leistung überlegen sein können. Eine Maschine ersetzte zum Beispiel plötzlich die Arbeitskraft von vier gesunden Männern. So wurde der Begriff Arbeitskraft geboren und inzwischen im Zeitmanagement durch den Begriff „Mann-Wochen/Monate/Jahre" ergänzt. Das lässt sich zwar einerseits einfach rechnen, andererseits wirkt diese Rechnung langfristig verhängnisvoll: Menschen wurden binnen kurzer Zeit als „Kraft" *definiert* und haben sich also solche in den Führungsköpfen festgesetzt. Daher rührt heute so manches Problem, das uns Kopfzerbrechen bereitet, unter anderem die Schwierigkeit, die Generation Maybe zu führen, deren Vertreter sich ganz und gar nicht mehr als Arbeits-Kräfte verstehen wollen. Zu welchen Konsequenzen das in der Praxis führt, lässt sich zeigen, indem der Begriff in der Darstellungsweise der Physik auf alltägliche Themen des Human Ressource Managements angewandt wird:

Eine Kraft im physikalischen Sinne erkennt man meist indirekt, zum Beispiel wenn sie einen Körper bewegt. Daran wird auch deutlich, dass eine Kraft nicht nur eine Größe, also einen Betrag hat, sondern immer auch eine Richtung. Um das in einer Darstellung korrekt zu beschreiben, wird das mathematische Element des Vektors verwendet, das heißt mittels eines Pfeils mit einer Länge und einer Richtung.

Die folgenden Skizzen stellen dar, wie stimmig oder fehlerhaft sich die Berechnung von Arbeits-Kräften in der Unternehmenspraxis zeigt (Abb. 5.1).

Abb. 5.1 Menschliche Leistung kann nicht als objektive Kraft bemessen werden

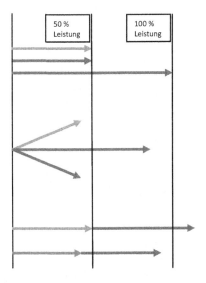

In den Abbildungen wird verglichen, wie 100%-Stellen mit einer supponierten 100%-Leistungserbringung durch zum Beispiel zwei Mal 50%-Mitarbeiter zu unterschiedlichen Ergebnissen führen (können).

Im ersten Beispiel wird eine Situation beschrieben, in der ein Vollzeitmitarbeiter durch zwei halbe Kräfte ersetzt wird. Wenn die Arbeit am Fließband stattfindet, wird der Output maßgeblich von der Maschine bestimmt; welche Schwierigkeiten sich dabei ergeben können, durfte das Kinopublikum schon in den 1920er Jahren bei Charly Chaplins „Modernen Zeiten" amüsiert beobachten. Wer aber nicht gerade einen Charly eingestellt hat, darf davon ausgehen, dass die beiden Halbtagskräfte mit wenig Abweichung dieselbe Leistung erbringen wie der Vollzeit-Mitarbeiter.

Handelt es sich hingegen um eine selbstbestimmte Arbeit, wird die individuelle Fähigkeit eines Einzelnen immer bedeutsamer. Es kann sein, dass die beiden 50%-Kräfte zusammen mehr Arbeitsleistung erbringen als der 100%-Kollege oder auch das Gegenteil.

Inwiefern persönliche Komponenten eine maßgebliche Rolle für den Output haben, kann man am einfachen zweiten Beispiel ermessen, bei dem zwei Halbtagskräfte schlecht miteinander kooperieren oder sogar in negative Konkurrenzsituation treten. Damit verlassen wir die eindimensionale Darstellung des ersten Beispiels und addieren die Vektoren: Die Gesamtleistung ist deutlich geringer geworden als bei einem vergleichbaren Vollzeitmitarbeiter. Nun denke man sich, wie bei globalen Teams üblich, zu der individuellen Prägung noch die kulturellen Unterschiede hinzu: die Rechnung stimmt einfach nicht mehr.

An die Grenzen einer Vektordarstellung kommt man, wenn ein Mitarbeiter von einem zweiten motiviert und mitgerissen wird, von einem dritten aber nicht, obwohl dieser für sich betrachtet eine ähnlich gute Leistung erbringt wie der zweite. Fazit: alles, was mit persönlichen Beziehungen und deren Auswirkungen für die Arbeitsleistung zu tun hat, ist letztlich in einem Kräfte-Diagramm nicht mehr darstellbar. Die einfachen Beschreibungsmodelle von früher greifen daher heute meist zu kurz. Auch Recheneinheiten wie „2 Mannmonate" oder „3 FTE (Full Time Equivalent)" können nur eine erste grobe Annäherung an die Realität darstellen.

Auf dem Papier wird das aber ungeachtet der Komplexität der Arbeitswelt im 21. Jahrhundert weiterhin so gerechnet. Unternehmensverlagerungen von Deutschland nach Fernost und zurück gehen zu einem guten Teil auf diese Verweigerung zurück, von der Kräfte-Darstellung weg zu kommen und die persönliche Leistung von Individuen in den Blick zu nehmen.

Zahlen mögen zwar als genaue Angabe erscheinen, aber was sie nicht haben, ist alles, was eine Arbeitskraft zu einem wertvollen Mitarbeiter macht: Verantwortung, Intelligenz, Kommunikationsfähigkeit, Aufmerksamkeit, Flexibilität, Sympathie, Loyalität.

Für gute Ergebnisse, die einem Unternehmen langfristig Nutzen stiften, gehören neben Fachkompetenz auch die intellektuelle, soziale und emotionale Intelligenz, sowie (last, not least) die Qualität, beherzt zu entscheiden. Das gilt in jeder Funktion: die jeweilige Mischung bestimmt die Qualität der jeweiligen Arbeitsleistung. Deshalb kann es auch sein, dass Mitarbeiter an anderer Stelle gute Leistungen vollbringen, obwohl sie in der aktuellen Situation zu den „Underperformern" gehören. Mitnichten lässt sich nachvollziehen, dass derjenige, dessen IQ höher oder Schulabschluss besser ist, automatisch bessere Ergebnisse erbringen würde; der IQ und Schulabschluss spielen ab einer bestimmten Karrierestufe eine eher untergeordnete Rolle.

Erst recht gilt dies im Bereich des Führens. So stelle ich fest, dass die erfolgreichsten Mandanten selten hervorragende Schüler waren (Ausnahmen bestätigen die Regel!); meistens nahmen sie im Studium „Fahrt auf" und wurden in den ersten Berufsjahren zu Menschen, die sich engagiert einbrachten: mit ihren intellektuellen und fachlichen Fähigkeiten, ihrer Kreativität, ihrer Intuition, kurz: ihrer ganzen Persönlichkeit. Das macht sie heute zu hervorragenden Führungspersonen, die noch nie eine Führungs*position inne hatten*, sondern sich selbst immer in *Führungsverantwortung* sehen.

Auch dieses Wording ist bezeichnend: in einer Position sitzt oder steht man, man ist immobil. Eine Verantwortung fordert zur Antwort heraus, sie regt zu Bewegungen an oder zwingt zum Aushalten, auf jeden Fall zum aktiven Verhalten. Deshalb sollte sich spätestens bei Menschen in Führungsverantwortung der Sprachgebrauch verschieben: „Kräfte" sind anonym und können nicht verantworten; verantworten können nur Personen. Diesen Unterschied vor Augen zu haben, ist ein erster Schritt in der Veränderung des Bewusstseins, das Sinn-orientiertes Führen letztlich braucht. Es läutet die Abschaffung weiterer Begriffe wie „Human Resources" und „Humankapital" ein. Denn mit diesen wird impliziert, dass Mitarbeiter vor allem eines tun: Geld kosten. Wenn man Menschen schon mit betriebswirtschaftlichen Begriffen bezeichnen will, so könnte man sie ebenso „Gewinnbringer" oder „Umsatz-Generatoren" nennen. Denn das werden sie immer sein, wenn sie gut geführt werden. Menschen sind keine „non-materials Resources" (wie ein Konzern seine Berater in den Unterlagen nennt), sondern entweder kosten sie das Unternehmen unnötig Geld (dann sind sie keine Ressourcen mehr!) oder sie stehen in Fachfragen mit ihrer Expertise bei.

Sind diese Anmerkungen nicht einfach spitzfindig oder sprachverliebte Spielereien? Wozu diese Feinheiten? Was kann oder soll sich aus diesen Gedanken heraus konkret und morgen ändern?

Auch wenn man es anfangs nicht glauben mag: ob und wie wir uns angesprochen fühlen, entscheidet sich in einem Bruchteil von Sekunden bis der verarbeitende Verstand einsetzt. Dieser erste Eindruck, der über die Sprache geschieht, prägt unsere Voreinstellung, das heißt unser Grundgefühl, wie wir an eine Sache heran gehen oder auf etwas reagieren.

Ein Beispiel, an dem man die Wirkung von verändertem Sprachgebrauch sogar messen kann, sind Stellenausschreibungen.

Beispiel: Stellenausschreibung

Eine evangelische Kirchengemeinde der badischen Landeskirche suchte einen neuen Pfarrer. Die allgemeine Situation in der Landeskirche Baden ist folgendermaßen: es gibt deutlich weniger Pfarr-Anwärter als offene Pfarrstellen, weshalb Vakanzzeiten immer länger andauern und Gemeinden über Jahre ohne eigenen Pfarrer im Amt auskommen müssen. In der Region Bodensee, aus der das Beispiel stammt, suchten zum gegebenen Zeitpunkt insgesamt vier Gemeinden einen neuen Pfarrer. Die Situation gleicht also der eines Unternehmens, das gute Ingenieure oder Facharbeiter für eine Schlüsselposition sucht.

Die vom Dekanat vorgeschlagene Formulierung für eine Ausschreibung lautete: „Die Pfarrstelle in xy ist ab zz neu zu besetzen…" Dann kamen ein paar Daten zu Anzahl der Gemeindemitglieder und die Gehaltsstufe.

Man mache sich klar, welche Bedeutung ein Pfarrer für eine Kirchengemeinde hat – und dann solch bürokratische Formulierungen, um einen Menschen zu finden, der sich zu den unmöglichsten Zeiten für andere Menschen Zeit nehmen soll!

Der Kirchengemeinderat erarbeitete einen alternativen Text, in dem benannt wurde, was das Gemeindeleben prägt und was sie suchten. In wenigen Zeilen wurden die beiden Seiten charakterisiert:

„Lebendige und wachstumswillige Gemeinde in xy sucht einen familienfreundlichen Pfarrer, der Lust hat, sich mit und für uns zu engagieren. Die von der evangelischen Landeskirchenordnung vorgesehene Gehaltsstufe ist zz."

Wo andere Gemeinden erfolglos über Monate regelmäßig inseriert hatten, kamen auf diese Ausschreibung vier Bewerbungen. Mit drei Bewerbern ging man intensiv ins Gespräch und bedauerte, zwei von ihnen absagen zu müssen. Alle vier erwähnten ungefragt, die Anzeige hätte sie spontan sehr angesprochen. Der heutige Pfarrer hatte sich beworben, obwohl die Meldefrist bereits abgelaufen war: „Die Anzeige war so anziehend, dass ich dachte, ich probier's trotzdem. Das hätte ich bei keiner der anderen gemacht."

Das Ganze funktioniert aber nicht nur in eindeutig menschenorientierten Arbeitsfeldern. Gerade Führungspersonen arbeiten immer mit Menschen und müssen immer ihre Verantwortung für das Ganze im Blick haben. Wie sieht nach diesem Prinzip dann die Stellenausschreibung zum Beispiel für einen Werksleiter aus?

Üblicherweise lauten die Formulierungen so: *„Werksleiter (m/w) für Firma xy in Reute gesucht. Eintritt: sofort"* oder: *„Für unser Werk in Reute suchen wir einen neuen WerkleiterIn (m/w)."*

Dann folgt die übliche Litanei der sich widersprechenden Eigenschaftspaare. Hier eine beispielhafte Auswahl aus dem Alltäglichen: *teamfähig und durchsetzungsfähig, begeistert und ausgeglichen, jung und erfahren, flexibel und stetig, kreativ und pünktlich, qualitätsbewusst und pragmatisch…*

Wer kann das noch ernst nehmen?

Die Analyse einer gewöhnlichen Stellenausschreibung weist folgende Text-Merkmale auf:
Struktur: anonyme Ansprache – statisch
Wording: Position – Niederlassung – sitzen
Vorteil: gewohnter Sprachgebrauch, der niemandem (negativ) auffallen kann
Nachteil: jeder, der gerne einen Karriereschritt machen möchte, bewirbt sich; die genannten Anforderungen werden gar nicht mehr ernst genommen.

Eine alternative Stellenausschreibung aus dem Konzept „Leading by Meaning" kann zum Beispiel so lauten:

„Wir suchen für das Werk in Reute eine Persönlichkeit (oder: einen Menschen/eine Person/eine Mitarbeiter/in), die dort unsere Mitarbeiter (als Werksleiter/in) verantwortlich führen möchte."

Dann folgen einige wenige konkrete Aufgaben: *„Sie sorgen dafür, dass unsere Mitarbeiter motiviert ihre Aufgaben erfüllen können, unsere Kunden von den Arbeitsergebnissen begeistert sind und das Werk ein wertschöpfender Teil unseres Unternehmens ist. Wenn Sie meinen, diese Aufgaben verantwortlich erfüllen zu können, teilen Sie uns Ihre Qualifikationen, Erfahrungen und persönlichen Eigenschaften in Ihrer Bewerbung mit."* Nach Belieben/Notwendigkeit können Sie hinzufügen: *„Wir suchen auf jeden Fall eine Person, die ein xy-Diplom vorweisen kann."*

Struktur: persönliche Ansprache

Wording: Persönlichkeit (o. ä.) – Werk – Verantwortung – nehmen

Vorteil: ungewohnter Sprachgebrauch, der schon deshalb aus anderen Angeboten heraus ragt; spricht offene, flexible und neugierige Menschen an, vor allem junge Menschen; fordert heraus, die Bewerbung sehr spezifisch zu formulieren und sich über die benötigten Qualifikationen und Qualitäten Gedanken zu machen; Bewerber, die vor allem eine Position suchen, aber verantwortliches Handeln nicht im Fokus haben, werden abgeschreckt; bei wenig Mitarbeiter-Angebot auf dem Markt: es kommen überhaupt Bewerbungen!

Nachteil: ungewohnter Sprachgebrauch; Wagnis, etwas Neues auszuprobieren.

Es bleibt die Entscheidung der Unternehmensführung, ob sie mit Kräften oder Persönlichkeiten arbeiten möchte. Die Zukunft im 21. Jahrhundert braucht jedenfalls Persönlichkeiten, die nicht *als* Kräfte, sondern *mit* ihren Kräften ihre Aufgaben in Angriff nehmen. Wir werden keine „Man-Power" brauchen, vielmehr „Brain-Storms". Und schließlich Menschen, die daraufhin Entscheidungen treffen und verfolgen, also Führungspersönlichkeiten.

5.1.3 Vom Führungsstil zum Führungsprofil

Welcher Führungsstil passt zu einer Führungspersönlichkeit, die die Aufgabe hat, einerseits die Baby-Boomer-Generation, deren nächste Generation X und dann auch noch die Generation Maybe zu führen? Die Mehrzahl tippt auf „kooperativ", „Mitarbeiter-orientiert", „Ziel-orientiert".

Was auch immer Sie wählen: es muss zu Ihnen passen.

Beispiel

Herr Scherer hatte schon vor seinem Antritt als Geschäftsführer viel Führungsliteratur gelesen; er wollte es „richtig" machen. Von Natur aus ist Scherer eher der autoritäre Typ, fand es aber als ehemaliger Mitarbeiter eines Konzerns besonders wichtig, einen demokratischen Führungsstil an den Tag zu legen. Mit diesem Ansinnen belegte er etliche Kommunikationstrainings. Die Methode der Ich-Botschaften und des aktiven

Zuhörens fand Scherer vor allem ethisch angemessen. Als ich Scherer kennen lernte, war er rhetorisch perfekt im Anwenden der Methode. Das Problem war nur: Kommunikationsform und Persönlichkeit standen zueinander in Kontrast. Wer sensibel war, wurde zusehends verwirrt: sollte er seiner intuitiven Wahrnehmung folgen (und spüren, dass Scherer eine klare Meinung vertrat und eigentlich gar nicht offen war) oder der Rhetorik seines Gegenübers trauen („Ich bin o.k. – Du bist o.k..")? Manche Mitarbeiter sagten unter der Hand, der Chef spiele ein falsches Spiel, er tue nur so nett, dabei sei er ein „harter Hund". Die weniger Sensiblen nützten die Ich-Rhetorik für sich aus. Während der Diskussion im Führungskreis formulierte Scherer seinen Unmut über die Zustände in der Produktion: „Ich fühle mich unwohl bei dem Gedanken, dass die Ware nicht gut sortiert verpackt wird." Die Formulierung war lehrbuchreif: Klare Ich-Botschaft, Gefühl und Gegenstand benannt, Empathie erweckend, keinerlei Du-Botschaft. Der Produktionsleiter hörte sich das an und änderte – nichts. Auf die Frage, wie er denn die Diskussion im Führungskreis interpretiert hätte antwortete er: „Klar habe ich gehört, dass dem Chef unwohl ist. Aber bin ich jetzt auch noch fürs Wohlbefinden vom Chef verantwortlich?"

Über die Nicht-Reaktion des Produktionsleiters regte sich Scherer verständlicherweise auf. „Ich habe doch klar gesagt, dass die was ändern müssen! – Ich werde morgen hingehen und da mal den Rauch reinlassen!"

Übersetzt heißt das: wenn die Methode nicht wirkt, dann werde ich wieder zu ICH. Das hätte er auch gleich machen können. Scherer war daher etwas ratlos. Aus intellektueller Redlichkeit versuchte er, jemand zu sein, den er für besser hielt als sich selbst. Daran arbeitete er täglich hart, schließlich musste er häufig seinen direktiven Impuls unterdrücken. Scherer hatte eben nicht seine Persönlichkeit geformt, vielmehr versucht, eine künstliche Optimalform herzustellen. Das ist erstens immer sehr anstrengend und geht zweitens auf Dauer schief.

Heute sagt Scherer in einer vergleichbaren Sitzung: „Ich bin überhaupt nicht damit einverstanden, wie Sie mit der Versandware umgehen. Sehen Sie zu, das so zu verpacken, dass sich die Kunden richtig freuen, wenn sie unsere Ware erhalten. Bis nächste Woche muss das durch sein. – Ist das zeitlich zu machen? Wo brauchen Sie von wem Unterstützung?"

Und dann beginnt die Diskussion zum Thema, in der die logistischen Fragen, Verpackungsoptionen und Einkauf einbezogen werden. Scherer kann dabei klar sagen, was geändert werden muss, gibt ein Ziel vor – und bezieht dann doch noch die gesamte Mannschaft mit ein, indem er seinen Standpunkt zwar nicht in Frage stellt, aber einlädt, gemeinsam an einer Lösung zu arbeiten. „Gemeinsam" kann mit oder auch ohne seine Mitwirkung bedeuten. Scherer verbiegt also nicht seine Persönlichkeit, sondern gibt ihr zuerst Raum, stellt damit auch klar, was ihm wie wichtig ist und gibt schließlich einen großen Handlungsrahmen. Die Mitarbeiter haben einen „echten Menschen" vor sich. Statt eines Mannes, der die Abläufe mit rhetorischer Brillanz und einem von ihm für „ethisch" befundenen Führungsstil im Griff haben will, haben jetzt alle Mitarbeiter eine Führungspersönlichkeit mit eigenem Charakter, Eigenheiten und Geschmack. Keiner nimmt Scherer übel, wenn er sich direktiv verhält; es passt einfach zu ihm.

Im konkreten Fall einigte sich der Führungskreis auf einen KVP (Kontinuierlicher Verbesserungsprozess), der das Thema Logistik und Versand umfassend in den Blick nahm und für alle Beteiligten zu einer optimierten Lösung führte. Weder das „Wohlbefinden" des Chefs, noch Machtfragen waren mehr Thema, sondern einzig und allein die Frage: „Wie können wir das besser machen?"

Am Beispiel Scherer zeigt sich, inwiefern das gut gemeinte Aneignen eines Führungsstils für alle Beteiligten eine künstliche Welt aufbaut, die nicht nur anstrengend ist, sondern im Zweifelsfall sogar versagt.

Wer an Stelle eines Führungsstils ein Führungsprofil entwickelt, übt keine Methoden ein, sondern arbeitet an sich selbst. Der Arbeit am Führungsprofil liegt als erstes die Reflektion zu Grunde, als wer man sich selbst erlebt, was andere über einen erzählen. Im zweiten Schritt folgen Selbstentwürfe: wer könnte man sein? Wo sind Kanten, die einen daran hindern? Wo sollen diese Kanten aber auch bleiben? Schon der römische Philosoph Plotin forderte im 2. Jh.n. Chr. zu einer bewussten Lebensführung mit den Worten auf: „Lasse nicht ab, an Deiner Statue zu meißeln."

Authentisches Führen basiert auf solch einer „grob gemeißelten Statue", die jeder selbst ist. Das Profil ist in eine bestimmte Richtung vorgeformt: Veranlagungen, Temperament, Charakter, Eigenheiten, Erfahrungen. Wie sehen Führungsprofile aus, die aus *dieser* (und keiner anderen) Statue entstehen könnten? Welchem Profil möchte ich mich annähern? Was muss ich dazu tun?

Diese Fragen muss sich jeder stellen, der zu einer Führungspersönlichkeit reifen will. Im Bild gesprochen wird diese Statue nie fertig sein. In jeder Person stecken verschiedene Möglichkeiten, was sie verwirklichen könnte. Die Multioptionalität ist kein Phänomen des 21. Jahrhunderts, sie ist lediglich soweit angestiegen, dass sie für die junge Generation zum Problem geworden ist.

Durch das Selbstbild des „Sein-Könnens" entsteht eine Dynamik zwischen Sein und einem individuellen Sein-Sollen, zwischen dem Faktischen und dem Optionalen. Dieser Spannungsbogen zieht auch die Einzelperson voran, so wie der Sinn-Horizont eine Gruppe beflügeln kann (Abb. 5.2).

Abb. 5.2 Persönlicher Entwurf nach vorne: Wer bin ich? – Wer will ich sein?

Sein
Heute-Ich

Sollen
Gewähltes Zukunfts-Ich

*Zur Abb. 5.2: Wir sind gewöhnt, mit Zahlen einen Soll-Ist-Vergleich zu machen und
daraufhin Schritte einzuplanen, mit denen wir das Soll erreichen. Ein ähnlicher Weg ist
mit der eigenen Persönlichkeitsentwicklung möglich. Das „Sollen" entspricht dabei einer
selbst gewählten Entwicklungsstufe, die man erreichen möchte. Zwischen Sein und Sollen
entsteht also ein Spannungsbogen, eine selbstfordernde Dynamik; ist der Bogen zu klein
(die Selbstanforderung also keine echte Herausforderung zur weiteren Entwicklung), entsteht zu wenig Spannung, um wirklich etwas zu bewegen. Ist der Bogen zu groß (die Vorstellung des Selbst unpassend zur ursprünglichen Persönlichkeit mit ihren Begabungen),
bricht die Spannung zusammen, das heißt die Person wird krank, von anderen nicht ernst
genommen oder sie gibt schnell auf, weil „das alles ja doch nichts bringt".*

5.1.4 Führen beginnt mit Selbstführung

„Wer sich selbst nicht führen kann, muss sich nicht wundern, wenn andere ihm nicht folgen." Dieses Zitat von Peter F. Drucker wird viel gelesen, aber vor allem über-lesen. Selbstführung ist das vielleicht Anstrengendste am Führen überhaupt. Es ist viel leichter, anderen
zu sagen, was vernünftig ist, als selbst vernünftig zu sein. Unter denjenigen, die sich Dru-
ckers Satz doch zu Herzen nehmen, verwechseln viele dann Selbstführung mit Selbstdisziplin. Dieser Unterschied wird wiederum bedeutsam für Sinn-orientiertes Führen.

Bei Selbstdisziplin geht es um einen harten Umgang mit sich selbst. Diszipliniert sein
heißt, sich nichts durchgehen zu lassen und keinem Impuls nachzugeben. Selbstdisziplinierte sind meistens sehr stolz auf ihre Härte gegen sich selbst. Ihr Stolz ist die Belohnung
für den Verzicht auf so vieles, was andere sich gönnen. Selbstdisziplinierte erinnern an
die Mitschüler, die sich im Sportunterricht der Knute des Sportlehrers unterwarfen, der
nur diejenigen lobte, die zuletzt noch zehn Liegestützen extra machten. Heute arbeiten sie
zwanzig Stunden extra pro Woche, schaffen trotzdem noch im Fitness-Studio ihr Kraft-
training und radeln im Urlaub über Alpenpässe oder wandern im Himalaya. Businessmen
by Nietzsche: „Was uns nicht umbringt, macht uns nur noch härter."

Selbstdisziplinierte meißeln nicht an ihrem Profil – sie formen und stählen es. Sie sind
die modernen „Heroes" der freien Wirtschaft, die für ihre Sonderleistungen und die Rück-
sichtslosigkeit gegen sich selbst – und in Folge auch gegenüber anderen – bewundert
werden. Ergebnis ist das Profil des Unternehmer-Helds mit kantigem Kinn, Blick nach
vorne gerichtet, durchtrainiertem Oberkörper und selbstsicherer Pose: Ein Action-Held im
wahren Leben, von vielen gefürchtet und doch bewundert.

Sinn-orientiertes Führen kann keine Self-Made-Heroes gebrauchen. Sinn-orientiertes
Führen braucht Menschen, die sich selbst führen, indem sie an ihrer Persönlichkeit arbeiten und dabei ihre Umwelt im Blick behalten. Dazu gehört unbedingt auch Disziplin; dies
aber nicht um der Disziplin oder der Abhärtung, vielmehr um Respekt gegenüber sich
selbst und anderen Menschen willen. Das Wort Selbstbeherrschung trägt diese Bedeutung
noch in sich: Souverän über sich selbst sein, sich so verhalten, dass später nicht der Satz
gesagt wird: „Das bin ich eigentlich gar nicht…"

Selbstgeführte „mögen" sich, das heißt sie wertschätzen sich inklusive ihrer psychischen, emotionalen und physischen Bedürfnisse und sogar inklusive ihrer Fehler. Dabei gilt nicht die Margarine-Werbung, nach der „Ich will so bleiben wie ich bin" gilt, vielmehr die antike Lehre: „Ich will werden, der/die ich sein kann." In diesem Sinne bedeutet Selbstführung eine bewusste Lebensführung in der Spannung zwischen der Person, die ich heute bin und der Person, die ich sein kann und sein will. Selbstführung schließt Selbstzufriedenheit aus und setzt beständigen Veränderungswillen voraus.

Während sich der Selbstdisziplinierte über seine hart erarbeitete Leistung definiert, definiert sich der Selbstführende über seine Persönlichkeit, um die er sich gut kümmert. Ersterer vergleicht ständig seine Leistungen mit denen der anderen; letzterer misst sich nicht mit anderen, sondern mit sich als demjenigen, der er ist und demjenigen, der er sein könnte. Deshalb ist Bestätigung von außen weniger bedeutsam. Der Selbstführende braucht sie so wenig, weil er zwar durchaus auch Unangenehmes auf sich nimmt, um an seinem Führungsprofil zu arbeiten, diese Anstrengung aber macht, weil er sie in Hinblick auf sein Selbstbild und den Sinn-Horizont für das Beste hält.

Am Beispiel eines Geschäftsmannes, der zu einem außergewöhnlichen Vortrag einlud, lässt sich der feine, aber in seinen Auswirkungen auf die Umwelt sehr große Unterschied darstellen:

Wolfgang Sachs, Geschäftsführer eines Ingenieur-Büros, nannte seinen Vortrag „42.195 km gelaufene Lebensfreude". Während des Vortrags hatte man keine Sekunde das Gefühl, er wolle für Disziplin oder Laufleistung bewundert werden. Gerade wegen seiner Freude, die er beim Erzählen hatte, wirkte er als Vorbild. Man hatte nämlich das Gefühl, die Anstrengung sei etwas, das einem außer der körperlichen Fitness im Training auch ungemein viel Freude und einen gesunden Körper verleihen könnte. Sachs sonnte sich während des Vortrags nicht in Bewunderung, er muss ja auch keinen Kampf gegen eigene Impulse durch Bewunderung kompensieren – er läuft, weil er sich mag, weil er dadurch gesünder und glücklicher ist, nicht um hart gegen sich selbst vorzugehen. Selbstführende sind sozusagen liebevolle Eltern für sich selbst; sie wertschätzen sich als Person und integrieren dabei ihre Bedürfnisse und Grenzen.

Diese Form der Selbst-Wertschätzung wirkt befreiend; sie bereitet den Boden für die Offenheit gegenüber anderen Menschen und deren Wertschätzung. Diese persönliche Haltung ist eine Facette, die sie befähigt, andere zu führen.

5.2 Das Werte-Profil

5.2.1 Aspekte der Persönlichkeit

Was das Profil einer Persönlichkeit wesentlich prägt, lässt sich in drei Aspekten fassen:

- die grundsätzliche Art, den Dingen in der Welt zu begegnen (Temperament; intellektuelle, emotionale, soziale Intelligenzen)

- die persönlichen Lebenserfahrungen und -umstände
- die persönliche Wertestruktur

Mit Veranlagungen wie dem Temperament kommen wir zur Welt; die Prägung durch persönliche Lebenserfahrung ergibt sich sozusagen zwangsläufig; die persönliche Wertestruktur ist die individuelle moralische Instanz in jedem Menschen. Werte veranlassen einen Menschen dazu, mit seinen persönlichen Veranlagungen umzugehen, moralische Urteile zu fällen und Zusammenhänge zu bewerten. Die Werte-Struktur bestimmt letztlich, wohin und wie man sich führen will.

Der erste Aspekt (Veranlagung) wird in Unternehmen gerne in Trainings erfasst, auch um Teamzusammensetzungen fest zu legen. Verschiedenste Schulen versuchen, die komplizierte Struktur von Menschen in einfach begreifbare Modelle zu packen. Ob DISG, Biostruktur oder andere: Tatsächlich kann in den Kursen prinzipielles psychologisches Handwerk gelernt werden, das sehr nützlich sein kann, um sich selbst etwas besser zu verstehen und im Alltag mit unterschiedlichen Menschen umgehen zu können. Die in Farben- oder Zahlensegmenten unterteilten Typen-Aspekte entsprechen einer holzschnittartigen Charakterisierung, die zwar in ihrer Einfachheit zu platten Einsortierungen führen („Aha: ein Roter!" oder „Der ist eine Drei."), dabei als Grundriss doch hilfreich sind. Problematisch wird es dort, wo Menschen hauptsächlich in dieser Weise interpretiert werden. Dann sind sie zu Gefangenen eines psychologischen Modells geworden. Ohne das Einbeziehen der individuellen Werte sagen die Charakterisierungen nur etwas über Veranlagungen, nicht aber über konkrete Ausprägungen aus.

Der zweite Aspekt (Lebenserfahrung, Lebensumstände) bedarf keiner Psychotherapie, um reflektiert zu werden. Die Erzählung, wie man zu der Person geworden ist, die heute hier steht, unterstützt einen wichtigen Reflexionsprozess, der Klarheit über aktuelle Einstellungen zu verschiedenen Sachverhalten gibt. Was hat meine Kindheit geprägt? Wie bin ich auf meinen Beruf gekommen? Welche Enttäuschungen und Erfolge haben mein Leben bis heute ausgemacht? Die Zusammenfassung von Alterskohorten in der soziologischen Forschung ist nichts anderes, als eine Generation vor dem gemeinsamen Erfahrungshintergrund mit ihren Einstellungen und Ansprüchen zu charakterisieren. Diese Gemeinsamkeiten werden mit zunehmendem Alter, das heißt erst im zeitlichen Abstand klar. Mit Büchern wie „1964 – Deutschlands stärkster Jahrgang" (Arntz (2013)) oder „Wir, die Baby-Boomer" (Rupps (2008)) werden Bestseller gelandet, weil sie ein kollektives Gefühl hervorrufen, das trotz aller individueller Erlebnisse eine Generation ausmacht. Sei es Nutella am Sonntag, „Wicky und die starken Männer", das Billy-Regal von IKEA, die Ohrfeige in der Schule, überfüllte Hörsäle oder das Testbild im Fernsehen: jeder kann „seine" Geschichte zu Themen erzählen, die für die Generationen davor oder danach überhaupt keine Themen sind. Dazu kommen dann individuelle Erfahrungen wie Arbeitslosigkeit, Hausbau, Kinder (oder keine), Umzüge, Mauerfall etc. Man geht also von einer geteilten (leicht nachvollziehbaren) und einer verdeckten (individuellen) Lebenserfahrung aus, die uns in jedem Menschen begegnet.

Wir können jetzt schon gespannt sein, was die Generation Maybe eines Tages über sich erzählen wird.

Der dritte Aspekt (die Wertestruktur) ist sehr viel komplexer als die ersten beiden Aspekte. Werte sind so sehr mit der eigenen Persönlichkeit verwoben, dass man sie nur selten reflektiert; sie sind einfach „da". Deshalb setzen wir häufig fälschlicherweise voraus, dass andere dieselben Werte haben. Was aber sind Werte?

5.2.2 Werte: DNA der Persönlichkeit

Für die Arbeit im Sinn-orientierten Führen gehen wir von folgender Definition aus:

▶   Werte sind bewusste und unbewusste Motive, die unser Denken, Entscheiden
     und Handeln maßgeblich beeinflussen.

Führungspersonen sind also zunächst gefordert, sich ihrer eigenen Werte bewusst zu werden und zu erkennen, wie diese ihr Entscheiden und Handeln prägen. Fragen, die bei der Suche nach eigenen Werten eine Hilfestellung geben können, sind zum Beispiel: „Wofür wäre ich bereit, meine berufliche Stellung aufzugeben?" (Ehrlichkeit, Familie, Lebensbalance?) oder „Was wäre mir so wichtig, dass ich dafür ins Gefängnis gehen würde?" (Freiheit, Liebe, politische Haltungen).

Diese Fragen, so pathetisch sie zunächst wirken mögen, geben eindeutige Hinweise auf das, was einem Menschen im Leben besonders und wirklich wichtig ist. Wirklich ist das, was *wirkt*. Alles andere ist Wunsch- oder Soll-Denken. Die Abgrenzung von den gesellschaftlich bedingten oder selbst-moralischen Soll-Werten von den persönlich wirkenden Werten macht das Thema spannend: Nicht „was wäre gut, wenn…", sondern „was leitet mich *wirklich*?" ist die Frage. Wann sind Sie besonders mutig? Wann haben Sie einen Nachteil in Kauf genommen oder etwas in Ihrem Leben geändert? Werte sind in diesem Sinne keine Haltungen, die man haben *sollte*, sondern das, was unser Denken und Fühlen in unseren Entscheidungen wirklich leitet. Werte machen die individuelle, verborgene und ungeschriebene Moral jeder Einzelperson aus; sie sind wie der Fingerabdruck unseres Wesens.

Eine Anekdote aus der Praxis zeigt den Unterschied zwischen Wunsch/Soll- und Ist-Werten.

Beispiel

In Teams veranlasse ich meistens an einem der ersten Coachingtage, dass die Teilnehmer ihre vermuteten Werte auf Karten notieren und diese Karten mit ihren Kollegen besprechen. Sehr häufig steht auf den Karten der Wert „Gesundheit". Wenn die Gesprächseinheit um ist, stürmen dann dieselben Coachingnehmer, die eben noch Gesundheit unter die wichtigsten zehn Werte gesetzt haben, aus dem Seminarraum mit den Worten: „Das war anstrengend! Jetzt muss ich erst mal eine rauchen." Dieser performative Widerspruch (Wert in der Theorie: Gesundheit <=> in der Praxis gesundheitsschädliches Verhalten durch Rauchen) fällt vielen nicht einmal auf, so sehr haben sie sich daran gewöhnt, ihren „Soll-Wert" zu verletzen. Gesundheit ist bei den wenigsten Menschen ein hoher Wert; wir würden uns sonst auch ohne Druck im Alltag vernünftiger verhalten.

Menschen in Führungsverantwortung, die ihre persönlichen Werte entdeckt haben, werden sehr viel klarer entscheiden und kommunizieren. Sie haben erkannt, welche Werte sie zu dieser oder jener Entscheidung veranlasst haben. Sie haben auch gesehen, welcher Werte-Konflikt sich in dieser Entscheidung verbirgt und wissen deshalb, dass man mit anderer Gewichtung der Werte auch hätte anders entscheiden können. Insofern kann mancher Widerspruch im Voraus eingeschätzt werden, manche Konflikte liegen schon vorher klar auf der Hand und können vorbereitet werden.

5.2.2.1   Werte-Analyse

Wer seinen persönlichen Werten auf die Spur kommen möchte, der sollte sich Zeit nehmen und bereit sein, in den „Spiegel" zu schauen. Es geht ja nicht darum, das „Edle und Gute" der eigenen Seele heraus zu filtern, vielmehr das zu finden, was einen schon seit Jahrzehnten meistens unbewusst leitet. Am einfachsten finden wir unsere persönlichen Werte, indem wir uns fragen, was uns regelmäßig so richtig aufregt. Dann muss man tiefer fragen: was genau regt einen daran auf – nicht was am anderen, sondern wo schmerzt, verletzt, „sticht" mich etwas an dessen Verhalten oder an einer bestimmten Situation.

Einer meiner Praktikanten kam zum Beispiel jeden Tag immer zwischen zehn und zwanzig Minuten zu spät. Das hat mich zusehends geärgert, obwohl es für seine Arbeit unwesentlich war, wann er am Schreibtisch saß. „Was ärgert mich daran?" fragte ich mich. Das Beispiel Ärger wegen Unpünktlichkeit ist eines, an dem man sehr schön zeigen kann, inwiefern völlig verschiedene Werte der ursprüngliche Stein des Anstoßes sind. In diesem Fall könnten es zum Beispiel sein: Pünktlichkeit an sich; Ordnung; Verlässlichkeit; Respekt; Engagement… Je nachdem, welcher Wert bei Ihnen zum Ärger führt, werden Sie sich verhalten und entsprechend argumentieren.

Wenn der Wert „Respekt" verletzt ist, werden sich in Ihnen entsprechende Gefühle regen, die sich in Gedanken und Aussprüchen manifestieren: „Das lasse ich mir von dir nicht bieten!" „Lehrjahre sind keine Herrenjahre!" „Was Jupiter erlaubt ist, ist dem Ochsen noch lange nicht erlaubt!"

Es geht Ihnen also um das Verhältnis zwischen dem Praktikanten und Ihnen. Sie nehmen die Sache persönlich.

In Ihrem Verhalten werden Sie durch alle möglichen Gesten verdeutlichen, dass *Sie* der Chef sind. Aus eigener Erfahrung wissen wir, wie lächerlich das wirken kann und im besten Fall nur zu einer Irritation führt.

Wenn hingegen der Wert „Ordnung" verletzt ist, kommen Ihnen ganz andere Gedanken: „Hier kann doch nicht jeder so rein und raus laufen wie er will…" „So kann man sich im Berufsleben doch nicht verhalten!" „Haben seine Eltern ihm nicht beigebracht, dass man pünktlich ist?" Es geht Ihnen also um Ordnung im Betrieb und um eine gewisse Form der Nacherziehung. Ihr Verhalten wird in väterlicher (oder mütterlicher) Strenge in Tadel und Ermunterung münden.

So führen unterschiedliche Werte zu unterschiedlichen Reaktionen, die unreflektiert als völlig selbstverständlich angenommen werden. Da es in der weiteren Interaktion eine wesentliche Rolle spielt, welches unbewusste Motiv einen im eigenen Verhalten leitet, ist es sinnvoll, sich die persönlichen Werte bewusst zu machen. Wer durch die Kenntnis der eigenen Werte Klarheit über sein Verhalten hat, kann effektiver kommunizieren und handeln.

Mein Praktikant hatte zum Beispiel gar keinen Grund zu spät zu kommen; er sah nur keinen Grund, pünktlich zu sein. Das war einfach heraus zu finden. Auf die Frage „Was hält Sie eigentlich davon ab, morgens zur vereinbarten Uhrzeit da zu sein?" kam die Antwort, dass es doch egal sei, wann er die Arbeit mache und er deshalb 9 Uhr „immer so anpeile". Die Bedeutung der Pünktlichkeit für mich als Vorgesetzte war ihm gar nicht klar.

Der Vorfall ist mit unendlich vielen Variationen ein Alltagsklassiker: Das, was zu Wert-Verletzungen und nachfolgenden Reaktionen führt, entspricht oft gar nicht dem, was das Gegenüber intendiert beziehungsweise gar nicht im Blick hatte. Um sich selbst zu führen, ist es daher essentiell, Klarheit über die eigenen Werte zu finden. Andernfalls lassen Sie sich immer wieder unbewusst in eine Richtung ziehen, die weder Ihnen noch der Sache zuträglich ist.

Werte wirken eben unbewusst wie ein Kompass, der jede Person in eine individuell bestimmte Richtung weist. Wer seinen Kompass kennt, kann sich selbst auf die Schliche kommen und wird sensibel für den Kompass der anderen. Er kann nicht nur seine eigenen Reaktionen verstehen und gegebenenfalls auch korrigieren, sondern er kann sich fragen, in welche Richtung wohl die Kompassnadel des anderen zeigt, wo dieser anzuziehen oder eben auch zu reizen ist.

Diese Reflektion bedarf freilich der Einübung. Eine sehr wirksame Methode dafür ist, sich ein Kartenset in die Schublade zu legen. Auf den Karten stehen jeweils Werte, die Sie als persönliche Prioritätenwerte identifiziert haben. Immer wenn Sie sich am Telefon ärgern, besonders freuen oder auch in die Enge getrieben fühlen, werfen Sie einen Blick auf die Karten, um heraus zu finden, was Sie gerade bewegt. Eine Karte, die wochenlang nicht gebraucht worden ist, kann getrost in den Papierkorb wandern – das ist offensichtlich kein wirkender Wert. Der Vorteil dieses „Spiels" ist die Klarheit über die individuelle Haltung im Alltag jenseits von außergewöhnlichen Vorkommnissen.

Fazit: Wer sich selbst kennt, gewinnt wieder Spielraum für unterschiedliche Verhaltensweisen – er macht sich frei von der eigenen Enge und hat das, was in Führungsverantwortung gebraucht wird: Weitsicht.

5.2.3   Wie Unternehmenswerte stark machen

Dasselbe gilt für Unternehmens-Werte, die sich in der Unternehmenskultur zum Ausdruck bringen. Leider werden Unternehmens-Werte oft als schmückendes Beiwerk für Festschriften, Sonntagsreden und Außendarstellungen betrachtet. Als solche sind sie keine wirklichen Werte, sondern auch wieder nur „Wunsch-Werte", die unter dem Vorbehalt „Wenn die Welt eine gute wäre, dann würden wir auch…" formuliert werden.

Unternehmens-Werte sind aber kein Nice-to-Have, die man sich „leistet", wenn alles rund läuft und etwas Geld übrig ist. Im Gegenteil: Werte bilden das kulturelle Liquid; sie bilden den Identitätskern des Unternehmens, sie sind dessen DNA. Spürbar werden diese Kernwerte auch im Business gerade dort, wo es weh tut, wo man Nachteile erleidet, wo man sich ärgert, wo man „nein" sagen muss, um seine Identität zu wahren.

Mit folgenden Fragen kann man die Suche nach den eigenen Unternehmenswerten beginnen: „Welcher Wert macht unser Unternehmen so aus, dass wir ohne diesen Wert nicht mehr wir selbst sind?" (z. B. Qualität) – „Wo ist unsere Grenze, die wir ziehen, auch wenn wir das Geschäft unseres Lebens dadurch verpassen sollten?" (z. B. Fairness, Respekt).

In diesem Sinne ist der Begriff Werte-Management problematisch; Werte im identitätsrelevanten Sinn können nicht gemanagt werden. Werte entfalten dort Wirkung, wo Management als sehr gutes Handwerk endet und in persönliche Haltungen übergeht: am Scheideweg zwischen dem, was man unternehmerisch *und* moralisch vertreten will oder eben nicht. Es gibt nur eine einzige Ausnahme, bei der „das Management" (es werden nicht einmal Personen genannt!) moralische Entscheidungen treffen darf: wenn das Unternehmen als einzigen kulturleitenden Wert „Gewinnmaximierung" hat. Nur in diesem Fall kann „das Management" entscheiden, weil keinerlei Abwägungen zwischen unterschiedlichen Werten getroffen werden müssen. Die Kompassnadel Richtung vermuteter höchster Gewinn erfährt keine Abweichung durch andere Werte. Diese Größen lassen sich rechnen und dann ist es auch nicht mehr so wichtig, wer rechnet. – Selbst wenn es befremdlich erscheint, entspricht auch dieses Vorgehen einer Werte-orientierten Entscheidung. Bei einigen Unternehmen würde alles andere uns eher überraschen. Entsprechende Maßstäbe legen wir an ihr Geschäftsgebaren an: Von Discounter-Ketten erwarten wir keinen freundlichen Umgang – weder gegenüber uns als Kunden, noch in der Beziehung zwischen Geschäftsleitung und Angestellten. Wir dulden bis zu einer juristischen und sehr niedrigen moralischen Grenze ein Verhalten, das wir in anderen Betrieben nicht akzeptieren würden. Wir machen das mit, weil wir deren Wert „Gewinnmaximierung" kennen und als Käufer sogar teilen: wir wollen möglichst viel für möglichst wenig Geld einkaufen, das heißt nach dem Wocheneinkauf möglichst wenig Schwund im eigenen Geldbeutel verzeichnen. Werden allerdings Werte überschritten, die uns extrem wichtig sind, ändern wir unser Verhalten. Als Video-Überwachungen selbst in intimen Bereichen in den Angestelltenräumen publik wurden, hatte die Discounter-Kette Lidl enorme Umsatzeinbrüche zu verzeichnen. Der Wert des Persönlichkeitsrechtes, der vielen Deutschen sehr bedeutsam ist, wurde zu sehr verletzt. Entsprechend reagierte die Konzernzentrale und verwendete die Kunden-Werte „Fairness" und „Umwelt" zur Beschwichtigung: Lidl bietet fair gehandelten Kaffee und Bio-Produkte an und hat die Kunden damit auf Werte angesprochen, die sie dort wieder einkaufen lassen. Ob sich der Umgang der Geschäftsleitung mit den Angestellten geändert hat, fragt mittlerweile niemand mehr.

Es geht bei Unternehmenswerten nicht um die Säulen einer objektiven Moralvorstellung. Es geht vielmehr darum, welche Maxime den jeweiligen Entscheidungen im Betrieb – sowohl den strategischen, als auch den alltäglichen – zu Grunde liegen. Über die Formulierung der Werte wird zum Ausdruck gebracht, welche Moral in diesem Unternehmen herrscht, in welcher Kultur sich Kunden, Zulieferer, Angestellte und Anteilseigner im Unternehmen bewegen.

Das Ausformulieren von Werte-Optionen macht einem Führungsteam erst klar, welche Herausforderungen sich hier stellen. Ein häufiger Fehler dabei ist, Werte nicht übergreifend zu verstehen, vielmehr entweder auf das Produkt oder auf den Umgang mit Menschen zu fokussieren.

5.2.3.1 Erster klassischer Fehler: Wert wird rein aufs Produkt bezogen

„Qualität" wird spontan sehr gerne als Kernwert vorgeschlagen und dabei denken die meisten an ihr Produkt. Wenn Qualität ein Unternehmenswert sein soll, so betrifft dieser aber das ganze Unternehmen: die Einrichtung, die Kommunikation nach außen und innen, die Qualifikation der Mitarbeiter, die Weiterbildungsangebote usw. usf.

Der Anspruch an das Unternehmen muss insgesamt extrem hoch sein – das gilt auch für die Kundschaft: Ein Kunde, der zum Beispiel für Billig- oder Aktions-Ware steht, käme nicht mehr in Frage, weil das Unternehmen mit diesem auf keinen Fall in Verbindung gebracht werden will.

5.2.3.2 Zweiter klassischer Fehler: Wert soll dem Wohlfühlen der Mitarbeiter dienen

„Wertschätzung" wird von Mitarbeitern und Vorgesetzten bei der Sammlung von Vorschlägen oft genannt. Damit kommt der Wunsch nach einer wertschätzenden Atmosphäre im Betrieb zum Ausdruck. Mehr Lob, mehr Freundlichkeit wird gewünscht. Würde „Wertschätzung" als Unternehmenswert eingesetzt, so dürfte auch der Vorgesetzte erwarten, von seinen Mitarbeitern gelobt zu werden! Zulieferer dürften einen sehr entgegenkommenden Umgang erwarten, bei dem auch deren Werte und Leistungen offen geschätzt würden (z. B. durch pünktliche Bezahlung) und auch die Mitarbeiter des eigenen Unternehmens dürften einen entsprechenden Umgang von ihren Kunden einfordern. Wertschätzung geschähe dann auf allen Ebenen, nicht nur eindimensional in eine Richtung.

Solch eine Atmosphäre wünschen sich fast alle Menschen, auch die Chefs. Aber wie viel wären wir bereit, von uns selbst abzusehen und zu geben? Sowohl finanziell, als auch persönlich? Das wäre die Voraussetzung für einen echten Unternehmens-Wert „Wertschätzung".

Die Betriebsratsvorsitzende eines mittelständischen Unternehmens antwortete auf meine Frage, wann sie denn ihren Chef das letzte Mal gelobt habe: „Wieso sollte ich? Der hält schon genug von sich selbst! Wofür sollte ich ihn überhaupt loben? Außerdem wird er für seinen Job gut bezahlt." – Solange solche Antworten kommen, sind wir von einer Atmosphäre der Wertschätzung weit entfernt. Wenn jeder vom anderen fordert, er solle erst einmal die Person des anderen lobend wahrnehmen, erst dann würde er eventuell auch Zuwendung spenden, kommen wir nie dorthin, wohin angeblich alle wollen.

Wertschätzung entspricht bei der Sammlung von möglichen Werten meistens einem Bedürfnis, nämlich dem der Zuwendung und Anerkennung (Maslow-Pyramide vgl. Abb. 4.3). Dieses Bedürfnis ist durchaus ernst zu nehmen. Wenn Bedürfnisse zu lange grundlos nicht erfüllt werden, gebärden wir uns entweder renitent oder lassen in unserer Leistung deutlich nach. Das sind wiederum Erkenntnisse, die selbst bei einem egozentrischen Vorgesetzten zu einem wertschätzenden Umgang animieren können – aber ein echter Wert im Sinne der DNA ist es deshalb nicht. Hier passt eher der Vergleich mit einem Mantel, den man sich überwirft, weil es draußen kalt geworden ist.

5.2.3.3 Drittes Beispiel: Wert folgt einem sozialpolitischen oder ökologischen Trend

„Nachhaltigkeit" ist ein weiterer Wert, der gerne vorgeschlagen wird. In der Umsetzung ist er allerdings nicht einfach: Recycling muss hier an der Tagesordnung sein und die Wiederverwendung vor Pragmatismus stehen. Hat sich jemand im Unternehmen wirklich mit dem Thema der Nachhaltigkeit auseinander gesetzt? Nachhaltigkeit ist ein verlockender Wert, weil viele Menschen sich danach sehnen, um in unserer unsteten Wergwerfgesellschaft Kontinuität zu erleben. Das Unternehmen, das Nachhaltigkeit als Kernwert einsetzt, muss damit rechnen, eine Menge Mehraufwand zum Beispiel allein für den Umgang mit dem Elektroschrott zu betreiben. Der Wert „Nachhaltigkeit" kann Kosten im Zeit- und Finanzbudget verursachen, die an anderen Stellen erwirtschaftet werden müssen. Wie Wunsch und Einsatzbereitschaft auseinander klaffen, kann man an den Problemen der sogenannten Energiewende in Deutschland nach 2011 beobachten: „man" will angeblich Veränderung, aber Umstände und Einschnitte möchte „man" deshalb keine ertragen. Nachhaltigkeit überzeugt viele Menschen als Wert – aber es kostet Arbeit und das sollte der Unternehmer wissen, der diesen Wert in seinen „genetischen Code" aufnimmt.

Die für den Betrieb identitätsrelevanten Werte kennen keine Nischen, in denen sie mehr oder weniger Geltung haben; auch keine wirtschaftlichen Umstände, die es erlauben, sie umzusetzen oder nicht. Die DNA verändert sich eben nicht umständehalber und ein Kompass zeigt immer nach Norden, egal wie hoch das Gestrüpp sein mag. Erst auf diese radikale Weise bilden Werte die Säulen einer Leitkultur im Unternehmen und entfalten dabei eine große Kraft. Dabei sind sie gerade nicht in einem allgemeinen oder objektiven Sinne moralisch und erheben auch nicht an andere einen Anspruch auf eine bestimmte Moral.

Diese „Big Four" (die Anzahl von identitätsrelevanten Werten sollte idealerweise vier, auf jeden Fall mindestens drei, maximal fünf betragen) geben als gelebte Kultur einem Unternehmen ein Profil, das ohne schöne Worte auf Hochglanzpapier auskommt. Werte werden nicht durch Flyer und auf dekorativen Tafeln konkret, vielmehr braucht es Kommunikation im Alltag: wie verstehen Führungspersonen und Mitarbeiter den jeweiligen Wert in ihrem Bereich? Wo muss sich etwas ändern, damit der Wert auch tatsächlich gelebt wird? Wo bereitet er im Wettbewerb Schwierigkeiten? Diskussionen und Kritik werden während der Implementierung von Werten durchaus in Gang gesetzt, dies jedoch zum Nutzen des Unternehmens. Wie ein absichtliches Rütteln im Kopf, ein Brain-Storm. Konkret werden zum Beispiel folgende Fragen gestellt: Welcher Wert hat zu der Entscheidung geführt, diesen Auftrag anzunehmen oder jenen Zulieferer abzulehnen? Welche Werteabwägung kam bei der Entlassung von Mitarbeiter A zum Tragen?

Unternehmenswerte entfalten Dynamik und Kreativität; sie setzen ihre Kraft vor dem Hintergrund des gelebten Alltags frei. In der weit verbreiteten Weise „formuliert – gedruckt – vergessen" verursachen sie durch die gelebte Unglaubwürdigkeit hingegen Frust und fördern schlechte Laune. Die Manifestierung der „Big Four" durch Formulierung kann die Atmosphäre eines Unternehmens erst dann positiv verändern, wenn die tatsächliche

Kultur von allen reflektiert wird. Das mag immer wieder anstrengend sein und es kostet auch Zeit. Die zahlt sich langfristig aber aus: Durch Bewegungen, die durch den Prozess in Gang kommen, entsteht eine Identität nach außen und innen, die etliche Besprechungen fokussiert ablaufen und andere unnötig werden lässt. Der Gewinn zeigt sich dann sowohl in der persönlichen Alltagsqualität, als auch materiell. Gelebte Werte machen stark!

5.2.4 Menschen wollen Menschen, die Werte leben

Menschen wollen keine Werte. Menschen wollen keine schönen Worte, keine Absichts-erklärungen und auch kein Gut-Menschentum. Menschen wollen Menschen, die Werte le-ben. Menschen wollen Persönlichkeiten, denen sie vertrauen und etwas zutrauen können.

Wer mit vielen anderen im beruflichen Umfeld in Kontakt kommt, ist nolens volens eine „Verkörperung" von Werten. Die Frage ist dann nur: von welchen Werten. Deshalb ist Klarheit über die Unternehmenswerte und das Vorleben derselben ein wichtiger Bestand-teil einer Führungskultur, die auf Menschen und nicht auf Prinzipien aufbaut. Werte sind eben keine Prinzipien, sondern Haltungen und Verhaltensorientierungen. Natürlich hat jeder Mensch individuelle Werte; eine Führungsperson sollte aber unbedingt die Unter-nehmens-Werte teilen und im Alltag dahinter stehen können.

Eine Führungspersönlichkeit ist dadurch mitnichten ein besserer Mensch, vielmehr eine Person, die sich täglich bemüht, einem Werte-Profil zu entsprechen. Nur so kann sie glaubwürdig führen und maßgeblich zu einer Werte-Gemeinschaft beitragen.

Das Bestreben einer Führungspersönlichkeit orientiert sich am Sinn-Horizont des Unternehmens und den daraus herunter gebrochenen Zielen. Mit welcher Kultur und in welcher Atmosphäre man darauf zugeht, wird von den Kernwerten bestimmt. Mit dieser Führung mittels Werten wird jede Führungskraft zur Führungspersönlichkeit. Führen mit Persönlichkeit bedeutet Mut: sich selbst und anderen zu trauen, Gespräche zu führen und dabei Position zu beziehen, Werte zu leben und nicht zuletzt Entscheidungen zu treffen, die gemeinsam getragen werden können.

In diesem Führungsweg liegen Kraft, Chance und Gefahr: Führen als Sache der Per-sönlichkeit fordert Selbstführung und Sinn-Orientierung entlang der Werte. Das gelingt keinem Menschen jederzeit; oft scheitern wir hier und da an unseren Eigenheiten und entsprechen nicht dem Ideal, das andere oder wir selbst von uns haben. Wir sind kei-ne Maschinen, die nur richtig programmiert werden müssen und dann korrekt laufen. Deshalb sind Fehler nicht „vorprogrammiert", sondern gehören einfach dazu. „Irren ist menschlich" sagt der Volksmund. Unverzeihlich ist nur der Habitus desjenigen, der so tut, als fehle er nie, und der Verantwortungen regelmäßig abschiebt. Nur wer Verantwortung übernimmt, führt im eigentlichen Sinne. Das wiederum können nur Menschen mit Profil, Menschen, die Entscheidungen treffen. Man nennt sie „Persönlichkeiten".

Die Herausforderungen für Führungspersonen sind in den letzten Jahrzehnten stetig gewachsen. Zum einen, weil sich Führungsrollen nicht mehr automatisch aus dem Status ergaben: der Chef muss sich heute als solcher erst einmal erweisen. Wie sich ein Chef zu verhalten hat, ist sowieso weithin umstritten. Bei den genannten Anforderungen kommt einem schon manchmal die Metapher der „eierlegenden Wollmilchsau" in den Sinn. Dennoch werden die unterschiedlichen Vorstellungen in einem verbunden: in der Treue zu sich selbst und den Werten. Menschen suchen in Vorgesetzten, Unternehmern, Politikern, Sportlern, Schriftstellern… einerseits Authentizität, andererseits Vorbilder, denen sie folgen *wollen*. Kurz: Menschen, die Werte glaubwürdig leben – mit oder ohne große Worte, das ist schon fast egal. Diese „Helden" des 21. Jahrhunderts dürfen (wie alle Helden) ihre Ecken und Kanten haben; sie dürfen sogar Fehler machen. Aber sie müssen den Werten treu bleiben, die sie propagiert haben, und sich daran messen lassen.

5.3 Führen heißt Sinn stiften

5.3.1 Mitgehen statt nachlaufen

Charismatisch veranlagte Menschen ziehen andere an; ihnen folgen viele begeistert nach. Das ist eine in die Wiege gelegte Begabung, die den damit Beschenkten deshalb so selbstverständlich ist, dass sie sich der damit verbundenen Verantwortung nicht bewusst sind. Leider führt die Begeisterung durch charismatische Führungspersönlichkeiten früher oder später fast immer zur Ernüchterung und Enttäuschungen. Woran liegt das?

Im Unterschied zu kurzfristigen Erlebnissen wie bei einem Konzert, einem Ausflug oder auch einer Tagung, ist Führungsarbeit auf lange Sicht angelegt. So müssen gerade die besonders Charismatischen sich selbst klug führen, um in ihrer Begeisterung andere nicht mitzureißen und dabei zu viel zu versprechen, oberflächlich vorzustürmen oder im Überschwang eine Persönlichkeit darzustellen, die sie auf Dauer nicht sein können. Die „Halbwertszeit" jedes Helden ist begrenzt. Gerade hier gilt: Je höher der Sockel, desto tiefer der Fall.

Die Gefahr charismatischer Vorbilder liegt darin, dass sich Menschen an Menschen orientieren und (immer blinder werdend) ihnen nachfolgen. Verlässt das Vorbild das Unternehmen oder entpuppt sich als einer, dem ich nicht mehr folgen will, steht der gesamte Kontext in Frage. Die innere Übereinstimmung der eigenen Person mit der alltäglichen Arbeitswelt bricht auseinander – und damit der wesentliche Teil, der einen Arbeit-Nehmer zu einem guten Mitarbeiter macht.

Langfristig erfolgreich führen kann nur, wer Menschen auf einen Sinn-Horizont hinweist, verschiedene Sinn-Möglichkeiten aufzeigt, Ziele nennt und dazu einlädt gemeinsam darauf zuzugehen. Stellen Sie sich eine Bergwanderung vor, bei der Sie die Wandergruppe führen sollen. Vielleicht wissen Sie auch mehr als alle anderen, vielleicht haben Sie schon andere Berge bestiegen. Nun haben Sie drei grundverschiedene Möglichkeiten, die Gruppe anzuführen. Bei jeder Variante gehen wir davon aus, dass Sie die zur Verfügung stehenden Materialien wie Karten, Wettertabellen etc. studiert haben, bevor Sie zur Wanderung eingeladen haben.

Variante 1

Sie verteilen den Proviant auf die Wanderer und binden dann alle an ein Seil, das Sie hinter sich her ziehen. Auf diese Weise hat jeder genug Verpflegung, die Last ist gerecht verteilt und Sie bestimmen das Tempo, den Weg und sichern ab, dass keiner Sie unentdeckt überholen kann. Wenn ein Wanderer fragt, wann man oben ankommt, antworten Sie: „Das werdet Ihr schon sehen!"

Auf dem Gipfel sind alle sehr erschöpft – vor allem Sie selbst. Weil die anderen mehr jammern als Sie, fühlen Sie sich darin bestätigt, dass es nötig war, die Wanderer anzubinden. Die meisten hätten es sonst nie bis oben geschafft. Für die nächste Tour nehmen Sie sich vor, die Schwächsten direkt hinter Ihnen anzubinden, damit sie die besser im Auge haben, die anderen etwas schieben und Sie nötigenfalls kräftiger ziehen können.

Variante 2

Sie geben an, was auf der Wanderung benötigt wird und bestimmen, wer den Proviant wie organisiert und verteilt. Nachdem Sie kontrolliert haben, dass jeder seine Sachen hat, rufen Sie „mir nach", laufen los und beantworten aufkommende Fragen. Unterwegs drehen Sie sich immer wieder um und grummeln unzufrieden, wenn der eine oder andere am Rand etwas ansehen möchte oder sein Misstrauen darüber zum Ausdruck bringt, ob der Weg auch stimmt. Sie weisen die Bedenkenträger zurück und achten darauf, Pausen so zu verteilen, dass alle Wanderer mitkommen und es bis oben schaffen. Sie fragen immer wieder nach dem Wohlbefinden und haben die Uhr im Auge. Wenn einer müde wird oder schlapp macht, ermutigen Sie ihn mit der Anmerkung, stolz darauf zu sein, wenn es alle nach oben schaffen. Oder Sie erzählen, wie Sie selbst in ähnlichen Situationen die Erschöpfung bewältigt haben.

Oben angekommen sind viele kaputt, aber stolz, jetzt die Aussicht genießen zu können. Die meisten Wanderer, vor allem Sie selbst, sind davon überzeugt, dass die Gruppe ohne Sie nicht bis zum Gipfel gekommen wäre. Diejenigen, die meinen, es hätte schneller oder auf anderem Weg bequemer sein können, gehen Ihnen auf die Nerven. Sie nehmen Sie zur Seite und erklären ihnen, sie auf die nächste Wanderung nicht mehr mitzunehmen.

Variante 3

Sie treffen sich zwei Tage vor dem Start mit der Wandergruppe und tauschen aus, was jeden bewegt, auf den Berg zu gehen. Sie stellen dabei fest, dass für den einen die Aussicht bei Sonnenuntergang besonders wichtig ist, für den anderen das Wandern selbst spannend erscheint, für wieder einen anderen ist die Bedienung auf der Mittelstation zum Gipfel besonders attraktiv. Einer kommt mit, weil er von Ihnen gehört hat und schon immer mal mit Ihnen wandern wollte, um von Ihnen zu lernen, wie man eine Gruppe führt.

Sie erzählen der Gruppe von Ihrem Anziehungspunkt, auf diesen Gipfel zu gehen: nämlich dass der Gipfel Teil eines Gebirges ist, das Sie begeistert. Sie wollen auf den Gipfel, um danach weiter zu sehen, wie das Gebirge sonst noch aussieht. Es könnte sogar sein, dass Sie aufgrund von unvorhergesehenen Umständen den Weg ändern oder zunächst einen anderen Gipfel ansteuern müssen.

Sie erzählen, was Sie alle vermutlich auf dem Weg ins Gebirge erwartet und wie wichtig es Ihnen ist, dass jeder sich mit dem einbringt, was er am besten kann. Falls ein Aufenthalt auf der Mittelstation nicht möglich ist (z. B. aus zeitlichen Gründen), teilen Sie das den Wanderern mit.

Im nächsten Schritt sehen Sie sich gemeinsam das Material an. Sie fragen, wer außer Ihnen schon ähnliche Berge bestiegen hat, welche Erfahrungen daraus resultieren und was ggf. zu beachten ist. Sie überlegen gemeinsam, ob und welche Gruppen unter den Wanderern gebildet werden können und ab wann Sie eventuell sogar Wanderer zurück schicken, weil deren Fähigkeiten nicht ausreichen, um den Gipfel zu erreichen. Alle Wanderer wissen, was vermutlich auf sie zukommt, erhalten von den erfahrenen Wanderern Empfehlungen und sollen sich selbst mit Proviant versorgen.

Sie geben mit den Worten „Geh'n wir!" das Startsignal und die Gruppe geht gemeinsam gut gelaunt los. Sie gehen meistens voran, sind dabei aber fast immer in Gesellschaft. Ab und zu läuft ein anderer voraus, weil er zum Beispiel schon einmal das Feuer am Rastplatz vorbereitet oder sich in speziell dieser Lage am besten auskennt. Sie richten sich Zeiten ein, zu denen Sie alleine über die Gesamtsituation nachdenken; eventuelle Änderungspläne diskutieren Sie mit den Experten. Sie sind froh, wenn der eine oder andere Sie auf drohendes Unwetter oder unzugängliche Wege aufmerksam macht, die zur Änderung des Tourenplans führen. Manchmal müssen Sie mit denjenigen auch über die Planänderungen streiten. Eine besonders schnelle Gruppe vereinbart einen Umweg, von dem sie später wieder Erfahrungen für den weiteren Weg mitbringen. Sie haben dabei eine Methode entwickelt, wie man steile Stücke schneller bewältigen kann. Das wenden ab jetzt alle an. Eine Clique, die nicht so schnell mitkommt, meldet sich bei Ihnen; sie überlegen mit ihnen, wie andere Wanderer die Gruppe unterstützen können (z. B. durch Übernahme von Rucksäcken).

Schließlich kommen Sie gemeinsam auf dem Gipfel an; keiner weiß genau, wer zuerst ganz oben war. Sie sind allesamt angestrengt und zugleich begeistert zu erleben, wovon Sie individuell und gemeinsam geträumt haben. Manche wundern sich, dass man wider Erwarten so schnell oben angekommen ist, obwohl man unterwegs so viel angehalten und über den Weg „gequatscht" hat. Derjenige, der von Ihnen lernen wollte, wie man eine Gruppe führt, ist vielleicht enttäuscht, weil Sie gar kein Held waren, sondern so viele an der Wanderung mitgewirkt haben und Sie als Leiter bei Diskussionen immer wieder die Frage gestellt haben, ob dieser Vorschlag wirklich zu dem Gipfelerlebnis führen wird, das man besprochen hatte.

Jeder ist stolz darauf, einerseits in der Gruppe, andererseits selbstständig die Tour gemacht zu haben. Am nächsten Tag überlegen Sie sich gemeinsam mit der Gruppe, welche Wanderung mit welcher Steigung Sie nach diesen Erfahrungen nun anpacken wollen, um das Gebirge weiter zu erkunden. Sie prüfen, ob Sie als Leiter alle Mitwanderer auf die nächste verabredete Tour mitnehmen können, und was sie mit denjenigen tun müssen, die damit überfordert wären.

Variante 1 entspricht moderner Sklavenhaltung mit dem Unterschied, dass sich der Leiter selbst auch noch zum Angebundenen macht. Leider ist diese „Führungs"-form noch nicht in allen Branchen ausgestorben. Variante 2 ist die häufigste in der deutschsprachigen Unternehmenslandschaft. Moderne Patriarchen und dynamische Menschen führen mit Vorangehen, Fürsorge und Antrieb, wobei sie ihre Persönlichkeit als Richtung und Richtschnur einsetzen. Ihre Position wird selten hinterfragt, dafür sind sie mit ihren Entscheidungen alleine. Variante 3 scheint die aufwändigste zu sein, jedenfalls wenn man den Aufwand an Kommunikation betrachtet. Vorausgesetzt, der Wanderführer vertraut seinen „Experten", handelt es sich um die „energieschonendste" Variante, bei der die meiste physische, psychische und intellektuelle Kraft dafür gebündelt wird, den Gipfel zu erreichen. Keiner zieht oder schiebt, jeder Wanderer ist frei; deshalb hat auch jeder die Verantwortung, nach sich selbst, auf den Weg und den Horizont zu sehen; Bedenken werden im Team verarbeitet; jeder setzt seine individuelle Kraft dafür ein, gemeinsam oben anzukommen.

Variante 3 ist die einzige, bei der die Führungsperson von vorne herein auf den Sinn-Horizont – das Gebirge – verweist und deshalb sowohl sich selbst, als auch jedem einzelnen der Wandergruppe die Freiheit gibt, sich in der Weise zu entfalten, die der Gipfelerreichung zuträglich ist. Der Gipfel ist ein Ziel, aber nicht der Sinn. Man möchte dort also hin, aber letztlich „nur", um das Gebirge weiter zu erkunden.

Selber denken ist nicht nur ausdrücklich gewünscht, vielmehr auf Dauer die einzige Möglichkeit, um mit allen immer weiter zu kommen. Die Wanderer sind nicht der Führungsperson treu, sondern sie teilen die Sehnsucht nach dem Gebirge. Diese Sehnsucht ist es, die jeden Einzelnen bei Frustration, Konflikten oder Müdigkeit letztlich ziehen wird. Aus diesem Anziehungsgrund obliegt dem Wanderführer die Aufgabe, Menschen so zu führen, dass sie sich durch sie, aber nicht an ihr orientieren.

5.3.2   Wer Selbstverantwortung will, muss Sinn bieten

Eine Wandergruppe, bei der lediglich alle auf denselben Gipfel wollen, bildet noch keine Gemeinschaft. Das gilt erst recht dort, wo Männer dominieren. Die unterschiedlichen, oft starken Charaktere haben ihre Tempi, Erfahrungen und Gewohnheiten; diese Charaktere zu bündeln, immer wieder in einen konstruktiven Austausch zu bringen und letztlich Entscheidungen herbei zu führen, bedarf mehr als eines Moderators. Wenn einzelne müde werden, zeigt die Führungsperson wieder, worum es geht. Sie erzählt die Geschichte vom großartigen Gebirge, ist selbst Teil der Geschichte und lädt andere ein, ebenso Teil dieser Geschichte zu werden. Es bedarf einer Persönlichkeit, der alle vertrauen, und der sie im Zweifelsfall auch folgen würden.

Eine Führungspersönlichkeit, die mit Sinn führt, braucht zunächst Mut und Demut (!), nicht auf sich selbst zu verweisen, sondern auf den Sinn-Horizont. Im Bild gesprochen sehen dann nämlich alle über den Chef hinweg! Der wiederum muss die Freiheit der anderen ertragen, die manches anders machen als er es selbst getan hätte. Besonders herausfordernd ist die Entdeckung, dass Führen mit Sinn keiner Methode gleicht, sondern ein Führungskonzept ist, das jede Führungsperson mit ihrem Profil je nach beteiligten Personen und der aktuellen Situation zu Grunde legt. Man kann andere Unternehmer- und Unternehmensgeschichten zum Vorbild und als „Proof of Concept" nehmen, aber man kann sie nicht kopieren.

Was in allen mit Sinn-orientiert geführten Unternehmen gleich bleibt, ist eine Kultur entlang der Werte und die notwendige Voraussetzung an die Führungspersönlichkeit, einen Sinn-Horizont explizit zu machen. Explizit heißt: Den Sinn-Horizont und verschiedene Sinn-Möglichkeiten innerhalb dieses Horizontes vor Augen zu stellen und konkrete Ziele als Meilensteine auf dem Weg zu setzen.

Wenn Thomas Berschneider in „Sinnzentrierte Unternehmensführung" sich vehement gegen eine Idee des „Management by Meaning" wendet (vgl. Berschneider 2003, S. 57), dann vor diesem Hintergrund: einen Sinn-Horizont glaubwürdig und anziehend kommunizieren kann „man" nicht managen. Was einzelne Menschen begeistern soll, muss immer von Menschen ausgehen, die mehr als ein Arbeitsverhältnis, nämlich eine echte *Beziehung* anbieten können. Führungspersönlichkeiten, die auf einen Sinn-Horizont hinweisen und dazu einladen, sind deshalb auch keine „Sinn-Macher" wie Gertrud Höhler meint (Höhler 2004). Ein wirklicher (= wirkender) Sinn-Horizont ist kein Produkt eines Menschen, der sich überlegt hat, was er werbewirksam an seine Mitarbeiter verkaufen kann, damit die zu besseren Pferden im Stall werden. Es ist umgekehrt: Die Führungspersönlichkeit reflektiert, was sie selbst dazu bringt, jeden Morgen aufzustehen und die vielen kleinen und großen Hürden auf dem Weg zu nehmen. Tatsächlich beginnt die Formulierung dieses Sinn-Horizontes nicht bei den (potentiellen) Mitarbeitern, sondern bei der Führungsperson oder im Führungsteam. „Was zieht uns an?" – darüber machen sich etliche gar keine Gedanken, weil sie es intuitiv und aus sich heraus leben, ohne es formuliert zu haben. Wenn Menschen aber nicht mir, sondern dem Sinn-Horizont folgen sollen, muss der persönlich gelebte Sinn so formuliert werden, dass er einerseits in seiner Weite erhalten bleibt, zum anderen verstanden werden kann.

Die Beispiele aus Kap. 3 verdeutlichen dieses Prinzip: „Liberty on wheels" mag als griffiger Satz gut überlegt sein, aber er basiert nicht darauf, wie Mitarbeiter und Kunden am besten manipuliert werden können. Er ist der Ausdruck von Sehnsucht nach Freiheit und einer Begeisterung für das Vorwärtskommen auf Rädern.

„Weil Nähe zählt." (Malteser gGmbH) mag ein guter Werbeslogan sein; aber er ist es lediglich *auch – obwohl* er der Ursprung dessen ist, was seit 900 Jahren weltweit immer wieder neu Generationen anzieht, um verschiedenste Dienste am und mit Menschen zu erfüllen.

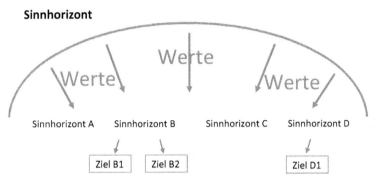

Abb. 5.3 Die Art und Weise, wie der Sinn-Horizont verfolgt wird, wird von den Werten derjenigen bestimmt, die gemeinsam auf diesen Horizont zugehen

5.4   Mit Sinn entscheiden

5.4.1   Sinn klar – alles klar?

Wenn ein Sinn-Horizont Menschen anzieht und sie darin unterstützt, ihr Bestes zu geben – warum braucht es dann überhaupt noch Führung?

Weil es im Unternehmen darum geht, als Sinn-Gemeinschaft nutzenstiftend zu arbeiten. Der Sinn-Horizont als solcher bietet keine Regelung für den Alltag, für Rahmenbedingungen, Verträge und Prozesse. Auch die Unternehmenswerte ergeben sich nicht automatisch aus dem Sinn-Horizont, dem Produkt oder der Geschichte. In Abb. 5.3 ist dargestellt, inwiefern Werte die Art und Weise bestimmen, wie sich alle auf dem Weg verhalten. Das sollte in einem weiteren Schritt in Leitlinien ausformuliert werden.

So lautet zum Beispiel ein Satz aus den Leitlinien beim mittelständischen Betrieb „allsafe Jungfalk": „Mit sportlichem Ehrgeiz verfolgen wir unsere Ziele." Sportliches Verhalten ist also explizit gewünscht und gehört zur Charakteristik, die sich das Unternehmen selbst gegeben hat. Zu sportlichem Ehrgeiz gehört Leistungswille, Spaß an der Sache und die Bereitschaft, die Wanderung fort zu setzen, auch wenn es steil wird und regnet. Sportsgeist gibt so schnell nicht auf. Um im Bild zu bleiben ist der Wanderführer der Chef, der immer wieder den Rhythmus bestimmen und im Zweifelsfall entscheiden muss, wann eine Expedition abgesagt wird. Er bleibt die letzte Entscheidungsinstanz, wenn es um die letzten Verantwortungen geht.

Beispiel

Welche Herausforderungen das mit sich bringt, bemerkte ein Wanderführer, als er eine riesige Schar Menschen anführte, die ihm glaubte, dass er sie in „blühende Landschaften" bringen werde. Alle kamen freiwillig mit. Nach kurzer Zeit wurde der Proviant knapp und einige meckerten über die schlechte Organisation. Laut wurde daran gezweifelt, ob der Leiter der Expedition überhaupt kompetent genug sei. Der war mittler-

weile mit kleinen und großen Problemen aus verschiedenen Gründen dermaßen überlastet, dass er kurz vor dem Burn-out stand. Er überlegte sich ernsthaft, ob es nicht
besser gewesen wäre, selbst einfach in Anstellung zu bleiben und alle anderen dort zu
lassen, wo sie gewesen waren. In dieser Situation beriet er sich mit seinem Coach, der
ihn eigentlich zu der ganzen Expedition Richtung verheißenes Land inspiriert hatte.
Lang und breit erzählte der erschöpfte Mann, er habe keine Lust mehr, schon gar nicht
mit diesen ewig meckernden Mitwanderern. Der Coach riet ihm dringend, sich einige
fähige Leute, denen er vertraute und die den Sinn-Horizont teilten, zur Seite zu nehmen. Mit ihnen bildete er einen Führungskreis, in dem er diskutierte, wie die Stimmung
unter den Leuten sei, welche Aufgaben anstünden, und ob man noch auf dem Weg
Richtung „blühende Landschaft" sei. Diese Mitarbeiter erhielten große Vollmachten,
teilten Aufgaben und Zuständigkeiten zu, entschieden in kleineren Streitfällen selbst
und erledigten in ihren Abteilungen fast alles in Eigenregie. Der Expeditionsleiter kümmerte sich wieder mehr um Ausrichtungen und Korrekturen in Rücksprache mit seinem
Coach und fällte die strategischen Entscheidungen. Nach vierzig Jahren kreuz und quer
durch die Wüste kam die Wandergruppe tatsächlich ins verheißene Land.

Moses erlebte den Einzug in das Land, in dem Milch und Honig fließen sollte, selbst
nicht mehr mit. Die ganze Generation, die mit ihm aus Ägypten ausgezogen war, durfte
wegen ihrer häufigen Verstöße gegen die „geltenden Werte" (Dankbarkeit; Treue; Vertrauen auf Gott) nicht ins gelobte Land einziehen. Moses durfte es vom Berg aus sehen
bevor er starb. Was aber das ganze Volk in der Wüste zum Durchhalten animiert hatte,
war die gelungene Spanne zwischen der Bewältigung der Alltagssorgen durch Moses
und seine Mitarbeiter und den von Moses immer wieder beschworenen Blick auf das,
was sie für sich und ihre Kinder erreichen wollten: ihr Land, in dem sie in Freiheit
leben konnten. Moses war von Kind an gewohnt zu befehlen und das bekam ihm in
seiner Führungsrolle als Erwachsener nicht gut. Er hatte Defizite (laut Überlieferung
war er rhetorisch unbegabt), war aufbrausend, manchmal selbstgefällig und obendrein
wehleidig. Im Laufe der Wanderung musste er zunächst teils bitter lernen, sich selbst zu
führen. Dazu gehörte auch der Umgang mit Enttäuschungen über die Leute, mit denen
er auf den Sinn-Horizont zuging. Sie entsprachen viel zu oft nicht dem, wofür man sich
gerne engagiert. Und auch er selbst zweifelte immer wieder daran, ob er sich nicht zu
viel vorgenommen und vor allem vorgestellt hatte. Alles wurde besser, nachdem Mose
sich im Laufe des „Coachings" – seinen Gesprächen mit Gott – selbst immer besser
führte, Verantwortung teilte und sein Volk darin unterstützte, auf den Sinn-Horizont zu
schauen, nicht auf ihre Befindlichkeiten und auch nicht auf ihn.

Die Geschichte von Moses ist eine der großen Allegorien in der abendländischen Tradition, die die anziehende Wirkung eines Sinn-Horizonts und die in ihr liegende Kraft
beispielhaft darstellt. Zugleich wird nicht verschleiert, dass das Zugehen auf einen Sinn-
Horizont weder ein Spaziergang ist, noch eine friedliche Gemeinschaft garantiert. Vielleicht ist auch das Gegenteil der Fall: jemand, der sich selbst aufmacht, um einen Weg mit
zu gehen, hat ein eigenes Profil, das notwendigerweise auf das eines anderen stößt und
manchmal auch aneckt.

Führung ist also gerade im Zusammenhang mit selbstbewussten, selbstverantwortlichen und kompetenten Menschen besonders wichtig: nicht, um sie zu bremsen, sondern um die Dynamik in eine Atmosphäre fließen zu lassen, in der Individualität das Unternehmen befruchtet und keine interne Konkurrenz aufkommen lässt.

5.4.2 Leading by Meaning: Führen im 21. Jahrhundert

Das 20. Jahrhundert bewegte sich weltpolitisch und auch sozialtheoretisch zwischen zwei großen gesellschaftlich-ideologischen Modellen: dem Kollektivismus und dem Individualismus. Während demokratische Systeme mehr auf letzteres setzen und die Entfaltungsmöglichkeit des Einzelnen als einen der wichtigsten gesellschaftlichen Ziele verstehen, lassen sozialistische Systeme und Diktaturen den Einzelnen in der Masse verschwinden. Vereinfacht könnte man sagen, im einen besteht der Sinn darin, Individualität auszuleben, im anderen liegt der Sinn in der Entwicklung der Gemeinschaft, auch auf Kosten individueller Interessen.

Im 21. Jahrhundert (zumindest im europäischen und anglo-amerikanischen Raum) wurde in vielen Konflikten um das „richtige System" durchlebt, dass weder Individualismus, noch Kollektivismus einen konstruktiven Sinn-Horizont darzustellen vermögen. Weder das Drehen um sich selbst in der permanenten Reflexion eigener Entfaltung, noch die Unterordnung der Individualität unter ein „Masseninteresse" geben Menschen das, was sie auf Dauer erfüllen kann.

Führen mit Sinn bietet die Möglichkeit, Menschen an einem Sinn-Horizont partizipieren zu lassen, der sie persönlich und freiwillig an diesen Sinn bindet und ihnen dabei viel Raum für persönliche Sinn-Entfaltung gibt. Durch die persönliche Bindung an einen Sinn müssen auch nicht alle gleich schnell laufen, gleich aussehen oder ähnliche Charakterzüge aufweisen. Gelebte Sinn-Orientierung führt in einer Gesellschaft und auch in einem Unternehmen zu Bewegung in der Vielfalt. An der einen oder anderen Stelle mag die Bewegung kurzfristig weniger effizient erscheinen, als wenn sie von oben diktiert und gleich geschaltet wird. „Diversity" kann anstrengend sein. Die Stärke einer Sinn-Gemeinschaft zeigt sich dort, wo es um Innovation, Sonderprojekte oder um Krisenbewältigung geht. Allerspätestens hier überholen sie alle anderen.

Führen mit Sinn schließt beide Bedürfnis-Aspekte des Menschen ein: das Bedürfnis, als Einzelner in seiner Besonderheit gesehen zu werden und mit den individuellen Begabungen etwas Besonderes zu leisten; andererseits das Bedürfnis nach Gemeinschaft und einem Sinn, der über die eigene Person hinaus geht.

Führen mit Sinn ist daher für Menschen in Führungsverantwortung eine große Herausforderung gerade an die jeweils eigene Persönlichkeit. Wer die größtmögliche Dynamik für sein Unternehmen, die Gesellschaft und das eigene Leben erleben möchte, wird mit Leading by Meaning nicht nur am weitesten kommen, vielmehr auch für sich die meisten Potentiale ausschöpfen können. Bei sich selbst und bei anderen.

5.5 Von den Soft Skills zu den Hard Facts

5.5.1 Autos laufen auch mit einem Zylinder weniger

Die deutsche Wirtschaft hat in den letzten Jahrzehnten erstaunlich viele Krisen vergleichsweise gut überstanden und gilt als eine der stabilsten in Europa. Es scheint also doch mit Management by Objectives und den alten Führungsmustern gut zu gehen. „Die Generation Maybe wird schon noch kapieren, dass sie sich ändern muss! Schließlich haben wir das alles aufgebaut." So und ähnlich lauten die Kommentare auf Schwierigkeiten und Differenzen, die sich hier und da mit dieser Generation im Berufsalltag ergeben. Diese Haltung ist in etwa so, als wenn man den Wagen nicht in die Werkstatt bringt, obwohl man hört, dass ein Zylinder kaputt ist; der Wagen läuft auf drei „Töpfen" (oder fünf, sieben, elf) doch auch noch weiter. Das unrunde Laufen des Motors und das Geräusch stören zwar, aber daran hat man sich schnell gewöhnt; schließlich kommt man trotzdem an – und zwar noch vor anderen, deren Wagen noch schlechter läuft. Sie würden mit Ihrem Auto so nicht umgehen? Weshalb machen viele Geschäftsführer das dann mit ihrem Unternehmen?

Oder ist es gar nicht so schlimm? – Nicht Eindrücke oder diffuse Befindlichkeiten, vielmehr seriöse Zahlen geben eindeutige Warnhinweise, die der Annahme, es sei schon noch alles ganz gut so, deutlich entgegen stehen:

In regelmäßigen Abständen von ein paar Jahren erarbeitet das Forschungsinstitut Gallup eine ausführliche Studie zu Engagement, Bindung und Ängsten von Mitarbeitern in Unternehmen. Der Index für Deutschland ist darin ernüchternd:

*   gerade einmal 16 % der Mitarbeiter geben an, eine hohe emotionale Bindung ans Unternehmen zu haben. Sie arbeiten motiviert, engagiert und verantwortungsvoll mit.
*   67 % haben eine geringe emotionale Bindung, sind also nicht motiviert, machen, was man ihnen sagt, sie machen Dienst nach Vorschrift: DNV.
*   17 % haben innerlich bereits gekündigt. Sie sind nicht nur nicht motiviert, sie sind *de*motiviert. Das heißt die Mitarbeiter bewegen sich nur, wenn es unbedingt nötig ist. Sie verbreiten schlechte Stimmung und legen zum Teil destruktives Verhalten an den Tag.

Diese Zahlen stammen vom März 2014 und haben sich in den voran gegangenen Jahren nur marginal verändert. In den Bundesländern der ehemaligen DDR sind die Zahlen noch schlechter. (Quelle: http://www.gallup.com/strategicconsulting/168167/gallup-engagement-index-2013.aspx letzter Zugriff 02.04.2014).

Volkswirtschaftler haben berechnet, dass allein schon die Folgen der inneren Kündigung bei 17 % der Mitarbeiter jährlich zwischen 98,5 und 118,4 Mrd. Euro kostet. (ebd.) Diese Kosten werden verursacht durch hohe Fluktuation, alltägliche Fehler, mangelhafte Kommunikation und vor allem einer großen Anzahl an Fehltagen. Letztere nicht, weil die demotivierten Mitarbeiter „krank feierten", vielmehr weil ihre psychische und physische Belastbarkeit mit abnehmender emotionaler Bindung an das Unternehmen (und das heißt in diesem Fall übersetzt: an einen Sinn-Horizont) drastisch abnimmt. Zufriedene und/oder glückliche Menschen werden nachgewiesen seltener krank als andere.

Erschreckend ist die weitere Folge der inneren Einstellung: Mitarbeiter, die mit Herz und Verstand dabei sind, bleiben überdeutlich in der Minderheit, denn unter Menschen in Führungsverantwortung sind ähnlich viele Menschen, die eher der Kategorie „DNV" (Dienst nach Vorschrift) zugeordnet werden müssen. Oft haben sie resigniert und wollen sich nicht mehr persönlich einbringen.

Das heißt für Geschäftsführer: denken und beherzt handeln müssen sie selber, sonst macht es keiner! – In Variante 1 der Wandergruppe kann man ablesen, wie sehr das alle Beteiligten erschöpft, wenn nur wenige ziehen oder treiben.

Warum bemerken wir von diesem Missstand so wenig?

5.5.2 Fluktuationskosten, Talentmanaging und Kundenorientierung

Im Unterschied zu Materialverschleiß oder Energiekosten kann der „Verschleiß" an Mitarbeitern leichter als „natürliche Fluktuation" gewertet werden. Aber was ist natürlich?

Wie im Beispiel mit dem kaputten Zylinder im Auto ist es auch hier: „man" fragt lieber nicht, solange es noch läuft. Was würde mit dem Auto passieren? Bei Materialverschleiß und Energiekosten sucht man intelligente Lösungen, um diese zu minimieren. Im Unterschied dazu werden bei Mitarbeitern Abnutzungsformen wie Krankheit oder Fluktuation schicksalhaft akzeptiert. Man nimmt sich nicht die Zeit, kosten-effizient zu sein. Das Gallup-Institut stellte hier auf Grundlage der ausführlich recherchierten Daten folgendes auf:

Reduziert ein Unternehmen mit der untenstehenden Anzahl an Beschäftigten den Anteil seiner Mitarbeiter ohne emotionale Bindung um fünf Prozentpunkte (von 17 auf 12 %) und erhöht gleichzeitig den Anteil seiner Mitarbeiter mit hoher emotionaler Bindung um fünf Prozentpunkte (von 16 auf 21 %), reduzieren sich die Fluktuationskosten wie folgt:

500 Mitarbeiter → 43 Tsd. Euro p. a.
2.000 Mitarbeiter → 421 Tsd. Euro p. a.
30.000 Mitarbeiter → 6,3 Mio. Euro p. a.

Grundlage für die Berechnung ist der Anteil der Personen, die der Aussage „Ich beabsichtige, heute in einem Jahr noch bei meiner derzeitigen Firma zu sein." bedingungslos widersprechen (Bottom-Box auf einer Fünf-Punkte-Skala). Von den Mitarbeitern mit hoher emotionaler Bindung widersprechen zwei Prozent, von jenen mit geringer emotionaler Bindung tun dies sechs Prozent und bei Beschäftigten ohne Bindung sind es 29 Prozent. (Quelle: Gallup-Studie vom 31.03.2014, Präsentation Seite 20).

Die hier genannten Daten sind konservativ berechnet! Andere Quellen führen als Fluktuationskosten pro Mitarbeiter das Doppelte der reinen Gehaltskosten und Nebenkosten eines Jahres an. Wenn also selbst konservative Studien die oben genannten Beträge (pro Jahr!) errechnen, kann man schwerlich beim Thema Führungs- und Unternehmenskultur von „soften" Details sprechen.

Ähnliche Ergebnisse zeigen sich bei den Analysen, wenn es um die Anwerbung neuer, motivierter Mitarbeiter geht. Menschen, die vom Unternehmen begeistert sind, sind die besten Botschafter, wenn es darum geht, neue Mitarbeiter zu finden oder die Produkte zu platzieren. Der Effekt ist doppelt stark: zum einen steigert er die Interessentenzahl, zum anderen ist die Qualität der Interessenten passender. Letzteres führt dazu, dass die Bewerber vorselektiert sind und eine erste Bindung ans Unternehmen haben, bevor sie es überhaupt betreten konnten.

Wer schon einmal von einem Mitarbeiter beraten wurde, der zum hoch motivierten Segment gehört, ließ sich von der Begeisterung in aller Regel anstecken. Es macht als Kundin einfach Spaß, von jemandem bedient zu werden, der offensichtlich ganz und gar von dem überzeugt ist, was er verkauft – und zwar sowohl vom Produkt selbst, als auch vom Unternehmen. Wer eine emotionale Bindung an „sein" Unternehmen hat, wird auch im Markt für einen exzellenten Ruf sorgen. Der Mitarbeiter – egal ob im Vertrieb, an der Pforte oder im Personalwesen – wird dem Kunden das „Extra"geben, um diesen zum Unternehmens-Fan zu machen. Und das einfach, weil er selbst begeistert ist. Emotionale Bindung führt über den grundsätzlichen Stolz auf das Unternehmen deshalb automatisch zu besserem Service und erhöhter Kundenzufriedenheit.

5.5.3 Angst und Kleinkriege kosten Zeit und Geld

Nicht nur Motivationsprobleme, sondern auch diffuse Ängste verursachen verdeckte Kosten neben Frustration und Konflikten.

In den letzten Jahren hat eine regelrechte Dokumentationswut eingesetzt: per Mail, in Berichten und Tabellen sichern sich Mitarbeiter ständig ab, so dass man ihnen auf keinen Fall irgendwo einen Fehler nachweisen kann. Sie haben schließlich alle Informationen ungefiltert „nach oben" weiter geleitet, am besten noch mit möglichst vielen im Verteiler. Das heißt im Umkehrschluss, Vorgesetzte erhalten unsäglich viele Mails und Berichte, die sie gar nicht mehr bewältigen können. Sie schimpfen deshalb über unselbstständige Mitarbeiter, die ihnen die In-Box „zumüllen". Dabei möchte der Mitarbeiter nur sicher gehen, für nichts verantwortlich gemacht zu werden. Ein deutlicheres Zeichen für nicht gelebtes Vertrauen gibt es kaum. Natürlich gelingt es auf diese Weise immer seltener, die wirklich wichtigen Informationen zu selektieren. Die gehen in der Flut unter und letztlich sind Führungspersonen heute oft weniger informiert, weil sie so viele Informationen erhalten. Dagegen haben Programme wie Outlook & Co. vorgesorgt und deshalb Kategorien eingeführt, die zum Beispiel mit roten Fähnchen als „wichtig" markiert werden können. Effekt: manche Mitarbeiter finden sich offensichtlich prinzipiell besonders wichtig und versehen alle ihre Mails mit Fähnchen – und werden deshalb genauso „gründlich" gelesen. Software wird nie besser sein als ihre Anwender.

Ein ähnlich alltägliches Phänomen sind die Mails, die unter Kollegen hin und her gehen, und bei denen Vorgesetzte, Mitarbeiter, Kollegen und weitere unbeteiligte Dritte auf „CC" gesetzt werden. Bislang gibt es keine Studien dazu, wie viel Arbeitszeit für das Formulieren, Lesen und Beantworten solcher Mails täglich verwendet wird – es muss immens sein. Je nach Neigung der einzelnen, sich an diversen Scharmützeln zu beteiligen, dürfte der Prozentsatz gemessen am Umsatz des Unternehmens eine durchaus relevante Größe darstellen. Merkwürdig an dem Ganzen ist, wie viele der Mitarbeiter, die über diese Flut an CC-Mails stöhnen, oft selbst beteiligt sind.

Ein Coachingnehmer aus einem mittelständischen Betrieb erzählte, wie ihm nach einigen Stunden der Geduldsfaden gerissen sei: zwei Abteilungsleiter hätten sich gegenseitig alles Mögliche vorgeworfen und einige Mitarbeiter, die mit beiden regelmäßig zu tun hatten, auf CC gesetzt. Die Mails wurden mittags zum Gesprächsthema in der Kantine. Die einen Mitarbeiter meldeten sich in Rundschreiben mit Statements (wieder an alle), andere waren gespannt, wie lange die Sache anhalten würde. Der Coachingnehmer hatte irgendwann entnervt an die beiden Kontrahenten geschrieben (und niemanden auf CC genommen): er habe es satt, die Streitereien zu lesen, sie sollten doch einfach mal miteinander reden – und zwar ohne alle anderen – und die Sache klären. Daraufhin endete die Mailflut abrupt. Einer der beiden Abteilungsleiter bedankte und entschuldigte sich einige Stunden später per Mail; der andere hatte sofort wütend zurück geschrieben, der Mitarbeiter solle sich „gefälligst raushalten" (!). Das sprach sich natürlich herum und fortan war klar, welcher Abteilungsleiter von seinen Mitarbeitern ernst genommen wurde.

Leider sind diese Erzählungen nicht erfunden; sie entstammen alle meiner Praxis als Coach. Martin Wehrle hat einen Bestseller unter dem Titel „Ich arbeite in einem Irrenhaus: Vom ganz normalen Büroalltag" (vgl. Wehrle und Meissner 2011) geschrieben. Wehrle ist selbst Unternehmensberater und bringt sein Erleben satirisch auf den Punkt. Wehrles Stil ist nicht jedermanns Geschmack – aber es gibt interessanterweise keine Rezension (allein bei Amazon.de sind es mehr als 120!), in der ein Leser den Inhalt kritisiert! Uneinig ist man sich über den Stil und darüber, ob es wirklich in 70 % aller Firmen so irrsinnig zugeht, oder ob man über diese Geschichten, die laut Wehrle alle wahr sind, lachen darf. Man lacht dann nämlich über aberwitzige Vorkommnisse, die durch mangelhafte Kompetenz seitens Vorgesetzter oder völlige Ignoranz innerhalb des Unternehmens zustande gekommen sind. In der Regel sind zum einen durch die Vorfälle das Vertrauen und der Goodwill der Mitarbeiter verspielt worden, zum anderen haben sie auf verschiedene Weise und in unterschiedlicher Höhe Geld gekostet. Da kann einem wie im Kabarett das Lachen schon auch im Hals stecken bleiben, gerade *weil* es so wahr ist.

Das Buch war direkt nach Erscheinen sofort ein Bestseller. Einerseits weil es so viele Menschen tröstet: „in anderen Betrieben geht es auch so zu", andererseits weil viele Mitarbeiter aus dem mittleren Management ihren Arbeitsplatz von außen betrachten können und (endlich!) – statt sich ohnmächtig über Umstände aufregen zu müssen – darüber lachen können, wenn auch bitter.

Wenn die Geschichten der Fantasie eines Beraters entsprungen wären, würde kein Mensch darüber lachen oder sich ärgern. Das Dramatische ist: alle wissen um die Situation, viele kennen es aus eigener Erfahrung, aber nur wenige ändern etwas daran. Viele Mitspieler in der Wirtschaft, in der es angeblich immer nur um die sogenannten Hard Facts geht, fürchten den Umgang mit Soft Skills, obwohl die mangelhafte Entwicklung von Führungspersönlichkeiten Hard Facts schafft, die keiner wollen kann.

„Ich arbeite in einem Irrenhaus: Vom ganz normalen Büroalltag" hat mir ein Mandant, Geschäftsführer eines großen mittelständischen Betriebs, mit folgender Widmung geschenkt: „Bitte sorgen Sie dafür, dass wir in zwei Jahren nicht mehr hier drin stehen könnten!"

5.6 Review

5.6.1 Checkup-Fragen

Fragen

Wo haben Sie selbst erlebt, dass die Prozent-Stellen-Rechnung (Abb. 5.1) nicht mit der erwarteten Leistung zusammen fiel?
Welche Konsequenzen haben Sie gezogen?

Wie sehen Ihre Stellenausschreibungen aus?
Welche Bewerbungen erhalten Sie darauf?
Welche hätten Sie gerne?

Welchen Führungsstil finden Sie besonders erstrebenswert?
Passt dieser zu Ihrem persönlichen Profil?

Sind Sie eher selbstdiszipliniert oder selbstgeführt?
Woran sollten Sie in Hinblick auf Selbstführung zuerst arbeiten?

Für welchen Wert wären Sie bereit, Ihre berufliche Stellung/Karriere zu riskieren?
Gibt es formulierte Werte oder ein Leitbild?
Wenn ja: wie präsent sind diese im Unternehmen und welche Rolle spielen sie in Entscheidungen und bei Bewertungen von Mitarbeitern?

Welcher „Wandertyp" sind Sie bzw. zu welcher Wandergruppe gehört Ihr Unternehmen?
Welche Soft Skills werden bei Ihnen zu Hard Facts?
Wie hoch ist die Fluktuation?
Wie hoch ist der Krankenstand?

5.6.2   Schritte nach vorne

To Dos

Betrachten Sie Ihre Mitarbeiter unter dem Aspekt, unter welchen Umständen oder in welchem Team sie besonders gute Leistungen erbringen.

Überarbeiten Sie Ihre Stellenausschreibungen nach dem Beispiel in diesem Kapitel.

Versuchen Sie, Ihre Ideen, wie Sie gerne wären und wer Sie sein könnten, zu formulieren.
Wählen Sie einen Entwurf und fragen sich, was Sie tun müssten, um diesem Bild wirklich zu entsprechen.
Verhalten Sie sich gegenüber sich selbst so, dass Sie gerne mit sich selbst befreundet wären.

Untersuchen Sie die identitätsrelevanten Werte Ihres Unternehmens. Lassen Sie dabei alles bereits Formulierte zunächst außer Acht und konzentrieren Sie sich auf das, was wirklich ist, also im Alltag und in Entscheidungen wirkt.
Benennen Sie danach die handlungsleitenden Werte.
Bewerten Sie das Ergebnis der Werte-Analyse. Überlegen Sie weiter:

- Wie könnte es sein?
- Wie soll es sein?
- Was muss ich dafür tun?

Wenn Sie eine andere Wandertruppe werden wollen: Überlegen Sie, welche Vorbereitungen und welche Alltagsstruktur dazu nötig wären.
Gehen Sie den wirklichen Gründen der Fluktuation nach.

Literatur

Arntz J (2013) 1964 – Deutschlands stärkster Jahrgang. Süddeutsche Zeitung Edition, München
Berschneider W (2003) Sinnzentrierte Unternehmensführung. Was Victor E. Frankl den Führungskräften der Wirtschaft zu sagen hat. Orthaus, Lindau
Höhler G (2004) Die Sinn-Macher. Wer führen will, muss siegen. Econ, München
Rupps M (2008) Wir Baby-Boomer. Die wahre Geschichte unseres Lebens. Herder, Freiburg
Sprenger R (2004) Mythos Motivation: Wege aus einer Sackgasse. Campus, Frankfurt a. M.
Wehrle M, Meissner D (2011) Ich arbeite in einem Irrenhaus: Vom ganz normalen Büroalltag. Econ, Berlin

Sinn in Aktion

6

6.1 Von der Belegschaft zum Sinn-Team

6.1.1 Bei sich beginnen... – Der Unternehmer „in Klausur"

Einer der Unternehmer, der es gründlich satt hatte, ständig Kosten und persönliche Energie für Kontrolle, Druck und behavioristische Methoden à la Belohnung und Bestrafung aufzubringen, ist Detlef Lohmann. Mit dem persönlichen Engagement und echter Veränderungsbereitschaft, die es für eine grundsätzliche Neuorientierung braucht, ließ er sich auf den großen Change von Management by Objectives zu Leading by Meaning ein.

Lohmann ist geschäftsführender Gesellschafter der allsafe Jungfalk GmbH & Co. KG, die ihr Werk in der Kleinstadt Engen zwischen Bodensee und Schwarzwald hat. Das Unternehmen entwickelt und produziert mit ca. 150 Mitarbeitern LadeGutsicherung für Fahrzeuge aller Art und gehört damit in den großen Kreis der Automobilzulieferer.

Lohmann hat ein Buch über seine persönlichen Erfahrungen geschrieben (vgl. Lohmann 2013). Offen und heiter schildert er, welche Wege er mit dem Team gegangen ist, um sich mit den Mitarbeitern zu einem Sinn- und Werte-Team zu entwickeln. Der Veränderungsprozess wurde von mir als Coach begleitet. allsafe Jungfalk wurde durch die konsequente Umsetzung von Leading by Meaning zu einem Musterbeispiel dafür, was Sinn-orientiertes Führen in Bewegung setzt. Am Beispiel wird aber auch deutlich, inwiefern es für alle Beteiligten kein bequemerer Weg ist, sondern eine tiefgreifende Veränderung in Kopf, Hand und Herz bedeutet.

Führungspersonen erwarten oft vom Coaching, dass sich alles und alle ändern – nur sie selbst nicht. „Sie werden mir doch nicht etwa sagen wollen, dass *ich* etwas ändern soll!? Ich habe Sie eingeladen, um meine Mitarbeiter auf Kurs zu bringen!" maulte mich ein Unternehmer an, als ich ihm mitteilte, seine Führung sei das wesentliche Problem, nicht seine Mitarbeiter. Dem Mann, der schließlich bei seiner Haltung blieb, konnte nicht geholfen werden.

© Springer-Verlag Berlin Heidelberg 2014
A. S. Fintz, *Leading by Meaning*, DOI 10.1007/978-3-662-44073-5_6

Anders war es bei allsafe Jungfalk: Alles begann damit, dass Detlef Lohmann aus der Erfahrung als angestellter Dipl.-Ingenieur in verschiedenen Konzernen für sich entschieden hatte, selbst Unternehmer zu werden und unter anderem die Führung seiner Mitarbeiter mit sehr viel mehr Wertschätzung verbinden wollte. Als er 1999 Anteile am Unternehmen allsafe Jungfalk erwarb, war der mittelständische Familienbetrieb bereits 35 Jahre alt und hatte sich mit 80 Mitarbeitern als Händler im Automobilmarkt etabliert. Die Marke (damals noch Ankra) war nicht sonderlich bekannt, der Mitarbeiterstamm war stabil und alle hatten ihr Auskommen. Jedoch allein um zukunftsfähig zu bleiben war Bewegung nötig. Um Klarheit über die Prozesse und einen deutlichen neuen Schwung zu bekommen, eignete sich Lohmann eine respektable Palette an Führungstools an. Mit Management by Objectives und Balanced Scorecard begann der Unternehmer, den Betrieb nach vorne zu bringen. Ein Personalberater unterstützte ihn in Kommunikation und Schulung der Mitarbeiter. Im Rahmen der sofort angepackten Umwandlung des Betriebes vom Händler zum Entwickler und Hersteller, die ein Anwachsen der Mitarbeiterzahl nach sich zog, wurden die Räume von Service und Verwaltung völlig umgebaut: es gibt bei allsafe Jungfalk bis heute große Arbeitsinseln und dort, wo eine Aufteilung in Räume erfolgte, nur schallisolierende Glaswände.

Das Unternehmen wurde am Markt immer erfolgreicher und sowohl Umsatz, als auch Mitarbeiterzahl wuchsen. 2005 kam Ulrich Lohmann, der Bruder des Unternehmers als Mitarbeiter hinzu. Der promovierte Biologe gilt seither als konstruktiver Vor- und Querdenker in Strategie und Vertrieb. „Alles bestens!" war die Außenansicht. Im Inneren hingegen waren Frustration und Meckerei an der Tagesordnung; ein undefinierbarer Konflikt und Misstrauen waren latent spürbar. Das alles, obwohl Lohmann jeden Tag seine Mitarbeiter persönlich begrüßte, die Post selbst verteilte, sein Auto auf dem allgemeinen Parkplatz abstellte, seine Büroglastüre nur zu Besprechungen schloss und zum Jahresende zusätzlich zu den vereinbarten Zielerreichungsboni ungewöhnlich hohe Prämienausschüttungen vornahm. Der Unternehmer, der sich gewünscht hatte, seine Mitarbeiter sollten sich im Gegensatz zu seiner eigenen Erfahrung im Konzern als wertvolle Mitarbeiter geschätzt fühlen, galt bei seinen Mitarbeitern eher als autoritär und misstrauisch. Genau das war es aber gewesen, was er nicht hatte haben wollen. Sein Ziel, einen Führungskreis zu bilden, der mit Freude mit anpackte und „nebenbei" Erfolg erbrachte, rückte in die Ferne. Da in solch einer Atmosphäre immer mehr kindisches Verhalten in Form von Streit, patzigem Verhalten und Gedankenlosigkeit an den Tag kommt, reagierte Lohmann – der sehr analytisch und diszipliniert mit sich selbst umgeht – mit mehr Kontrolle, Reglementierungen und langen Besprechungen im Führungskreis. Ein Teufelskreis hatte begonnen, der in den meisten Betrieben zum Alltag gehört, und sowohl Geschäftsführer Lohmann, als auch seine Mitarbeiter wurden mit dem Verlauf immer unzufriedener. Das einzige, was „stimmte", war die Kasse in Zeiten einer florierenden Wirtschaft. Aber dafür allein war Lohmann nicht angetreten. Er wollte führen, nicht managen.

Eine gut fundierte Mitarbeiterumfrage des St. Galler Management Instituts bestätigte seine Befürchtung und er erhielt es schwarz auf weiß: die Mitarbeiter identifizierten sich zwar mit allsafe Jungfalk, waren aber mit ihrer Situation alles andere als glücklich und vor allem mit der Führungskultur sehr unzufrieden; sie fühlten sich nicht wertgeschätzt. Die Begründungen waren ehrlich, aber doch diffus. Es gab keinen Hebel, den man hätte bedienen können. Dazuhin zeigte sich in der Umfrage eine aufkommende Erschöpfung und Demotivation, die sich auf alle Bereiche erstreckte. Was – so fragte sich Lohmann – soll man Mitarbeitern denn noch mehr bieten als persönliche Ansprache, Transparenz, konkrete Ziele und außergewöhnlich hohe Prämien zusätzlich zur anständigen Bezahlung? „In welcher Welt verwöhnter Menschen arbeiten wir hier eigentlich?!" – mag er sich manchmal abends in seiner Ratlosigkeit gefragt haben.

Mit den Mitarbeitern waren Team- und Outdoor-Trainings durchgeführt worden, sowie Konfliktlösungsseminare mit dem Personalberater angeboten, in denen auch vieles aufgefangen worden war. Immerhin blieben die meisten Mitarbeiter bei der Stange. Zu einer vertrauensvollen Zusammenarbeit hatte das alles nicht geführt.

Die Wende kam mit der Einsicht Lohmanns, erst an sich selbst als Geschäftsführer arbeiten zu müssen, um eine grundlegende Veränderung in der Unternehmenskultur zu bewirken. Dieser mutige Schritt zur Selbstreflektion legte den Grundstein zu dem, was allsafe Jungfalk heute ist.

Lohmann ging dazu nicht ins Kloster, stattdessen analysierte er in einem ersten Coaching-Schritt seine persönlichen Werte. Was war ihm besonders wichtig, wo war er besonders verletzlich? Unter seinen Werten war zum Beispiel „Sicherheit" – ein Wert, der seinen Mitarbeitern angesichts seines dominanten Auftretens und mutiger unternehmerischer und persönlicher Entscheidungen gar nicht klar war. Durch die Kenntnis des Wertes erklärte sich Lohmann plötzlich, weshalb er jedes Mal ärgerlich wurde, wenn Führungsmitarbeiter ihm ein Unterfangen vorschlugen, das größere Risiken in sich barg. Die Mitarbeiter zogen sich meistens beleidigt zurück. Schließlich hatten sie nur getan, was der Chef wollte: sie hatten ungewöhnliche und mutige Schritte vorgedacht. Mutig ist aber nicht *wage*-mutig – diesen Unterschied konnte Lohmann aber erst heraus arbeiten und kommunizieren, als er sich über die Konsequenzen klar wurde, die in dem Wert „Sicherheit" wurzelten. Lohmann wurde bei der Klärung seiner persönlichen Werte auch bewusst, warum er sich über manches Verhalten im Unternehmen zum großen Erstaunen seiner Umwelt besonders aufregte – oder umgekehrt besondere Energie auf Vorgänge aufwandte, die für andere den Aufwand gar nicht wert gewesen wären.

Es geht bei der Erarbeitung der Wertestruktur nicht vorrangig darum, das eigene Verhalten wesentlich zu verändern, vielmehr zu verstehen, was einen selbst (meistens unbewusst) bewegt. Mit diesem Verständnis für sich selbst ist es viel leichter, sich zu führen und entsprechend zu reagieren.

Um das für sich einzuüben, nahm Lohmann zehn Kärtchen zur Hand, auf denen die zehn wichtigsten persönlichen Werte notiert waren. Diese blieben für einige Wochen seine Begleiter. Anhand der Kärtchen konnte er während Telefonaten und Besprechungen prüfen, was ihn augenblicklich begeisterte, verärgerte und vor allem: vor dem Hintergrund welcher Werte er Entscheidungen traf. Allein dieses Bewusstsein veränderte seine Kommunikation und infolgedessen die Atmosphäre maßgeblich.

Der Unternehmer war also mitten im Geschehen „in Klausur" gegangen.

6.1.2 Angestellte zu Mitarbeitern machen

Die folgenden Monate waren für Chef und Mitarbeiter die zweitgrößte Herausforderung in der jüngeren Geschichte von allsafe Jungfalk. Es ging „ans Eingemachte": an die DNA des Unternehmens. Bei einem Einführungsvortrag über das Verständnis und die Funktion von Werten im Unternehmen betonte Geschäftsführer Lohmann, dass er erstens selbst diesen Weg einer neuen Führungskultur gerade begonnen hätte und nun mit seinem Führungskreis gemeinsam weiter gehen wolle. Schon an diesem Abend erklärte ein Führungsmitarbeiter offen, kein Interesse an einer veränderten Kultur zu haben. Es kam nicht zur Konfrontation, wenig später aber zur Trennung vom Mitarbeiter. Er wollte die eingeschlagene neue Richtung nicht mitgehen und Lohmann wollte keine interne Bremse im Prozess haben. Es folgte ein intensiver Coachingprozess, der zum einen darin bestand, den Geschäftsführer im Alltag zu begleiten und mit ihm gemeinsam Workshops zur Führungskulturentwicklung vorzubereiten.

6.1.2.1 Schritt im Führungskreis: Werte klären

In mehrtägigen Workshops wurde zunächst erarbeitet, welche Werte im Moment im Unternehmen vorherrschend – also „wirklich" – sind. Dabei wurde offen über Strukturen und Macht, über versteckte Botschaften und Verdächtigungen gesprochen. Außergewöhnlich waren dabei nicht die Themen – die hat man in fast allen Unternehmen mehr oder weniger gleich – außergewöhnlich war die Bereitschaft fast aller Führungsmitarbeiter, die Chance zum Neuanfang zu nutzen und Konflikte einzugehen.

Der nächste Schritt musste sehr bald folgen, um ein Versinken in der Selbstkritik zu vermeiden. Wir diskutierten in weiteren Workshops, welche Werte den Umgang im Unternehmen lenken sollten. Welche DNA würde man als Profil wirklich leben können? Wie sollte das Profil von allsafe Jungfalk aussehen? Das Team entschied sich gemeinsam mit Detlef Lohmann für die Werte Fairness, Kundenorientierung, Innovation und (Eigen-)Verantwortung. Nach der Formulierung von vier Kern-Werten wurden deren Spannungsverhältnisse im Alltag diskutiert, um naive Worthülsen von vorne herein zu verhindern. So war im Führungskreis klar, dass es immer wieder neu zu Abwägungsprozessen kommen würde, wenn zum Beispiel Vertreter von Vertrieb und Entwicklung diskutieren würden. In diesem Fall aber nicht unter dem Aspekt, wer der Stärkere ist, vielmehr unter der Fragestellung, was nun wichtig sei: dem Kundenwunsch in einem konservativen Markt zu entsprechen oder dem Anspruch, innovativ sowohl in den Produkten, als auch im Marketing zu sein.

Mit jedem Workshop wuchs das Selbstbewusstsein auf konstruktive Weise für das Unternehmen. Mitarbeiter, die sich zuvor wenn möglich aus dem Weg gegangen waren, kamen über die Werte ins Gespräch und bemerkten, wie manche Konflikte auf einer unterschiedlichen Vorstellung von Werte-Verwirklichung oder –Gewichtung beruhten. Zum Teil basierten sie auch auf unterschiedlichen persönlichen Werten. Nach solch einer Klärung sind diejenigen zwar nicht gleich beste Freunde, aber sie können miteinander arbeiten. Für den Unternehmensalltag reicht das völlig aus.

6.1.2.2 Schritt im Führungskreis: Sinn-Horizont formulieren

Als zweiten Schritt galt es, den Unternehmenssinn zu konkretisieren. Wieder mit allen zusammen wurde „Sicherheit – grenzenlos" als Sinnhorizont formuliert. Dieser Horizont zieht bis heute auch im strategischen Bereich maßgebliche Entscheidungen nach sich. Zunächst bewirkte jedoch sowohl die Arbeit an den Unternehmens-Werten, als auch die Formulierung des Sinn-Horizontes eine Veränderung im Selbstverständnis des Führungskreises. War man zuvor ein Management-Team, in dem jeder den „Hut" für seine Abteilung trug, so verstand man sich jetzt als Führungskreis, in dem man sich traf, um zu sehen, wie alle Bereiche miteinander möglichst gut auf den Sinn-Horizont zugehen können.

6.1.2.3 Schritt im Führungskreis: Leitlinien zur Kommunikation

Um Werte und Sinn-Horizont nicht einfach in den Führungsköpfen stecken zu lassen, sondern einen gemeinsamen Start bei allen Mitarbeitern zu ermöglichen, musste überlegt werden, wie Wege und Konsequenzen möglichst einfach und klar formuliert werden könnten. Wieder rang der Führungskreis – mitnichten sprachverliebte Menschen, vielmehr pragmatische Ingenieure und Techniker – zusammen an der Formulierung eines Leitbildes, das ein echter Maßstab im Alltag sein sollte.

Heraus gekommen ist ein ungewöhnlicher, kurzer und klarer Text, der zu allsafe Jungfalk jeden Tag noch besser passt:

---

allsafe Jungfalk

Wir erfinden Sicherheit – grenzenlos.

Menschen sind frei und verantwortlich. Unser Handeln basiert daher auf den vier Werten: Eigenverantwortung, Fairness, Kundenorientierung, Innovation. Diese Werte leben wir in unseren Leitlinien.

Marktbedürfnisse spornen uns zu innovativem Handeln an.
Wir überzeugen durch Rat und Tat.

Auf die Menschen bei allsafe Jungfalk sind wir stolz:Sie arbeiten verantwortlich für sich selbst, ihre Kollegen und das Unternehmen.
Wir geben Halt – wir gehen voran.

Faires Verhalten begeistert Kunden, Lieferanten und Menschen im Unternehmen.
Wir stehen zu unserem Wort!

Mit sportlichem Ehrgeiz verfolgen wir die Verbesserung von Qualität, Lieferzeit und Kosten.
Wo wir sind, ist Erfolg!

Bei der Lektüre von Leitbildern bleibt immer zu beachten: lebendig sind nicht die Vorsätze, die man sich macht, lebendig sind die Menschen, die die Vorsätze als Maßstab für ihr Handeln nehmen. Zur Implementierung wurde eine Mitarbeiterversammlung zur Schichtübergabe einberufen, so dass so viele Mitarbeiter wie möglich sowieso vor Ort waren. Die Versammlung fand in einer der Werkhallen statt, das heißt die Geschäftsführung brachte die Werte mitten unter die Leute. Auf großen Pinboards wurden die einzelnen Sätze angebracht und jedes Mitglied des Führungskreises stellte sich zu einem Board, das heißt stellte sich „zu den Leitlinien". Die Mitarbeiter liefen locker mit einem Glas Saft und einer Brezel in der Hand von Board zu Board und befragten die dortigen Führungsmitarbeiter, was sie genau mit diesem oder jenem Satz anfangen sollten. Nach anfänglichem Zögern hallten die Gespräche und auch Einwände aller Mitarbeiter von Produktion bis Verwaltung durch das Gebäude. Die Kommunikation über die und damit die Implementierung der Werte hatte begonnen.

Aus der Wandergruppe der Variante 2 war eine der Variante 3 geworden (vgl. Kap. 5.3), aus der Belegschaft wurde ein Sinn-Team.

6.1.3 Der Unterschied zwischen Sinn-Horizont und Idealismus: Die Wirklichkeit

Spätestens an dieser Stelle kommt der Einwand, Märchen seien etwas für Kinder, Ideale für Jugendliche und Visionen für Kranke; allen drei Punkten stimme ich zu. Sinn- und Werte-orientierte Führungspersonen pflegen weder Heroismus, noch malen sie einen Paradieszustand in die Luft; sie laden ein, auf den Sinn-Horizont zuzugehen und damit für sich selbst und für andere Sinn-stiftend zu wirken. Sehr konkret und pragmatisch verändert deshalb LbM den Unternehmensalltag.

Der Unterschied zwischen einem Paradies oder Ideal und dem Sinn-Horizont ist gerade der, dass der Weg zum Sinn-Horizont positiv wirkt. Es geht nicht darum, in einem Zustand der Vollkommenheit anzukommen, vielmehr orientiert am Sinn-Horizont und an den Werten für andere in Bewegung zu bleiben. Ob „Sicherheit – grenzenlos", „Liberty on Wheels" oder „Connecting people": immer geht es darum, dass Unternehmen für andere keinen finanziellen, vielmehr einen persönlichen Mehrwert schaffen, das heißt deren Leben durch ihre Tätigkeiten wertvoller machen.

Dieser Gedanke ist als ausgesprochener in der Geschäftswelt ungewöhnlich. Wir haben speziell in Deutschland zwei Pole im Kopf, die sich bei uns als widersprüchlich zementiert haben: entweder ein Unternehmen bietet den Mitarbeitern, Kunden und der Region Sinn – oder das Unternehmen macht Gewinn. Die Geschichten von allsafe Jungfalk und anderen zeigen, dass beides miteinander verbunden werden kann und im Europa des 21. Jahrhunderts sogar verbunden werden muss: Gewinn erwirtschaften durch das Verfolgen eines Sinn-Horizontes. Gerade weil die Weltwirtschaft sich immer schneller dreht, brauchen Gemeinschaften eine stabile Achse, um die herum sich alles drehen kann, ohne dass die Identität verloren geht.

6.1.4   Sinn-Horizont in der Krise

Bei allsafe Jungfalk wurde die Umsetzung der Werte in Hinblick auf den Sinn-Horizont zu einer besonderen Herausforderung, als in Folge der Weltwirtschaftskrise im Jahr 2008 der Markt im Segment der Ladungssicherung völlig einbrach. Lohmann hatte vor dem Hintergrund Fairness und Sicherheit das Entlohnungs-System von Zielerreichungen entkoppelt. Management by Objectives war zu diesem Zeitpunkt komplett durch Leading by Meaning abgelöst, das heißt Lohmann wollte sich auf die Anziehung des Sinn-Horizonts und der daraufhin formulierten Meilensteine an sich verlassen und besprach zwar flexible Ziele (vgl. Pfläging (2008)) mit den Teamleitern, koppelte jedoch keine individuellen Ziele an auszuschüttende Boni. Das Grundgehalt der bislang variabel entlohnten Mitarbeiter wurde erhöht, um auf ein abgeschätzt gleiches Gehalt zu kommen wie bisher. Geplant war eine Ausschüttung des erwirtschafteten Überschusses, die auf alle Mitarbeiter gleich verteilt werden sollte. Lohmann hatte das Modell im Sommer 2008 vorgestellt, sich im Führungskreis persönlich dafür stark gemacht und betont, er wolle bewusst auf die Motivation durch den Sinn bauen und darauf vertrauen, dass die Mitarbeiter gerade deswegen ihr Bestes geben würden, weil sie zum einen Sicherheit in ihrer finanziellen Lage hätten und sich auf eine noch höhere Ausschüttung wie bisher verlassen könnten, zum anderen weil sie durch die Sinn-stiftende Arbeit intrinsisch motivierter seien. Bei einigen wenigen Führungsmitarbeitern ergab das neue Modell eine Einbuße in Höhe von 1 % ihres bisherigen Gehaltes (ca. eine Tankfüllung pro Monat). Sie gaben ihre Zustimmung, nachdem sie sich selbst noch einmal vor Augen geführt hatten, in welchem Unternehmen sie arbeiten wollten und wann ihre Arbeit eigentlich Sinn machte. Mit dem Blick von sich selbst und ihrer Eitelkeit weg auf den Sinn-Horizont war das Thema vom Tisch.

Die Wirtschaftskrise war wie für viele vergleichbare Unternehmen die größte Herausforderung für den mittelständischen Betrieb. Sie kam pünktlich zur Einführung des neuen Entlohnungsmodells und war für allsafe Jungfalk existentiell. Ein echtes Unternehmer-Wagnis wäre die Umstellung des Entlohnungssystems schon ohne Krise gewesen, aber so bekamen auch einige Führungsmitarbeiter Angst davor, wie sich die Einzelnen verhalten würden, wenn von Vertrieb über Service bis zur Produktion das Gehalt von der individuellen Leistung unabhängig war. Gerade bei Umsatzeinbruch wäre wenig Fixgehalt viel sicherer fürs Unternehmen gewesen.

Lohmann versammelte alle Leiharbeiter und teilte ihnen unter großem Bedauern ihre Entlassung mit. Der Sinn-Horizont „Sicherheit – grenzenlos" war hier doch an Grenzen gestoßen. Lohmann bezeichnet diese Erfahrung als eine der schwärzesten Stunden seiner Karriere.

Lohmann überlegte im Coaching, wie er den Sinn-Horizont verbildlichen, welche Allegorie er seinen Mitarbeitern erzählen könnte, um sie zum gemeinsamen Weitergehen zu ermutigen. Der Sinn lautete: „Wir wollen keinen entlassen, wir wollen gemeinsam durch die Krise gehen." Das Bild, das wir in der Vorbereitung dazu entwickelten, war eine Schiffsmannschaft, die bei gutem Wetter gut ausgerüstet und munter los gefahren war und sich nun im Sturm befand. Der Geschäftsführer, der selbst nicht wissen konnte, wie sich die Wirtschaft weiter entwickeln würde, bat bei der Erzählung der Geschichte um die freiwillige Reduzierung des eben erst zum Teil aufgestockten Gehaltes. Lohmann zeigte auf, um wie viel länger alle „an Bord" bleiben könnten, wenn jeder auf einen Teil des Gehaltes vorläufig verzichten würde. Sozusagen eine Diät für alle anstelle der üblichen Vorgehensweise, bei der die einen zwar ängstlich sind, sich aber weiter nähren und die anderen verhungern. Weil der Wert Fairness nicht nur in guten Zeiten gilt, wurde vorher festgelegt, was der Mindestbetrag sein sollte, mit dem ein Mitarbeiter nach vierzig Stunden Arbeit am Ende des Monats rausgehen sollte: er sollte von seinem Lohn weiterhin leben können. Die Reduktion wurde entsprechend gestaffelt: die Produktionsmitarbeiter sollten vorläufig auf 10 % verzichten, die mittlere Ebene auf 15 % und die Führungsmitarbeiter auf 20 %. Die Geschäftsführung verzichtete auf 25 %. Sollte das Unternehmen die Krise überstehen und wieder liquide sein – so das Versprechen Lohmanns – würde der „Gehaltseinbehalt" ausbezahlt werden. Ob und wann das sein würde, war unklar. Mit einem Appell an die Freiheit und Verantwortung des Einzelnen an Bord und der Sehnsucht, mit allen letztlich wohlbehalten auf diese Überfahrt bei Sturm zurück blicken zu können, beschloss Lohmann seine Rede. Eine Abstimmung über diesen Vorschlag erfolgte anonym. Zwei von knapp hundert Mitarbeitern stimmten gegen die „Diät" an Bord. Einer unterschrieb im Anschluss den Änderungsvertrag nicht und erhielt sein bisheriges Gehalt weiterhin.

Die Sehnsucht, Sicherheit grenzenlos zu verwirklichen (und nicht nur als Traum in guten Zeiten werbewirksam zu verkaufen), war in der Krise das, was sowohl Detlef Lohmann, als auch seine Mitarbeiter dazu brachte, über sich hinaus zu denken und auf Gehalt zu verzichten – obwohl so mancher sich fragte, ob es nicht jetzt gerade wichtig war, noch einige Notgroschen zu sparen, falls das Unternehmen pleite machen würde.

Die Mannschaft kam nach einer monatelangen „Gemeinschaftsdiät" geschlossen an Land. Der Gehaltseinbehalt wurde später tatsächlich ausbezahlt. Was sich als Nebeneffekt nicht nur als belastbar, vielmehr als tragend gezeigt hatte, war die Sinn- und Werte-Gemeinschaft, die schon vorher begonnen hatte, die Werte zu leben und auf den Sinn-Horizont zu schauen.

6.1.5 Sinn-Horizont nach der Krise

Wie kann allsafe Jungfalk als Player in einer Branche, die immer von starken Schwankungen beeinflusst werden wird und von „den Großen" abhängig ist, denjenigen Sicherheit bieten, die am unsichersten angestellt sind, nämlich den Leiharbeitern? Diese Frage beschäftigte Lohmann nach der Krise ganz besonders. Heute arbeitet allsafe Jungfalk ausschließlich mit Leiharbeitsfirmen zusammen, die das Modell mittragen, bei dem Leiharbeitern 10 % mehr Gehalt ausbezahlt wird als den fest angestellten Mitarbeitern. Lohmann vergleicht Leiharbeiter mit Ich-Unternehmern, die das volle Risiko selbst tragen und selbst vorsorgen müssen. Das Mehr an Gehalt soll denjenigen die Möglichkeit geben, sich finanziell so aufzustellen, dass sie in Zeiten der Arbeitslosigkeit ein Polster haben, das sie eine Weile tragen kann. Lohmann und sein Führungskreis finden das „fair": die Leiharbeiter werden nicht „besser gestellt", sondern ihre unsichere Situation wird berücksichtigt. Kündigt ein fest angestellter Mitarbeiter oder ist die Lage über lange Zeit stabil, wird bewährten Leiharbeitern angeboten, in eine Festanstellung zu wechseln. Im Alltag spielen die Anstellungsverhältnisse zum Beispiel für den Zugang zu Informationen, Einladung zu Festen und Jahresprämien keine Rolle, es ist *eine* Werte-Gemeinschaft.

Im Unterschied zu anderen Unternehmen hatte man bei allsafe Jungfalk die Krise auch nicht genutzt, um „schwierige" Mitarbeiter los zu werden. Dagegen sprach sowohl der Sinn-Horizont (die Mitarbeiter hätten gerade dann keine neue Anstellung gefunden), als auch der Wert Fairness. Allerdings kam es nach der wirtschaftlichen Krise zur Trennung von einigen Mitarbeitern, die dann auch wieder gute Chancen auf dem Arbeitsmarkt hatten. In der Krise war deutlich geworden, wer zur Bord-Mannschaft passte und wer nicht. In einer bedrängenden Situation zeigt sich, wer die Werte, die das Team zusammen halten sollen, teilt, und wer bisher eher Nutznießer davon gewesen war. Für alle muss klar sein, mit welcher Mannschaft und wohin man unterwegs ist, und manche müssen nach solch einer Klärung auch das Schiff wechseln. Obwohl Trennungen von Mitarbeitern immer Wunden schlagen und Ängste bei Kollegen hervorrufen können, ist es doch wichtig, diejenigen am Hafen abzusetzen, die anderswo hin oder die die Mannschaftskultur nicht mittragen wollen. Nicht alle Menschen teilen dieselbe Sehnsucht; und die Sehnsucht sagt nichts über die Qualität eines Menschen aus. Aber es ist nun mal ein Unterschied, ob man auf einem Kreuzfahrtschiff, Containerschiff oder Marineschiff als Offizier arbeiten will.

Leading by Meaning ist also keine softe Führungsart – Klarheit bringt immer wieder auch Schärfe mit sich. Nur dass diese Schärfe sich an einem Sinn und einer Gemeinschaftskultur (den Werten) misst, nicht am sogenannten Nasenfaktor. So sind gerade „unbequeme" Mitarbeiter für das stetige Verfolgen des Sinn-Horizontes wichtig. Ohne Quer- und Vordenker, ohne Bedenkenträger und Streitwillige verschwindet gerade die harmonischste Mitarbeitergruppe in einer „Kuschelecke", aus der sie kaum mehr hervor zu locken ist. Erfolg ist auf diese Weise jedoch nicht zu machen.

6.1.6 Sinn-Horizont und wirtschaftlicher Erfolg

In jedem Unternehmen muss es um wirtschaftlichen Erfolg gehen, damit das Schiff nicht mitsamt der Werte-Gemeinschaft untergeht. Das gilt selbst für die Rechtsform der gemeinnützigen GmbHs (gGmbH), die zwar keinen Gewinn erwirtschaften dürfen, aber mit roten Zahlen sofort untergehen würden.

Menschen, die mit Sinn und Werten führen, machen die Erfahrung, dass sie nicht nur selbst klarer und konsequenter führen und für sich selbst zufriedener leben, sondern auch erfolgreicher sind als vorher. Der Kontrollbedarf ist wesentlich geringer, die Kommunikation intensiver, Mitarbeiter brennen für die Sache. Die Fehlerkultur verändert sich dahingehend, dass im Fokus nicht das übliche Weiterschieben von Schuld steht, vielmehr ein Pool an Erfahrungen wächst, der allen hilft, sich weiter zu entwickeln.

Ein Faktor des wirtschaftlichen Erfolgs ist der durch einen Sinn-Horizont weite Blick, der trotz der Fokussierung auf laufende Projekte den einengenden Tunnelblick verhindert. Der Blick bleibt weit, der Horizont gibt Bewegungsraum und hat kaum Grenzen.

Im Kopf und bei Strategietagen gibt es deshalb immer die „Lizenz zum Spielen", um mittel- und langfristige Projekte anzudenken, Ressourcen frei zu halten und konkrete Wege strategisch anzugehen. Bei allsafe Jungfalk können Mitarbeiter jederzeit an einem Kicker, an der Tischtennisplatte oder in der Bibliothek ihren Kopf „durchlüften". Sowohl die Spielecke, als auch die gemütliche Leselandschaft mit Bibliothek befinden sich mitten im Unternehmen.

Ziele und Verhaltensnormen werden in den Betrieben, in denen die Mitarbeiter nach „Variante 2" geführt werden, gerne als Spielfelder dargestellt, innerhalb denen man sich frei bewegen kann. Vielen hilft dieses Bild, weil sie sich sicher darin fühlen, von einem Schiedsrichter (zum Beispiel dem Vorgesetzten) ins Spiel zurück gepfiffen zu werden, wenn sie die Grenze überschreiten. Sinn- und Werte-orientierte Unternehmen arbeiten mit Mitarbeitern, die keine Schiedsrichter wollen, sondern sich selbst an Leuchttürmen orientieren: Sinn und Werte sind dann die Leuchttürme, auf die jeder schaut, und an denen man sich orientiert. Sinn-orientierte Unternehmen leben von den Menschen, die Sinn und Werte vorleben, die wirkliche, also wirkende Führungspersönlichkeiten sind. Sie ermutigen nicht nur, sie fordern den Umgang mit Freiheit ein und weisen auf den Sinn-Horizont hin, nicht auf sich selbst. Man braucht dazu weder Helden, noch Engel, schon gar keine Moralisten – die würden eher stören. Man braucht mutige Menschen, die bereit sind, von sich selbst weg auf einen Horizont zu weisen, und die Geduld mit sich und anderen an den Tag legen, um neu zu lernen, mit Freiheit verantwortlich umzugehen. Letzteres gehört zum Anspruchvollsten überhaupt.

Die hier beschriebenen Veränderungen bei allsafe Jungfalk sind keinesfalls zwangsläufig in jedem Unternehmen dieselben. Andere Beispiele wie die Hotelkette Upstalsboom oder die Textilfabrik Manomama haben mit Leading by Meaning völlig andere Wege beschritten. Welche Konsequenzen LbM nach sich zieht, hängt ganz von der Situation, den Führungspersonen, dem gewählten Sinn-Horizont und den Werten ab.

Der wirtschaftliche Erfolg resultiert in jedem Fall daraus, die Anstrengungen auf die Herausforderungen des Unternehmens zu verwenden, die zuallererst im Zugehen auf den Sinn-Horizont bestehen. Stellen Sie sich vor, wie es in Ihrem Unternehmen aussähe, wenn der ständige Abgleich von Zahlen auf das Pragmatische reduziert würde, wenn statt der Suche nach Schuldigen ein Erfahrungspool eingerichtet würde, und wenn Dokumentationen der Sache, nicht der Kontrolle dienten. Wie viel Zeit und Kraft bliebe „übrig" für das, wofür das Unternehmen sich ursprünglich aufgestellt hat – und für das, was Ihnen persönlich im Leben Sinn stiftet!

6.2 Umparken im Kopf

6.2.1 Die Vermessung der Unternehmenswelt

„Finden Sie das richtig?!" oder „Finden Sie das etwa gut?!" werde ich manchmal im Coaching gefragt. Von meiner Seite folgt die alte Beratermasche, also eine Rückfrage:

„Wie finden Sie das denn?" Egal, worum es sich handelt, kommt meistens ein Schwall Adjektive wie „unmöglich", „unkollegial", „egoistisch", „schädlich", „ungerecht" und so weiter. Offensichtlich hat hier ein Mitarbeiter oder Vorgesetzter eine empfindliche Stelle getroffen. Wie wäre es aber, wenn wir endlich aufhörten, von „richtig" und „falsch" zu sprechen und statt dessen das benennen würden, wofür wir das Angesprochene halten: „unmöglich", „unkollegial", „egoistisch", „schädlich", „ungerecht".

Der wesentliche Unterschied besteht zuerst im Kopf, bevor er erhebliche Konsequenzen in der Praxis nach sich zieht. Es ist so einfach, die Welt in richtig oder falsch, in gut oder schlecht einzuordnen! Doch woran messen wir eigentlich, ob etwas richtig, falsch, gut oder schlecht ist? Diese groben Kategorien haben vor allem eines an sich: „Ich" bin das Maß, „Ich" bin auf jeden Fall auf der „richtigen" Seite oder auf der Seite der „Guten". Alles andere kommt vor allem im Streitfall nicht in Frage. Jedenfalls nicht in den Unternehmen, in denen sich die Mitarbeiter vor falschen Entscheidungen hüten müssen und im Zweifelsfall lieber gar nicht entscheiden – was vom Vorgesetzten in aller Regel auch als „nicht gut" (=schlecht) beurteilt wird. Oder misst sich das Einteilungspaar „richtig-falsch" an der Normalität? Auch das kann nicht sein. „Normalität" hat eine Gesellschaft und erst recht kein Unternehmen je nach vorne gebracht.

Mit den Kategorien stampfen wir uns unsere Welt zurecht und bewegen uns dabei keinen Millimeter im Kopf, also auch nicht auf dem Weg.

In Sinn-orientierter Praxis gibt es natürlich Maßstäbe: führt die Entscheidung oder das Verhalten in Richtung Sinn-Horizont bzw. auf die Sinn-Aspekte, die in den letzten Monaten fokussiert wurden? Entspricht das Verhalten den vereinbarten Werten, also dem Verhaltenskodex des Unternehmens? Statt der häufig verwendeten Begriffspaare „richtig/falsch", „gut/schlecht" haben wir dann „hilfreich/nicht hilfreich", „nützlich/unnütz", „adäquat/inadäquat" und so weiter. Wo „richtig und falsch" vermieden wird, ist Freiheit und Verantwortung gefordert. Im Kopf die alten Begriffspaare zu streichen, macht das Leben deshalb nicht schwieriger, aber differenzierter – und anstrengender: plötzlich muss nämlich jeder selbst denken!

Beispiel

Mary Barra, seit 2014 die neue Vorstandsvorsitzende von General Motors, hat eine beispielhafte Anekdote dazu erzählt:

Bei GM war der schriftlich festgehaltene Dress Code auf knapp zwanzig A4-Seiten angewachsen. Hierin war genau beschrieben, auf welcher Hierarchiestufe die Mitarbeiter sich bei welchen Kontakten wie kleiden sollten. Barra, die sich für ihre Führungszeit als Auftakt „Umparken im Kopf" gewählt hat, reduzierte das zwanzigseitige Dokument auf eine Zeile: „Dress appropriatly" („Kleiden Sie sich dem Anlass entsprechend!") lautete ab jetzt die Anweisung. Einer der Werksdirektoren fühlte sich nun unsicher. Er rief seine Vorstandsvorsitzende an, um für sich doch noch eindeutigere Anweisungen zu erhalten. „Was fällt denn so alles in Ihren Aufgabenbereich und über welches Budget verfügen Sie?" fragte Barra – angeblich, um sich ein klares Bild verschaffen zu können. Bei der Angabe des Budgets über 10 Millionen Dollar unterbrach Mary Barra: „Sie meinen, ich kann Ihnen freie Hand über 10 Millionen Dollar lassen, darf Ihnen aber nicht zutrauen, dass Sie sich adäquat kleiden?!"

Damit war das Gespräch beendet.

6.2.2   Das Kommunikations-Dreieck

In manchen Unternehmen könnte man fragen: „Sitzt Ihr noch oder arbeitet Ihr schon?" –Sitzungen gehören leider zu den wiederkehrenden Frustrationserlebnissen vieler Mitarbeiter. Es ist verzwickt: Zum einen beschwert man sich über zu wenig Austausch, zum anderen fördert die Mehrheit der Sitzungen den persönlichen und fachlichen Austausch nicht so wie gewünscht.

Abgesehen davon, dass es hervorragende Literatur zur Durchführung effektiver und effizienter Sitzungen gibt, die selten in der Praxis Beachtung finden, liegt die unbefriedigende Situation oft auch daran, dass der gemeinsame Sinn-Horizont unklar ist und damit viele Scharmützel vor dem Hintergrund von Einzelinteressen auf persönlicher Ebene ausgetragen werden.

Die Kommunikation wird erheblich effektiver, wenn die Regeln des Kommunikationsdreiecks beachtet werden. Im Dreieck wird dargestellt, welche Richtung jedes Gespräch einnehmen soll, um eine konstruktive Besprechung zu gewährleisten. Die Ebene ICH – DU steht dabei nicht im Vordergrund, sondern sie dient der Verfolgung eines gemeinsamen Projektes, dem ES, das wiederum immer auf den Sinn-Horizont bezogen ist. Die überwiegenden Diskussionen in Sitzungen verlaufen unter dem „Deckmantel" eines ES auf der ICH-DU-Ebene ab.

Das liegt unter anderem daran, dass das ES häufig gar nicht geklärt ist; natürlich steht als Tagesordnungspunkt zum Beispiel „Lieferverzögerung" auf der Agenda. Die Diskussion verläuft dennoch diffus am Thema vorbei: der Vertriebsmann klagt darüber, der betreffende Kunde sei schon so sauer, dass er einen anderen Zulieferer aufbaut; der Finanzchef meint, der Kunde bringe dem Unternehmen sowieso keinen Gewinn; der Produktionsleiter lehnt die Verantwortung für die Verzögerung ab, weil durch Krankheitsfälle und Brückentage… – jeder Leser hat längst ein Bild der Sitzung, auch wenn es sich bei der Schilderung nur um eine beispielhafte und grobe Skizze handelt. Was im Wortgefecht (auch in der Realität) keinem auffällt ist: jeder spricht über ein anderes Thema, weil jeder beim Stichwort „Lieferverzögerung" andere Assoziationen hat. Geht es in der Besprechung darum, diesen einen Kunden zufrieden zu stellen? Oder darum, prinzipiell eine bessere Termintreue gewährleisten zu können? Oder um die strategische Frage, wie viel ein Kunde an Gewinn einfahren muss, damit man ihn überhaupt bedient? – Alle drei Fragen mögen berechtigt sein; sie werden aber nur gelöst, wenn sie als solche besprochen werden. Stattdessen wird immer wieder ein aktueller Anlass genommen, der dazu dient, eigene Meinungen zu allen möglichen Themen zu äußern.

„Worüber sprechen wir?" wäre die einfachste Frage, um viele Sitzungen effektiver und kürzer zu machen. Statt aber den Mut zu haben, immer wieder mitten in der Diskussion zu fragen „Worum geht es jetzt eigentlich?", diskutieren hoch bezahlte Mitarbeiter meistens auch noch so, dass sich jeder vom anderen missverstanden oder gar bevormundet fühlt. Aus all' diesen Gründen bewegt sich das Gespräch so häufig im Kreis. Weil aber sachliche Argumente vorgebracht werden, verstehen die wenigsten, warum die Diskussion nicht konstruktiv vorankommt.

In Sinn-orientierten Unternehmen ist die Fokussierung auf eine „Überschrift" so geläufig, dass der Sitzungsleiter oder auch Teilnehmer immer wieder auf die Metaebene gehen und Fragen stellen wie „Worum geht es eigentlich?", „Unter welcher Überschrift läuft die Diskussion jetzt gerade?", „Inwiefern weist das auf unseren Sinn hin?"

Weil das „Wording" bekannt ist und jeder weiß, worauf man mit den Fragen hinaus will, beruhigen sich vielleicht nicht immer sofort alle Gemüter in gleicher Weise, aber die Perspektiven werden in ein und dieselbe Richtung gebracht. Manchmal wird auch erst durch die Rückfrage klar, dass das ES in diesem Fall unterschiedliche Definitionen hat. Manchen kommt es dann müßig vor, erst darüber zu reden, worüber man eigentlich redet, wo man doch so knapp in der Zeit ist. Diese Haltung gleicht einer Gruppe, die gemeinsam im Auto losfährt, ohne abgesprochen zu haben, wohin eigentlich. In einem Meeting sitzt im übertragenen Sinne der dominanteste Teilnehmer am Steuer – er bestimmt den Inhalt und stört sich daran, wie oft die anderen ihm ins Lenkrad greifen.

Wenn ICH und DU im Gespräch aufeinander treffen, treffen immer zwei Persönlichkeitsprofile mit ihren Erfahrungen und Interessen zusammen. Um sich nicht um die jeweiligen Interessen zu kümmern, sondern die Kompetenzen im Sinne des Unternehmens zu bündeln, muss das ES erstens bewusst sein, zweitens immer wieder neu gemeinsam fokussiert werden (Abb. 6.1).

6.2.3 Denken statt rechnen

Wie konnten frühere Unternehmer ihre Mitarbeiter sicher in die Zukunft führen? Wie war das ohne Excel & Co., ohne Extrapolation und komplexe Szenarien? Die Antwort ist so einfach wie ernüchternd: sie dachten selbst; sie berechneten das Nötige und schätzten vieles sehr gut ein. So mancher erfolgreiche Unternehmer macht auch heute noch regelmäßig lange Spaziergänge oder Wanderungen, um sich über bestimmte Fragen klar zu werden. Davon sind finanzielle Entscheidungen ganz und gar nicht ausgenommen, im Gegenteil: „Wer die Zahlen und Situationen nicht mehr fühlen kann, kann damit nicht mehr umgehen." so in etwa lautet die Regel etlicher Unternehmer. Erfahrene Banker ziehen bei großen Summen so lange die letzten Nullen ab, bis sie die Zahlen fühlen können, bevor sie damit am Finanzmarkt agieren. Erfolgreiche Unternehmer überlassen dem Computer das Rechnen und die Darstellung komplexer Vorgänge, aber nicht das Fühlen und Denken. Um sich auf das eigene Fühlen und Denken zu verlassen, bedarf es eines inneren Kompass

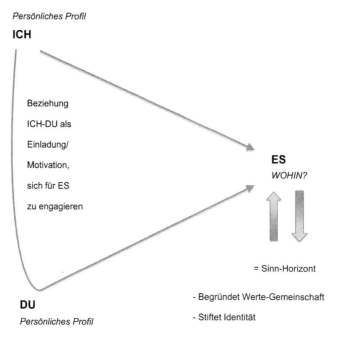

Abb. 6.1 Das Kommunikationsdreieck

und eines Selbstvertrauens, das sich in einem Selbstverständnis gründet, das den heutigen jungen Erwachsenen so oft fehlt, weil man ihnen beigebracht hat, mit Analytik Fehler vermeiden zu können. Spätestens seit dem Bankenzusammenbruch durch die Immobilienblase 2008 wissen wir, wie sich gerade diejenigen, die täglich mit Zahlen zu tun haben, grob „verrechnen".

Aber zurück zu einem Beispiel aus dem Unternehmensalltag.

Beispiel

Als ein Mandant, Geschäftsführer eines Automobilzulieferers mit zwei Produktionsstätten und ca. 800 Mitarbeitern, im Frühjahr 2013 seine ausgefeilten Prognosen für das Jahr 2017 vorlegte, fragte ich ihn, wie er denn so genau wissen könne, welche Aufträge und Gewinne bis dahin Wirklichkeit würden. Lachend antwortete er, das wisse er natürlich nicht, aber an irgend etwas müsse man sich ja fest halten und auf Grund irgend welcher Kriterien müsse er ja auch führen. „Mit Zahlen können Sie nicht führen." antwortete ich. – „Was?! Womit denn dann?!" folgte als erschrockener Ausruf.

Natürlich brauchte der Mandant die Zahlen auch für seine Hausbank, die über einen Kredit zu entscheiden hatte. Im Gespräch stellte sich aber heraus, dass ein Mitarbeiter über etliche Wochen fast ausschließlich an dieser „fiktiven Bilanz" gearbeitet hatte, die letztlich bis ins kleinste Detail ausgearbeitet war. „Jetzt können wir den Mitarbeitern doch immerhin sagen, wohin wir wollen" meinte der Geschäftsführer. – „Wie haben die denn bei der Betriebsversammlung reagiert, als sie sagten, dass der Umsatz im Jahr 2017 bei 100 Mio. Euro sein wird?" – „Eigentlich gar nicht…".

Wie hätten sie auch sollen, nachdem viele miterlebt haben, wie 2001 und 2008 der Markt zusammen gebrochen war und alle darauf hofften, bei der nächsten Entlassungswelle nicht dabei zu sein. Im Grunde haben die Mitarbeiter vernünftig reagiert, indem sie gar nicht reagiert haben.

Karl Valentin meinte ganz passend: „Prognosen sind schwierig, vor allem, wenn sie die Zukunft betreffen."

In dem Kultroman der 1980er Jahre „Per Anhalter durch die Galaxis" von Douglas Adams bekommt ein Computer die Aufgabe, den Sinn des Lebens zu klären (vgl. Adams (2009)). Nach Millionen von Jahren und unzähligem Durchspielen aller Kombinationsmöglichkeiten gibt der Computer die Antwort: „42".

Eine Zahl als Antwort auf den Sinn des Lebens? Das ist absurd und der Roman ist Geschmacksache – dennoch verweist er mit seiner Mischung aus Science Fiction und surrealer Satire auf den Graben, der sich ergibt, wenn man versucht, intellektuelle Fragen, die das Leben betreffen, mit zahlen-analytischen Methoden zu klären. Wir bemerken gar nicht mehr, dass es ähnlich absurd ist, wenn wir Mitarbeitern erklären, dass der Sinn des größten Anteils ihres Lebens, nämlich die Arbeitszeit, darin besteht, mit allen anderen zusammen x Millionen Euro im Jahr y zu erwirtschaften. Nicht, dass es dieser Transparenz nicht bedürfte, aber es wird keinem ein Bild oder gar eine Geschichte vor Augen führen, an der er irgendeinen wesentlichen Anteil hat.

Zahlen ziehen höchstens Menschen an, die „hinter die Zahlen" sehen können, das heißt das, was sie für das Unternehmen und partizipierende Märkte und Menschen bedeuten. Im Grunde sind es auch diese dahinter stehenden Bilder, die diejenigen beflügeln, die sie interpretieren. Diese Bilder gilt es mitzuteilen.

Der Mandant, der eigentlich die Bilanzen für die Banken so intensiv ausarbeiten lassen hatte, meinte im Beispiel, die Bank wäre mit weit weniger zufrieden gewesen – er hätte die Prognose im Unternehmen dann doch noch so genau machen lassen, weil er einfach „wissen" wollten, was kommt. Bei der Erläuterung wurde er selbst beinahe zerknirscht: „Es ist so viel einfacher, sich an Zahlen fest zu halten, als sich immer wieder neu auszurichten und zu fragen, wo in Hinblick auf den Horizont wir uns befinden…".

6.2.4 Zur Sicherheit: Vertrauen

Ein bereits erwähnter und sehr weit verbreiteter „Zeitfresser" besteht in der permanenten Absicherung der Mitarbeiter durch Berichtswesen, Dokumentationen und Mailwechsel (vgl. Kap. 5.5).

Worum ging es bei Dokumentationen und Berichten ursprünglich? Es ging darum, abgeschlossene Vorgänge und Entwicklungen im Nachhinein nachvollziehen zu können. Es ging darum, zu verstehen, was, damals' passiert ist. Heute geht es darum, sich abzusichern; die meisten Berichte dienen der Dokumentation „Das hab ICH gemacht" oder vor allem „Falls irgendwas falsch läuft: Ich war's nicht!" Der Fokus hat sich vom Verstehen des Ablaufs auf das Verschieben von Verantwortungen verlegt. Das hat uns – Mail-Accounts und Gigabytes sei Dank – eine mittlerweile unüberschaubare Menge an Dokumenten beschert, von denen schätzungsweise mehr als die Hälfte bestenfalls überflogen wird.

Beispiel

Ein Coachingnehmer, Abteilungsleiter in einem Konzern, machte dazu einen „Versuch": er hatte schon lange den Eindruck, seine Monatsberichte mit den Rubriken „High Lights", „Challenges" und „Questions to discuss" seien völlig unnötig. Er telefonierte dann und wann mit seinem Vorgesetzten in den USA, um Konkretes zu besprechen, richtete sich aber nicht nach einem Monatsrhythmus. Also stellte der die Berichte ein; die Konsequenz ließ nicht auf sich warten, aus USA kam eine schriftliche Aufforderung, die monatlichen Reports abzuliefern. Der eigenwillige Abteilungsleiter schickte nun einen schlampigen, lustlosen Monatsbericht. – Ohne Konsequenzen. Vermutlich machte der Chef sich nämlich nicht einmal die Mühe, das File zu öffnen, er legte es einfach ab. Warum? Der Coachingnehmer meinte dazu: „Weil es in meiner Abteilung gut läuft, die Ergebnisse stimmen und mein Chef im Lauf der Zusammenarbeit bemerkt hat, dass er sich auf mich als Abteilungsleiter verlassen kann. Ich denke übergreifend, gebe Ideen ein, dokumentiere die technischen und Kunden-Abläufe sauber und wenn wirklich etwas schief läuft, habe ich mich noch immer an ihn gewandt. Der hat doch gar keine Zeit, sich um die zu kümmern, bei denen die Projekte verlässlich laufen. Mir ist das ganz recht: meine Jungs und ich können richtig gut arbeiten und uns um die Kunden kümmern." Was ursprünglich als gute Rückkopplung für alle Beteiligten implementiert wurde, hat sich in weiten Teilen zur Farce entwickelt.

Auch die Vorgänge in kleinen und mittelständischen Unternehmen werden immer komplexer, übergreifendes Arbeiten ist unabdingbar und die Fluktuation erfordert mehr Schriftliches als das noch in der Mitte des 20 Jahrhunderts der Fall war. Das Problem liegt in dem Glauben, mit Regeln und Dokumentation Sicherheit gewährleisten zu können, Fehler zu vermeiden oder zumindest sich selbst aus der „Affäre" ziehen zu können. Mitarbeiter haben längst durch Fokussierung auf Absicherung und Fehlervermeidung Strategien im Umgang mit Berichten entwickelt: die „Ampeln" stehen selbst bei Problemen mindestens auf „gelb", das heißt übersetzt „wir kümmern uns drum, wir haben einen Plan, wie wir das Problem lösen wollen. Wirkliche Aufmerksamkeit erhalten nur die Projekte, bei denen alles auf „rot" steht; bemerkt wird man durch dieses System also nur negativ. So halten sich alle in Deckung. Trotzdem passiert natürlich hier und dort ein Fehler. Der Umgang ist entsprechend: Mit jedem Vorkommnis wird eine neue Regel, eine weitere Statistik, eine neue Absicherung im System eingebaut – ein Teufelskreis. Auf diese Weise werden dank Excel & Co. selbst mittelständische Betriebe zu akribischen Beamtenapparaten mit entsprechender Effizienz.

Bei Leading by Meaning liegt der Fokus auf dem ES, dem Sinn-Horizont. Auch Berichte sollen sinnvoll sein: „Wo wird eine Dokumentation gebraucht?" „Wo dient eine Dokumentation der Ermutigung der Mitarbeiter?" „Wo kann uns welche Statistik früh genug warnen?"

Statt ein starres und hierarchisches System zu bedienen, wird das gemacht, was die jüngere Generation längst gewöhnt ist: mit intelligenten Tools jenseits der CC-Adressaten-Mails werden Informationspools eingerichtet, bei denen sich jeder holen kann, was er zum Arbeiten braucht, und was ihn darüber hinaus im Unternehmen interessiert. Diejenigen, die das für ihr Projekt sowieso müssen, aber auch diejenigen, die sich einfach übergreifend interessieren. Bei allsafe Jungfalk hängen sämtliche Wochenergebnisse sozusagen als „Wasserstandsmeldungen" öffentlich aus. Jeder kann jederzeit sehen, wie es um welche Projekte steht, wo welcher Kunde hinzu gewonnen wurde, welcher Umsatz bislang erzielt wurde, welche Budgets wie angesetzt wurden und mit welchem Reingewinn bisher gerechnet wird. Da hängen keine geschminkten Zahlen; die würden keinem etwas bringen.

In aller Regel haben Vorgesetzte Angst, was passieren würde, wenn alles offen läge. Es besteht ein tiefes Misstrauen von Führungspersonen gegenüber ihren Mitarbeitern. Diese sind aber nicht „Kevin allein zu Haus", sondern kompetente Menschen, die darauf warten, dass man ihnen etwas zutraut. Bei allsafe Jungfalk haben nicht nur die Teamleiter der Produktion sehr schnell „lesen gelernt", vielmehr kommen inzwischen auch Maschinenarbeiter an den Charts vorbei um zu sehen, welche Erfolge ihr Team mittlerweile verzeichnen kann und wie sich das Unternehmen aktuell am Markt platziert. Es steht ihnen frei, auf Post-its Fragen zu formulieren oder Kommentare zu hinterlassen. Die Statistiken beleben alle Teams und führen zu einer Dynamik nach vorne. Statt in Deckung zu gehen à la „ich war's nicht!" will man voneinander wissen und pflegt eine produktive Neugier, die keinen in seiner Arbeitsleistung bremst.

Andreas Kroner, Leiter der Entwicklung beim Schmiede-Umformtechnik-Unternehmen LEIBER, gehört zur Generation Maybe. Im Interview mit ihm wird deutlich, wie wichtig ihm die Zukunft des Unternehmens, eine gute Zusammenarbeit mit den Kollegen und reibungslose Abläufe sind. Er erzählt auch, wie er gemeinsam mit einem Führungskollegen aus der Technik, auch ein „Maybe'ler", im Betrieb um mehr Transparenz mit intelligenten Tools kämpft, die den anderen Vorgesetzten der Baby-Boomer-Generation fremd und damit kompliziert erscheinen. Erschöpft von der Masse an Mails, die wie in jedem „normalen Unternehmen" innerbetrieblich hin und her laufen, lautet die Ansage: „Nicht noch mehr Tools, für die wir zusätzlich Zeit aufwenden müssen! Wir haben schon genug mit uns selbst zu tun. Und wieso wollen eigentlich so viele etwas von mir wissen?! Ich schreibe meine Berichte an meinen Geschäftsführer, die gehen niemanden sonst etwas an." Der Geschäftsführer ist damit natürlich überlastet – es obliegt ihm, die Führungsmitarbeiter zu vernetzen, Probleme anzugehen und für Kommunikation zu sorgen. Das geht mit dem größten Erledigungseifer nicht. Weil die Baby-Boomer-Kollegen aber einfach mehr sind als die Maybe'ler, merken sie gar nicht, wie ihnen mit der Kompetenz der jüngeren Kollegen eine Chance vor der Nase steht, die alle entlasten und zu Transparenz beitragen könnte.

„Hat man denn noch alles im Griff, wenn man loslässt und den Führungsmitarbeitern so viel Information zufließen lässt?" so fragte mich Dr. Leiber, der geschäftsführende Gesellschafter von LEIBER GmbH & Co. KG. Unausgesprochen lautete die Frage: Ist nicht Vertrauen zwar gut, aber Kontrolle besser? So sehr steckt Lenins Ausspruch in den Führungsköpfen, dass wir ihn als Allgemeinwissen pflegen. Die Generation Maybe wartet darauf, uns alle dabei zu unterstützen, „flüssiger" und transparent zu kommunizieren; und sie warten auf die Richtungsorientierung an Stelle von Vorschriften. Alles ist da, wenn man vertraut.

Die Wende begann bei LEIBER dort, wo der Geschäftsführer seinen Mitarbeitern vertraute, sie im persönlichen Gespräch befragte und sich immer weniger auf Zahlen konzentrierte, stattdessen auf Sinn- und Werte-Orientierung setzte. Dr. Leibers Verhalten basiert auf dem Vertrauen und der Erfahrung, dass alle im Unternehmen, vor allem die Führungsmitarbeiter trotz unterschiedlicher Vorstellungen ein echtes Interesse daran haben, das gesamte Unternehmen auf einem guten Weg nach vorne zu führen.

Dieses Vertrauen ist in den letzten Jahrzehnten in unseren Betrieben immer mehr einem Misstrauen und Kontrollmechanismen gewichen. Mit dem Effekt, dass Verantwortung als Last begriffen wird, Berichte geschönt werden und sich alle immer noch unsicherer fühlen. Das ist verständlich, wenn alle wissen, dass die Abbildung mit der Wirklichkeit nicht übereinstimmt – schließlich hat ja jeder am geschönten Bild mitgebastelt.

Die Erfahrung nach einem veränderten Umgang mit Kommunikation und Information vor dem Hintergrund der Sinn-Orientierung zeigt, dass Menschen mit Transparenz gut umgehen können, auch wenn dabei unangenehme Wahrheiten herauskommen. Die meisten wollen mitdenken, sie wollen das Unternehmen nicht ausbeuten, sondern nach vorne bringen. Sie sind motiviert, wenn man ihnen vertraut und ihnen etwas zutraut. Die Unternehmenswirklichkeit wird durch Vertrauen durch- und damit einsichtiger; Vertrauen veranlasst die Menschen im Unternehmen, zusammen zu stehen. Wir sollten wieder neu vertrauen. Zur Sicherheit.

Dieser Ansicht war übrigens schon Robert Bosch, der seinen Artikel vom 5. April 1919 in der Firmenzeitung „Der Bosch-Zünder" mit dem Titel versah: „Lieber Geld verlieren als Vertrauen".

6.3   Mit Sinn führen heißt Zusammenhänge schaffen

6.3.1   Führen in einer entwurzelten Gesellschaft

Wir haben uns erfolgreich befreit: unterschiedliche Lebensformen und Familienmodelle sind selbstverständlich; die Kinder schlagen nicht mehr die Wege ihrer Eltern ein; man ist angeblich nur so alt wie man sich fühlt; wer woran glaubt, ist nicht wichtig, Hauptsache derjenige fühlt sich wohl. Der Traum Friedrichs des Großen ist Wirklichkeit geworden: jeder kann nach seiner Façon selig werden, „jaqu'un à son gout". Endlich sind wir sie los, die Traditionen. Endlich können wir tun, was wir wollen und erfinden uns jeden Tag neu.

Auch wenn dieses Bild für manche Leser überzeichnet scheint, so zeigt es doch die Tendenz auf, die wir einer rasanten Enttraditionalisierung verdanken, die nach der sogenannten 68er-Bewegung durch die Vereinigung der DDR mit der Bundesrepublik einen weiteren Schub erhielt. Diese gesellschaftlichen Veränderungen sind für uns identitätsrelevant geworden. Das bekommt vor allem die Generation Maybe zu spüren, die beim Mauerfall noch in den sprichwörtlichen Kinderschuhen steckte oder noch gar keine tragen konnte. Das Phänomen der Selbst-Erfindung hat zum Problem der Selbstfindung geführt: Wir können uns nicht nur neu erfinden, wir *müssen* es! Vielleicht waren wir noch nie so nahe an dem, was Immanuel Kant in seinem Essay „Was ist Aufklärung" erträumt hatte: eine Gesellschaft, die sich auf Vernunft und Freiheit baut.

Aber schon Immanuel Kant wusste, wie anstrengend und mühsam solch ein selbstverantwortendes Leben vielen erscheint und beschrieb, wie gerne diese sich deshalb blind auf Expertenwissen verlassen: was in einem Buch steht, wird für wahr gehalten; der Arzt sagt, was ich essen soll; der Seelsorger pflegt mein Gewissen. „Ich habe nicht nötig zu denken, wenn ich nur (die Experten) bezahlen kann; andere werden das verdrießliche Geschäft (des Denkens) schon für mich übernehmen." (vgl. Kant 1784) Kant schwebte vor, dass aufgeklärte Menschen mittels ihrer Vernunft über ihre Lebensführung und Entscheidungen selbsttätig bestimmten. Ein tiefes Sinn-Empfinden war für ihn selbstverständlich: Kant konnte vom „bestirnten Himmel über mir" schwärmen; er erwähnt im dritten Teil seiner „Vorlesung über Pädagogik" den 23. Psalm („Der Herr ist mein Hirte") als den Text, der ihn in seinem persönlichen Leben am tiefsten berührt hatte. Kants Leben war absolut sinnerfüllt, weil er sich sicher war, einen Beitrag zu einer Entwicklung der Menschheit zu leisten, die sich durch die Vernunft selbst befreien und sich so zu einer friedlichen Weltgemeinschaft entwickeln würde.

Der große Philosoph (übrigens ein scharfer Kritiker von Religion und der Französischen Revolution) konnte zum Ende des 18. Jahrhunderts nicht ahnen, inwiefern persönliche Freiheit mit Enttraditionalisierung und diese wiederum zu einem Verlust an Selbst-Verortung führen kann.

Die Baby-Boomer hatten ihren Kindern den Blick „nach oben" voraus: sie wollten etwas aufbauen, sie konnten wie der Steinmetz in der bekannten Allegorie wählen, ob sie nur „Steine klopften" oder letztlich zu einer besseren Welt beitrugen. Ihre geschichtliche Einbettung bestand im Grunde darin, den Weg der Eltern fortzusetzen, die vor oder während des Krieges geboren worden waren. Ihr Auftrag lautete: „Baue weiter auf, sorge dafür, dass es Deinen Kindern besser geht als Dir, so wie wir dafür sorgen, dass es Dir besser geht als uns." Solange wir auf diesen Sinn-Horizont, die Welt besser zu machen, zugehen konnten, konnten wir uns in einer Geschichte verorten.

Sich in einer Geschichte verorten zu können bedeutet, sich in einem größeren Zusammenhang zu verstehen, der über die eigene Person hinaus geht. Dieser Zusammenhang ist das, was wir als „Sinn" empfinden und es ist auch dieser Zusammenhang, der uns das Gefühl von Identität, Kontinuität und Bedeutsamkeit verleiht. Unmerklich schwindet dieses Gefühl in den letzten Jahrzehnten immer schneller dahin. Besonders stark erlebt die Generation Maybe und ihre Nachfolger diesen Verlust: Wie kann man wissen, ob eine Entscheidung „richtig" ist, wenn alle anderen Entscheidungen genau so „richtig" sind? Woran kann man sich fest halten, wenn alles „im Fluss" ist? Wie soll man ein Profil ausbilden, wenn Flexibilität als Qualitätsmerkmal einer Persönlichkeit gilt? Wie kann man stabil sein, wenn alles mobil ist?

Mittlerweile stellen sich nicht nur die Jungen diese Fragen. Bei den meisten älteren Mitarbeitern (also den Baby-Boomern und älter) haben sich Veränderungen im Leben ergeben: durch Wegzug der Kinder, Scheidung, steigenden Druck im Unternehmen, Arbeitslosigkeit, eigene Krankheit oder die von Freunden. Einerseits ist die „Story" nicht zu Ende, andererseits lässt sie sich nicht mehr unter denselben Vorzeichen fortsetzen. Woran kann „man" sich orientieren?

Der Hunger nach Sinn, der sich heute durch die meisten Generationen zieht, betrifft natürlich auch die Führungspersönlichkeiten in den Unternehmen selbst. Weil sie diejenigen sind, von denen Orientierung erwartet wird, sind sie auch die ersten, die für sich sorgen sollten, wenn sie erfolgreich führen wollen.

Was so rätselhaft klingt, ist gar nicht so schwierig, wenn man sich klar macht, dass es als Führender in Hinblick auf Sinnstiftung darum geht, das alltägliche individuelle Tun in einen größeren Zusammenhang zu setzen, der überindividuell ist und der eine Geschichte ergibt, die sich fortschreiben lässt. Menschen sind fasziniert von Geschichten, das gilt erst recht in einer angeblich nüchternen Gesellschaft. Außerdem möchte jeder Mensch Teil einer Geschichte sein, in der er persönlich eine Rolle spielt.

Deshalb ist eine Führungspersönlichkeit, die solch eine Geschichte mitlebt und erzählt kein Sinn-Macher, sondern ein Sinn-Stifter, ein Sinn-Anbieter. Er gibt jedem die Möglichkeit, seinen Teil der Geschichte wissentlich oder unbewusst ins Sinn-Buch des Unternehmens zu schreiben. Unsere Gesellschaft giert nach Geschichten. In Geschichten liegt die Chance, Zusammenhänge individuell zu verstehen, intuitiv wahrzunehmen, ohne sie analytisch zu erklären. Ein Aphorismus der Philosophin Hannah Arendt bringt das auf den Punkt: „Das Erzählen von Geschichten offenbart Sinn ohne den Fehler zu begehen, diesen zu definieren."

6.3.2   Orientierte Bewegung = Kontinuität

Was Geschichten uns vor allem ermöglichen, ist das Entdecken eines roten Fadens, der sich durch das persönliche Leben und das Unternehmen zieht. Für diesen roten Faden sind wir in unserer Gesellschaft selbst verantwortlich, keiner wird ihn für uns spinnen. Byung Chul Han beschreibt in „Der Duft der Zeit" (Han 2009), wie wir in unserer Gesellschaft immer mehr von Punkt zu Punkt, von Ereignis zu Ereignis springen, unser Leben immer voller wird, aber mangels gemeinschaftlich verbundener Zusammenhänge, die zum Beispiel Traditionen und Rituale früher automatisch ergaben, keine Kontinuität mehr erleben.

Dazu kommt, dass wir uns in einer globalisierten Gesellschaft schwer tun, eine Heimat zu finden und Wurzeln zu schlagen. Die gewünschte Mobilität lässt das erst gar nicht zu.

Das Bedürfnis nach Kontinuität, nach einem roten Faden trotz aller Bewegungen im Leben findet dort einen Orientierungspunkt, wo die Kontinuität im Horizont liegt, auf den man zugeht und der mit anderen geteilt werden kann. Der Begriff Sinn, der ursprünglich bedeutete, „einen Weg gehen, eine Reise machen" (vgl. Kap. 4.3; vgl. Meggle et al. 2000) definiert sich im Ursprung ja genau dadurch, dass Sinn nicht „ist", vielmehr sich in Bewegung „ereignet", eine Spur legt und damit zu einem Weg wird, der – egal ob mäandernd oder gerade – eine als individuell erlebte Kontinuität aufweist. In diesem Verständnis ergibt sich Kontinuität durch das Verbinden verschiedener Wegstationen, die wir allerdings nur verbinden können, wenn wir nicht permanent in uns selbst nach einem Sinn suchen.

Das Bedürfnis nach immer neuen und immer verrückteren Erlebnissen, das in unserer Gesellschaft zu einem unstillbaren Hunger angewachsen ist, ist ein Zeichen dieser inneren Unruhe, die permanent in sich selbst den Kern sucht, der einem das Gefühl gibt, es lohne sich zu leben. Je mehr ich jedoch frage, was das Leben mir bietet, desto sinnloser werde ich mich fühlen. Der Psychologe Viktor Frankl meint, die Frage müsse umgekehrt gestellt werden: Was biete ich dem Leben? (vgl. Frankl 1994, S. 56) Eine Führungsperson könnte die Frage umformulieren: „Was bietet mein Unternehmen der Welt?"

In der Antwort auf Frankls Frage liegt die Antwort auf die Frage nach dem Sinn und mit ihr eine ungeheure Dynamik. Wenn sie zum einen mit dem tätigen Leben beantwortet und dann auch noch Menschen in Unternehmen mitteilbar wird, entsteht das, was Unternehmen erfolgreich macht: eine Sinn-Gemeinschaft, die Geschichten erzählen kann über ihre Wege, Umwege und Wegstationen. Auf diese Weise gewinnt auch das Miteinander-Streiten eine wichtige Bedeutung: man ringt um den besten Weg, statt nach der Maxime „ich bin o.k. – du bist o.k." jeden einfach „sein Ding" machen zu lassen.

6.3.3 Von der Möglichkeit zur Wirklichkeit

Wenn Führungspersonen zum Beispiel diese Frage „Was bietet mein Unternehmen der Welt?" als großen Aufhänger im Blick haben und sich dann überlegen, was können meine Mitarbeiter dazu beitragen, treffen sie erste Entscheidungen, die dazu beitragen, aus bloßen Möglichkeiten, Wirklichkeiten entstehen zu lassen. Welche konkrete Wirklichkeit, das müssen die einzelnen für sich entscheiden; die Führungsperson kann „nur" Sinn anbieten. Der Sinn-Horizont muss anziehen; dabei kann eine Führungsperson in ihrer Art, diesen Sinn regelrecht zu verkörpern, Beispiel dafür sein, wie es aussieht, sich auf den Weg zu machen. Oft ist es auch so, dass zuerst die Menschen, die begeistert sind, andere anziehen. Aufgabe einer Führungspersönlichkeit ist es dann, diese Menschen mitzunehmen und beständig von sich weg auf den Horizont zu weisen.

Eigene Entschiedenheit ist gefordert, je größer der Markt der Möglichkeiten ist, zu dem sich unsere Gesellschaft entwickelt hat. Dies erst recht, wenn es darum geht, die Generation Maybe zu führen. Gerade unter dem Aspekt, dass verschiedene Wege möglich und adäquat sein mögen, drohen viele zu schwanken. Keiner will Fehler machen, also wird jede Möglichkeit prospektiv durchdacht – meistens mit unbefriedigenden Ergebnissen. Oder umgekehrt wird einfach mal dahin gegangen, was am nächsten liegt. Führungspersonen brauchen den Mut, Entscheidungen zu treffen in dem Wissen, dass sie eben vieles nicht wissen können.

Jeder Mensch hat vielfache Optionen, wie er oder sie ihr Leben führen könnte. Was hält uns von Entscheidungen für das eine oder andere ab? Die Angst vor Fehlern und/oder die Angst vor Veränderung: Je sorgsamer und analytischer ein Mensch ist, desto mehr droht er, sich vor lauter Abwägungsprozessen gar nicht mehr zu bewegen (außer im Kopf). Je bequemer und konservativer ein Mensch ist, desto zögerlicher wird er sich bewegen, weil Veränderung immer Unbekanntes mit sich bringt. „Never change a running system." Diese grundsätzliche Veranlagung kann man nur bedingt ändern; was man ändern kann, ist der Blick weg von der „Fehlergefahr" und dem „Unbekannten" auf den Horizont, zu dem man gehen will, den man „verwirklichen" möchte. Wieder führt die Fokusverschiebung zu einer Hinwendung zu einem Horizont. Diese magnetische Wirkung setzt wiederum Überwindungswille frei und damit einen kreativen Prozess in Gang.

Wo die Optionen vielfältig sind, steigt die Gefahr, bei Schwierigkeiten sofort abzuspringen und die nächste Option zu wählen. Wenn ich kein „Wozu" fürs Durchhalten habe, ist das auch eine „gesunde" Entscheidung. Bertolt Brecht widerspricht denen, die Wege unbeirrt weiter gehen: „Wer bemerkt hat, dass A falsch ist, muss nicht B sagen." Selbstquälerei um ein Prinzip zu erfüllen, reicht definitiv nicht aus. Wer sich hingegen als Teil einer Geschichte sieht, bricht nicht einfach aus dieser Geschichte aus. Diese lebt ja geradezu von überstandenen Gefahren, tiefen Tälern und Stürmen. Als die Mitarbeiter von allsafe Jungfalk das „Schiff im Sturm" vor sich sahen, konnten sie ihre Situation plötzlich denken und fühlen, weil sie ein Bild erhalten hatten. Und weil alle dasselbe Bild hatten, war eine verbindende Sprache gefunden worden. „Der Einbehalt wird bezahlt, wenn das Schiff im sicheren Hafen ist." oder „Unser Schiff hat wieder Fahrt aufgenommen." Wer das „Wozu" des Unternehmens nicht teilt, der hat in diesem Unternehmen keinen Platz, wird sich dort nie ernsthaft engagieren. „Wer das Wozu kennt, erträgt fast jedes Wie" meinte Nietzsche – das gilt durch alle Generationen und es ist Führungsaufgabe das „Wozu" zu entscheiden, vorzuleben und zu erzählen.

Wie man an Lohmanns Beispiel sieht, muss man dazu keine außergewöhnliche Fantasie an den Tag legen: das Bild mit einem Schiff im Sturm ist naheliegend und nicht originell. Beides ist gut so – für den Erzähler und diejenigen, denen die Geschichte auch eingehen soll. Science Fiction, Krimi und Telenovelas gehören ins Kino und in den heimischen Fernseher, nicht ins Unternehmen.

6.3.4 Sinn findet in der Wirklichkeit statt

Die Verwirklichung von Sinn-Horizonten ist auch für diejenigen, die nur zusehen, immer spannend. In aller Regel sind es „normale" Menschen, die für eine bestimmte Sache so brennen, dass sie andere ebenso begeistern können. Dabei muss es sich nicht einmal unbedingt um besondere Sympathie-Träger handeln; sie ziehen andere mit, weil ihre Verkörperung der Sinn-Anziehung Menschen fasziniert. Jeder kennt die Regel, nach der sich keine große Geschichte ohne das Überstehen von Krisen ereignet. Zu diesen großen Geschichten, die bis heute Auswirkungen haben, gehören Männer wie Robert Bosch oder Ferdinand Graf Zeppelin. Letzterer hatte übrigens vor weit über hundert Jahren bereits die Idee eines Crowdfundings für sein Unternehmen genutzt: als Zeppelin mit der Havarie seines Luftschiffes am 5. August 1908 über Echterdingen bei Stuttgart praktisch pleite war, rückte auch die Möglichkeit, ein Luftschiff für die Überquerung des Atlantik für Passagiere zu entwickeln, in weite Ferne. Von Zeppelins Vision waren aber mittlerweile so viele bodenständige Bürger begeistert, die völlig spontan kleine und große Beträge spendeten, obwohl sie gerade das flammende Luftschiff über ihren Feldern gesehen hatten. Es ist diesem spontanen Crowdfunding zu verdanken, dass Graf Zeppelin nach diesem herben Rückschlag das Projekt weiter vorantreiben konnte.

Erst Mitglieder der Generation Maybe setzen wieder darauf, dass Menschen bereit sind, für wichtige und/oder sinnvolle Projekte kleine und große Beiträge zu spenden. Statt große Sponsoren zu akquirieren, denen man gefallen muss, eine AG oder sonstige Beteiligungsgesellschaft zu gründen, die einen bindet, werden ideelle und kommerzielle Vorhaben finanziert, indem über diverse Medien wie Twitter, soziale Netzwerke wie Facebook, Newsletter usw. Aufrufe gestartet werden. Ob es ein Filmprojekt, ein Internetportal oder die Anschaffung einer dringend benötigten Maschine ist: über die Medien wird Sinn und Bedarf kommuniziert und darauf gesetzt, dass genügend Menschen dieses Projekt gut finden, also „liken", und das dann mit einem finanziellen Beitrag zum Ausdruck bringen. Was viele gestandene Geschäftsleute mit einem milden Kopfschütteln quittieren, funktioniert wirklich! Crowdfunding, „Spendenaufkommen durch Masse", ist ein Phänomen, das darauf hinweist, wie viel Gewicht Sinnstiftung bei denjenigen hat, die hauptsächlich in diesen Netzwerken adressiert werden: die „Netzwerkkinder", die Generation Maybe.

Eine Unternehmerin, die durch Sinn-orientierung ungeheure Energie bei sich selbst und anderen frei setzt, musste ebenso auf Crowdfunding zurück greifen, als sie mit ihrem Unternehmen kurz vor der Pleite stand, weil sie von Banken keinen Kredit erhielt und ihr Privatvermögen aufgebraucht war.

Die Rede ist von Sina Trinkwalder.

Beispiel

Beispiel: *manomama GmbH – Textilmanufaktur, Augsburg*
Sinnhorizont: *Maximierung der Menschlichkeit*
Mission Sina Trinkwalder: *Zeigen, dass wirtschaftliches Handeln gerecht und menschlich sein kann*

Sina Trinkwalder, Jahrgang 1978, ist eine eigenwillige Frau und großzügig gerechnet kann man sie zur Generation Maybe zählen. In ihrem Buch „Wunder muss man selber machen" (vgl. Trinkwalder 2013) erzählt sie die Geschichte ihres Weges, auf den sie sich 2010 gemeinsam mit anderen Menschen gemacht hat, um den Sinn-Horizont einer gerechten und menschlichen Welt auf dem Arbeitsmarkt zu verfolgen. Das klingt erst einmal etliche Nummern zu groß für eine Einzelperson mit ein paar Followern. Trinkwalder startete ihr Vorhaben, eine Textilmanufaktur zu gründen, als sie einen Punkt erreicht hatte, an dem sie den (un-)menschlichen Umgang im Rahmen unseres Wirtschaftssystems so, wie es jetzt ist, nicht mehr ertragen wollte. Sie entschied sich, einige grundlegende Verhältnisse in einer noch zu gründenden Firma zu ändern. Ohne selbst irgend eine Affinität zum Nähen zu haben, gründete sie durch die Begegnung mit verschiedenen Menschen – Trinkwalder ist entsprechend ihrer Generation gut vernetzt – eine Textilmanufaktur an ihrem Heimatort Augsburg. Genau dort, wo einige Jahrzehnte zuvor die Textilindustrie in die Knie gegangen war, entstand die Textilmanufaktur manomama. Ihr großer Erfolg speist sich aus verschiedenen Quellen: gute Vernetzung, entschiedenes Handeln, Mut, Lernbereitschaft, Authentizität und Einfachheit.

Wer Trinkwalders Buch liest oder sie in Interviews hört, mag auch mal den Kopf schütteln, weil so vieles „hemdsärmelig" daher kommt, scheinbar mit viel zu wenig Kalkül und Weitblick. Wer so urteilt, denkt ausschließlich in betriebswirtschaftlichen Kategorien. Auch wenn ihre Geschichte abenteuerlich klingt, verwechselt die Fränkin ihr Unternehmen nie mit einem Abenteuerspielplatz. Trinkwalder hat immer beides im Blick: den Sinn-Horizont einer menschlichen Welt und die Verantwortung für die Menschen, die sie eingestellt hat. Mitmachen dürfen diejenigen, die diesen Horizont und die Prinzipien Wertschätzung, Wertschöpfung durch Nachhaltigkeit und Werthaltigkeit teilen. Das betrifft auch die Kooperationspartner, mit denen die Unternehmerin zusammen arbeitet.

Unter dem Stichwort Werthaltigkeit steht bei manomama auf der Homepage:

„Wir lehnen die textile Kalkulationsverarsche ab, welche bedingt, dass der Endpreis weit über dem eigentlichen Wert eines Produktes liegt. Der Preis eines manomama-Textils ist das, was ihr bezahlen müsst, wenn ihr wollt, dass jeder in gleichen Teilen in der Wertschöpfungskette von seiner Arbeit leben kann."

Unter der großen Überschrift einer menschlicheren Welt gehört unter anderem, Menschen einzustellen, die aus diversen Gründen auf dem üblichen Arbeitsmarkt keine Chance mehr haben. Trinkwalder ging hier zwar durch eine harte Schule, in der sie lernen musste, dass nicht alle, die eine Chance erhalten, diese auch dankbar nutzen. Dennoch gab und gibt ihr der Erfolg recht: von Beginn an konnte sie ca. 70 % ihrer aus der Arbeitslosigkeit eingestellten Mitarbeiter im Unternehmen behalten. 2014 zählte das Unternehmen ca. 180 Mitarbeiter. Die benötigten Fach-Mitarbeiter findet die Unternehmerin über Facebook und Twitter, wo sie sich von Anfang an häufig Rat oder wichtige Informationen holte. Auf der Homepage von manomama findet man keine Rubrik „Stellenangebote", vielmehr den Appell zum „Mitmachen".

Ein weiterer Sinn-Horizont unter der Überschrift „gerechtere Welt" heißt: „Act local, respect global". Bei manomama wird alles versucht, um die Textilien so weit wie irgend möglich in der Region zu produzieren. Der Faden ist in Deutschland gesponnen und gewickelt, der Stoff in der Region gewoben. Weil niemand (weder Zulieferer, noch Hersteller, noch Investoren) am Ende des Tages eine große Summe für sich einstreichen, bleiben die Preise fair, das heißt adäquat zur Leistung. Inzwischen stellt manomama Basic-Bekleidung (Jeans, T-Shirts und Unterwäsche) her, die übers Internet vertrieben wird, mit den Preisen von bekannten Umwelt-Marken mitkommt und dabei oft bessere Qualität bietet. Obwohl Trinkwalder nie auch nur einen Euro aus staatlichen Mitteln oder von Stiftungen erhielt und ihr auch von Banken in den schwierigen Anfangsjahren keine Kredite gewährt wurden, steht manomama heute wirtschaftlich solide da. Investitionen finanziert die Unternehmerin prinzipiell aus dem Cash Flow. Größtmögliche Unabhängigkeit ist ihr gerade nach der Erfahrung der ersten Jahre wichtig, weil sie nur auf diese Weise auf dem Weg zum Sinn-Horizont bleiben konnte.

Und die Mitarbeiter? Sie sind stolz darauf, Teil einer so ungewöhnlichen Geschichte zu sein.

Beispiel

Beispiel: Upstalsboom Hotels + Freizeit GmbH & Co. KG, Emden
Sinn-Horizont: Der Anblick eines glücklichen Menschen
Mission Bodo Janssen: Von der Ressourcen-Ausnutzung zur Potentialentfaltung

Bodo Janssen, Jg. 1974, erzählt seinen Gästen und denjenigen, die sich für sein Unternehmen interessieren zwei Geschichten: die eine handelt vom Traditionsunternehmen Upstalsboom, das schon im friesischen Begriff „Gastlichkeit" impliziert und den Gästen deren Natursehnsucht beantworten will. Wer zu Gast ist, tritt also in eine Kontinuität der Gastlichkeit in Natur. Die andere Geschichte erzählt von ihm selbst, dem Unternehmer Bodo Janssen, der das Unternehmen von seinen Eltern übernommen hatte und wirtschaftlich erfolgreich weiter führte. Eine Mitarbeiterbefragung im Jahr 2010, bei der er eine Bewertung erhielt, die ihn zutiefst schockierte, führte zu einer radikalen Wende. Janssen begann bei sich selbst und betont heute, „Veränderung muss zunächst und ausschließlich bei sich selbst, dem Unternehmer, anfangen", weil Führen eine „Dienstleistung" sei. (Zitat Interview www.upstalsboom.de).

Es folgte ein Paradigmenwechsel unter dem Motto „Wertschöpfung durch Wertschätzung anstelle von Wertschöpfung durch Ausnutzung". Damit ging die Betriebswirtschaftlichkeit in „die zweite Reihe", während der wertschätzende Umgang mit Mitarbeitern in die erste Reihe aufrückte. Auf der Homepage des Unternehmens kann jeder lesen:

„Upstalsboom hat nach dem vernichtenden Ergebnis einer internen Mitarbeiterbefragung konsequent einen Paradigmenwechsel für eine ökologische und menschliche Unternehmensführung umgesetzt. Das Besondere ist, dass durch die hohe Konzentration auf die persönliche Entwicklung der Menschen mittelbar eine Arbeitgeberattraktivität, Servicequalität und Wirtschaftlichkeit erreicht werden konnten, die deutlich über denen der Branche liegen. So stieg die Mitarbeiterzufriedenheit um ca. 80 % und die Weiterempfehlungsrate der Gäste von 92 % auf 98 %. "

Nach eigenen Aussagen konnte Janssen den Jahresumsatz in drei Jahren verdoppeln – wohlbemerkt durch das Verschieben der Prioritäten vom Blick auf die Wirtschaftlichkeit auf den wertschätzenden Umgang mit Mitarbeitern. Wenn diese heute befragt werden, was sich verändert hat, kommen Antworten wie „meine Arbeit hat jetzt einen Sinn-Inhalt", „es ist toll, selbst etwas bewegen zu können" und „Ich habe es noch nirgends erlebt, dass die persönliche Ressourcenentfaltung im beruflichen Kontext so gefördert wird".

Die Wertschätzung zeigt sich auch in „Hard Facts" für die Mitarbeiter: Upstalsboom bezahlt fair und pünktlich, bietet feste Arbeitsplätze und bezahlt Weiterbildungen für Mitarbeiter. Das alles ist in der Hotelbranche (leider) nicht üblich. Die Krankheitstage und die Fluktuationsrate sind seither signifikant gefallen.

Janssen hat die Unternehmenskultur nicht verändert, weil er damit den Umsatz steigern wollte; Wertschätzung ist keine, wenn sie als Vehikel zum Erfolg eingesetzt wird. Janssen hat erlebt, was es verändert, wenn Menschen als Personen wahrgenommen und angesprochen werden: sie handeln plötzlich auch wie eigenständige Personen, nämlich verantwortlich und schlicht persönlich. Upstalsboom möchte Mitarbeiter, die sich selbst als Gastgeber verstehen, das heißt einen wichtigen Teil in der Gäste-Geschichte und der Tradition „Gastlichkeit" einnehmen. Als Teil der „Gastgeber-Gemeinschaft" sollen sie mit ihrer Persönlichkeit das Unternehmen mitgestalten und Verantwortung tragen. Mitarbeiten heißt also Teilhabe am und Gestaltung von Sinn. Janssens Erfahrung zeigt, wie der als selbstverständlich angenommene Grundsatz, Wirtschaftlichkeit, Qualität und Mitarbeiterzufriedenheit stünden miteinander in Konkurrenz, sich ins Gegenteil verkehrt. Im Dienste eines Horizontes unterstützen sich die drei Unternehmenselemente gegenseitig.

Im Interview, das man sich auf der Homepage des Unternehmens ansehen kann, gibt Janssen über seinen persönlichen Sinn Auskunft: „Der Anblick eines glücklichen Menschen".

Beispiel

Beispiel: *Patagonia, Inc. Hauptsitz: Ventura (Kalifornien, USA)*
Sinn-Horizont: Mit dem Planeten nachhaltig umgehen
Mission: *so viel wie möglich dazu beitragen, dass Natur- und Umweltschutz die Wirtschaft steuert – nicht umgekehrt.*

Auch der 1939 geborene Frankokanadier Yvon Chouinard erzählt eine spannende Geschichte über die Entstehung und weitere Entwicklung seines Unternehmens. Der Geschäftsmann, dem es nach eigenem Bekunden auch nach Jahrzehnten noch peinlich ist, als solcher bezeichnet zu werden, gründete Patagonia, Inc. Ende der 1950er Jahre. Zu Beginn produzierte er – zunächst in Einzelanfertigung in eigener Werkstatt – Klettertools intelligenter und qualitativ nachhaltig und damit anders als die Produkte, die er auf dem Markt vorfand. Nach kurzer Zeit spezialisierte er sich auf Sportbekleidung, die zum einen Natur-Sportlern die bestmögliche Qualität für ihren Sport bot, zum anderen aus nachhaltiger Produktion stammte und von Menschen hergestellt war, die angemessen für ihre Arbeit bezahlt wurden.

An Chouinard kann man ablesen, dass das Alter einer Führungspersönlichkeit keine Rolle spielt, vielmehr die Frage, wie er sich in Hinblick auf das bewegt, was er als Sinn-Horizont definiert hat. Der Unternehmer ist kein naiver Umweltaktivist. Auf seiner Homepage kann man lesen: *„ Was ist eine verantwortungsvolle Wirtschaft? Es ist eine Wirtschaft, die für das Wohlergehen der Menschen sorgt, sinnerfüllte Arbeitsplätze schafft und nur so viel von der Erde nimmt, wie sie regenerieren kann. Es ist eine Wirtschaft, in der all die Indikatoren, die derzeit nach unten weisen und uns in den Bankrott zu treiben drohen (CO₂-Ausstoß, Versauerung der Meere, Rodung der Wälder, Wüstenbildung, Artensterben, Wasserverschmutzung, Freisetzung von chemischen Giftstoffen) irgendwann zum Stillstand kommen und sich schließlich ins Gegenteil verkehren. Worauf basiert diese Wirtschaft? Welche Beispiele gibt es bereits? Die Neue Wirtschaft ruft dazu auf, unsere Begeisterung für Neues im Einklang mit einer nachhaltigen Entwicklung zu halten. "*

Patagonia hat längst einen Namen in der Sportbekleidungsbranche und hat in aller Welt eigene Shops und Vertrags-Händler. Dabei entwickelt sich Patagonia ständig weiter: die Materialien werden immer besser und dabei umweltverträglicher, das Management entwickelt sich entsprechend der Gegebenheiten, jährlich gibt es spezifische Umweltthemen, auf die sich Patagonia nachvollziehbar konzentriert und alle einlädt (also auch Sie und mich), mitzumachen. Weil Chouinard davon überzeugt ist, dass ständige Veränderung die einzige Möglichkeit ist, sich überhaupt zu entwickeln und nachhaltig zu sein, treten weder er selbst, noch die Vertreter von Patagonia, als allwissend auf. Ganz nach der Manier der Generation Maybe wollen sie über Kommunikation und Teilhabe immer weiter kommen: *„Natürlich haben wir längst nicht alle Antworten. Gerne können Sie sich an der Suche nach Berichten, Lösungen, Beispielen und neuen Fachleuten für die Verantwortungsvolle Wirtschaft beteiligen. "*

In „Lass' die Mitarbeiter surfen gehen!" erzählt Chouinard seine vierzigjährige Unternehmensgeschichte, zu der auch mehrere vor der Tür stehende Bankrotts gehören. Seinen Erfolg schreibt er auch den Mitarbeitern zu, die in ihrer Vielfalt die Chance für die Zukunft sind, und dann die besten sind, wenn sie selbst für die Sache brennen (vgl. Chouinard 2010, 326).

Chouinard hat vorweggenommen, was viele seiner Generation erst heute im Alter spüren: Wo bleibt der Sinn, wenn es nur darum geht, ein Unternehmen aufzubauen, „wertvoller zu machen", zu verkaufen – und dann Golf zu spielen?

Die Generation Maybe hat erkannt, dass es ein Circulus viciosus darstellt, angestrengt zu arbeiten, nur um sich von Arbeit frei kaufen zu können.

Damit kann man kein Teil einer Geschichte werden und auch nicht an einem Sinn partizipieren, der irgendwie für andere bedeutsam wäre. Die Vertreter der Generation Maybe sind nur schon viel früher darauf gekommen als die Älteren unter uns.

Doch Sinn scheint leichter gesagt als getan: im schnelllebigen Alltag suchen viele Führungspersonen nach Rezepten, die sie einfach anwenden können – ähnlich einer Aspirin bei Kopfschmerzen. Ob allsafe Jungfalk, Upstalsboom, manomama oder Patagonia: alle Beispiele zeigen, wie unterschiedlich Sinn in der Praxis aussehen kann, und welche unerschöpfliche Menge an Möglichkeiten bestehen, Sinn-Orientierung zu geben. Sinn ist also ein Weg, für den jede Führungsperson eine eigene Haltung entwickeln, ihn selbst planen und einschlagen muss.

Ein chinesisches Sprichwort lautet, die längste Reise beginne mit dem ersten Schritt. Gehen wir also vorwärts.

6.4   Review

6.4.1   Checkup-Fragen

Fragen

Wie viele „Verhaltensregeln" haben Sie im Betrieb?

Wie viele davon betreffen das alltägliche Miteinander?

Wie viele davon betreffen Selbstverständlichkeiten?

Wie verhalten sich Management und Mitarbeiter in Krisenphasen?

Welchen Anteil Ihrer Arbeitszeit bwz.wie viele Stunden verbringen Sie in regelmäßigen Sitzungen?

Wie viel Zeit und Aufwand betreiben Sie im Unternehmen für Zahlen und Prognosen?

Wann haben Sie das letzte Mal über ein Ergebnis richtig gestaunt, weil Ihre Erfahrung/Intuition Ihnen etwas anderes gesagt hat?

Wie bedeutsam ist die Umsatzprognose für Ihr alltägliches Handeln?

Wie äußert sich das?

Wie transparent sind Ihre aktuellen Zahlen für alle Mitarbeiter im Betrieb?

Welcher „rote Faden" zieht sich durch die Geschichte Ihres Unternehmens?

Welche Fehlerkultur besteht in Ihrem Unternehmen?

6.4.2   Schritte nach vorne

To Dos

Entfernen Sie alle „Aufforderungszettel" aus Küchenecken, Garderoben und Toiletten. Diese zementieren nur das Lehrer-Schüler-Verhältnis zwischen den Menschen und unterstützen keine kulturelle Verbesserung.

Betrachten Sie den Umgang mit Leiharbeitern; gestalten Sie das Verhältnis so, dass Sie von allen als Leih-MIT-Arbeiter behandelt werden.

Notieren Sie für Ihren Bereich sämtliche Sitzungszeiten und bewerten Sie deren Effizienz und Effektivität. Optimieren Sie durch Straffung, Vorbereitung, zeitlich veränderte Abstände oder auch Streichungen.

Nehmen Sie eine Skizze des Kommunikationsdreiecks in Ihre Sitzungen mit und stellen Sie in Diskussionen immer wieder die Frage nach dem ES – dem eigentlichen Thema.

Beenden Sie den Führungsstil, bei dem der gesamten Belegschaft große Umsatz- und Zahlenziele vor Augen gestellt werden. Sorgen Sie zwar dafür, dass jeder entsprechende Informationen erhält, aber fokussieren Sie in Ihrer Kommunikation wirklich attraktive Ziele, die jeder Mitarbeiter nachvollziehen kann und zu einer stolzen Gemeinschaft beitragen.

Verändern Sie den Umgang mit Fehlern. Legen Sie Wert darauf, dass Fehler so publik werden, dass alle daraus lernen können. Das Motto muss sein: „Wer keine Fehler macht, hat noch nicht verantwortungsvoll gearbeitet."

Literatur

Adams D (2009) Per Anhalter durch die Galaxis. Heyne, München

Chouniard Y (2010) Lass die Mitarbeiter surfen gehen! Die Erfolgsgeschichte eines eigenwilligen Unternehmers. Redline-Verlag, München

Fournier C (2013) Exzellente Unternehmen. Die verborgeneen Stars des Mittelstands. Bd. 1, Dienstleistung. SchmidtColleg Verlag, Berlin

Frankl V (1994) Ärztliche Seelsorge. Grundlagen der Logotherapie und Existenzanalyse. Fischer, Frankfurt a. M.

Han B-C (2009) Der Duft der Zeit. Ein philosophisches Essay zur Kunst des Verweilens. transcript Verlag, Bielefeld

Kant I (1784) Beantwortung der Frage: Was ist Aufklärung. Berlinische Monatsschrift 12:481–494 (Königsberg in Preußen, den 30. September 1784)

Lohmann D (2013) Und mittags geh' ich heim. Die ganz andere Art, ein Unternehmen zu führen. Linde Verlag, Wien

Meggle G, Fehige C, Wessels U (2000) Der Sinn des Lebens. dtv, München

Pfläging N (2008) Führen mit flexiblen Zielen. Beyond Budgeting in der Praxis. Campus, Frankfurt a. M.

Trinkwalder S (2013) Wunder muss man selber machen. Wie ich die Wirtschaft auf den Kopf stelle. Droemer-Verlag, München

Vorwärts gehen – Schritte zum Sinn- orientierten Führen   7

7.1 Die Botschaft hör ich wohl, allein mir fehlt der Glaube

7.1.1 Von der Sinn-Rhetorik zur Sinn-Praxis

Das Thema Sinnstiftung als Führungsaufgabe ist nicht neu. Wer die Bestsellerlisten der Management-Bücher seit den 1980ern (!) verfolgt, wird immer wieder eines finden: nach hunderten von Seiten strategischer Beratungsliteratur wird zum Abschluss der eigentliche Schlüssel zum Erfolg gegeben. Hier einige Beispiele aus Klassikern der Weltliteratur des Managements:

> [...] die grundlegende Philosophie, der Geist und der innere Schwung eines Unternehmens haben mit seinem Abschneiden im Wettbewerb viel mehr zu tun als technologische und wirtschaftliche Ressourcen, Organisationsstruktur, Innovation und Timing.
> (McKinsey-Beratungsreihe: Peters und Waterman 2006, S. 431, Erstausgabe 1982)

> Das Warten auf das Wochenende ist für viele Mitarbeiter zu wenig. Ihre tägliche Arbeit muss etwas mit ihrer persönlichen Entfaltung zu tun haben und ihnen Sinn bieten.
> (Zitat von einem der erfolgreichsten deutschen Managementberater Jörg Knoblauch 2001, S. 146)

> Fragt man sich > Warum Spitzenleistungen anstreben?! Ist Erfolg nicht genug? <, dann hat man wahrscheinlich den falschen Beruf. Die eigentliche Frage lautet: > Welche Aufgabe begeistert Sie so, dass sie Sie zu Spitzenleistungen herausfordert und anzieht? <
> (vom weltweit erfolgreichen Wirtschafts-Bestsellerautor Jim Collins 2003, S. 262)

> Gib Menschen die Möglichkeit, eine Leistung zu erbringen, und viele – nicht alle – werden ein bemerkenswertes Maß an Zufriedenheit erlangen.
> (Vom Star der Managementberaterszene: Fredmund Malik 2006, S. 46)

© Springer-Verlag Berlin Heidelberg 2014   151
A. S. Fintz, *Leading by Meaning,* DOI 10.1007/978-3-662-44073-5_7

Man möchte meinen, Goethes Faust steht hier Pate für das Verhalten vieler Führungspersonen: „Die Botschaft hör' ich wohl, allein mir fehlt der Glaube." Vielleicht ist es aber nicht nur der Glaube, sondern auch der Mut, so vieles, das einem sicher schien, zu hinterfragen. Die größte Hürde ist schließlich die Ahnung, dass sich hier ein Prozess in Gang setzen wird, der zu allererst die eigene Person betrifft.

Ein weiterer Grund, warum Leading by Meaning eher als „schöne Welt" oder „Dekoration" gesehen wird, die man sich leisten kann, wenn es gut läuft, ist sicherlich auch die häufige Unwissenheit über den konkreten Nutzen und die Möglichkeiten der konkreten Umsetzung. Dazu kommt der allgemeine Zeitdruck in Unternehmen, der immer wieder zwar strategische Gedanken zulässt, aber selten die Bereitschaft weckt, einmal gründlich über die Fundamente und das Wozu des Unternehmens nachzudenken. Ein Phänomen, das nicht neu ist; bereits Mark Twain beobachtete: „Als wir das Ziel aus den Augen verloren hatten, verdoppelten wir das Tempo."

Dennoch wird Sinn mittlerweile für die „weichen" Aufgaben gerne genutzt – frei nach dem Motto „wenn es nichts nützt, schadet es zumindest nicht" – um auf Hochglanzprospekten auf eine Art zu werben, die man für Sinn-Orientierung halten könnte. Wenn jedoch die Führungsebene diese Orientierung am Sinn nicht ernst nimmt, hat das Ganze einen paradoxen Effekt: die Mitarbeiter werden noch unzufriedener, weil Wort und Tat im eklatanten Widerspruch zueinander stehen. In diesem Fall nützt es nicht, schadet aber.

Dieses Kapitel lädt deshalb ein, sich einen Überblick über das zu verschaffen, was zu tun ist, wenn Leading by Meaning in Ihrem Betrieb die Unternehmenskultur, das heißt auch die strategische Denkweise, bestimmen soll. Nicht, um Management-Päpsten zu folgen, vielmehr um mit Ihrem Unternehmen mit Dynamik und mit allen mitarbeitenden Generationen in eine erfolgreiche Zukunft in der Netzwelt zu gehen.

7.1.2 Sinn-Praxis als Führungsklarheit

Die wichtigsten Eigenschaften einer guten Führungsperson lassen sich unter einen Begriff fassen: sie muss „KEK sein". KEK fasst die Eigenschaften zusammen, die zum Führen unabdingbar sind.

▶ **Kraft**: intellektuelle, analytische, emotionale und psychische Kraft; inneres Feuer

▶ **Entscheidungsvermögen**: Urteilsvermögen; Besonnenheit; den richtigen Zeitpunkt einschätzen können

▶ **Konsequenz**: Entscheidungen beherzt umsetzen; eindeutig, sachlich und klar handeln; begeistert in der Haltung; Verantwortung für Entscheidungen und Handlungen übernehmen; Zu- und Absagen einhalten

Mit KEK wird kein Supermann kreiert, vielmehr aufgezeigt, welche Grundzüge ein Mensch zumindest anstreben sollte, um seine Führungs*verantwortung* im Unternehmen übernehmen zu können. Die Berücksichtigung und Weiterentwicklung dieser Eigenschaften führen dazu, einem der häufigsten Probleme in Betrieben zu begegnen, nämlich der Unklarheit. Diese betrifft etliche Bereiche: Welche Prioritäten werden welchen Kunden eingeräumt? Wer ist wann verantwortlich? Wann werden Entscheidungen getroffen und wann kommuniziert? Welche Werte gelten, gerade wenn es „knapp" wird?

Aussagen wie „Wir haben klare Ziele, nämlich Umsatz x in der Zeitschiene y" sind für alltagsrelevantes Handeln nicht nur so weit weg wie die Erde vom Mond, sondern auch wenig hilfreich. Nicht nur, dass diese Ziele höchstens für eine Gruppe auserwählter Manager, deren Boni an diese Zielerreichung geknüpft sind, motivierend wirken. Sie regeln auch weder die Kultur des Miteinanderarbeitens, noch das Nachjustieren von Plänen, das schon nach kurzer Zeit nötig ist. Die scheinbar klare Aussage unterstützt also nichts, was Akteure im Unternehmen zur Zielerreichung bräuchten, nämlich eine Vorstellung für ihr eigenes Leben und das Gefühl, hier in dieser Kultur am richtigen Platz zu sein, das heißt Teil einer Werte-Gemeinschaft.

7.2 Werte: Die DNA der flexiblen Persönlichkeit

7.2.1 Was wirklich wichtig ist

In Kap. 5.3.2 wurde die Bedeutung von Werten für die Unternehmens- und Entscheidungskultur gezeigt. Werte wurden dabei als DNA bezeichnet, also als unsichtbare Grundlage einer Persönlichkeit oder juristischen Persönlichkeit. In einer Gesellschaft, deren Mitglieder sich zunehmend in einer Netzwelt bewegen und die Frage stellen: „Wer bin ich – und wenn ja, wie viele?" ist das Bewusst-sein der eigenen Werte und Unternehmens-Werte von maßgeblicher Bedeutung für Klarheit in der Unternehmensführung. Im Unternehmen geht es um zwei Wertebereiche: die persönlichen Werte der Einzelpersonen und die Werte, die die Menschen im Unternehmen als Verhaltensnorm fest geschrieben haben (Kernwerte).

Die individuellen Werte kennenzulernen bedeutet, die eigene Motivation unter die Lupe zu nehmen. Ganz einfach gefragt: Was ist Ihnen wirklich wichtig (vgl. auch Kap. 5.3.2 und Anwendungsteil Kap. 5). Was wirkt, wenn es schwierig wird, wenn Dilemma-Situationen entstehen? Bei der Beantwortung dieser Frage gehen wir zunächst gerne von hehren Selbstvorstellungen aus.

Deshalb ist eine vorhergehende Analyse der Werte, die unsere Gefühle, unsere Spontanentscheidungen und individuelle Moral prägen, besonders wichtig. Fragen, die helfen, die persönlichen echten Werte zu identifizieren, lauten zum Beispiel:

• Was hat Sie als Kind begeistert?
• Was hat Sie an erwachsenen Leitfiguren beeindruckt – oder beeindruckt Sie bis heute?
• In welchen Situationen ärgern Sie sich richtig? Welcher Wert wird dabei verletzt?

Für die Auseinandersetzung mit den persönlichen Werten sollten sich Führungspersonen Zeit nehmen. Diese „Analyse" kann nicht einfach nebenher gemacht werden, sie wird häufig zu einer Reflektion der im Laufe des Lebens gefällten Entscheidungen, einem Nachdenken über Konflikte, Freunde und Gegner.

Je nachdem, welche Position Sie selbst im Unternehmen haben, werden Sie das Unternehmen mit Ihren Werten maßgeblich prägen, unabhängig davon, ob Sie das wollen oder nicht. Umso wichtiger ist es, sich Klarheit über das zu verschaffen, was einen oft unbewusst leitet und als selbstverständlicher Verhaltenskodex für alle gilt.

Die Einsicht, dass vor allem das Ärgern über bestimmte Vorkommnisse starke Hinweise für individuelle Werte gibt, kann man sich insofern zunutze machen, als damit auch ein neuer Blick auf Alltäglichkeiten geworfen und für die Arbeit fruchtbar gemacht werden kann. Wie oft wundert man sich über einen anderen, weil der sich über Sachverhalte ärgert, die man selbst entweder gar nicht wahrnimmt oder mit einem Achselzucken quittiert. Wenn sich zum Beispiel Ihr Kollege in der Kantine über die lieblose Art beschwert, mit der die Schnitzel auf den Teller geworfen werden, wird er vermutlich ebenso wenig großzügig hingeworfene Arbeiten akzeptieren, egal welche das sind. Es liegt nahe, dass es ihn immer wieder stören wird, wenn Kollegen Projekte scheinbar sehr locker angehen und er wenig Vertrauen in deren zuverlässige Haltung setzen wird. Deshalb meidet er eventuell überschneidende Aufgaben mit diesem oder jenem Kollegen. Das Schnitzel in der Kantine, das zu einer Vielzahl von Alltäglichkeiten gehört und zunächst gar nichts Wichtiges darstellt, kann (muss nicht!) also eine kleine Erkenntnis mit großer Wirkung für Sie als Projektleiter haben. Die Vergegenwärtigung von Verhalten durch eine „Werte-Brille" unterstützt ohne große Fragenkataloge oder Persönlichkeitstest, die Menschen mit ihren Präferenzen besser zu verstehen.

Der entscheidende Unterschied zwischen persönlichen und Unternehmenswerten besteht in der Möglichkeit, Unternehmenswerte teilweise (!) als Selbstdesign einzusetzen. Wie in Kap. 5.2.3 beschrieben, steht und fällt alles mit der Ernsthaftigkeit, das heißt mit der Bereitschaft, die Werte auch dann noch zu verfolgen, wenn es etwas kostet – emotional und/oder finanziell.

Viele Unternehmen haben bereits etwas, was unter „Unsere Werte" oder „Unsere Philosophie" auf der Homepage zu lesen ist. Leider gleichen die Aussagen sehr häufig einem Cocktail aus guten Vorsätzen, Hochglanz-Versprechungen und stolzen Selbstzuschreibungen. Der Effekt ist entsprechend ernüchternd: wer versucht, das Unternehmen zu finden, das sich mit wohlfeilen Formulierungen selbst dargestellt hat, irrt einer Chimäre hinterher. Werte als DNA begriffen entsprechen nämlich keinem Cocktail für wohlwollende Unternehmensreden, vielmehr der Grundsubstanz einer Persönlichkeit – in diesem Fall der juristischen Persönlichkeit.

7.2.2 Diskussion der „Big Four"

Entgegen mancher Konzepte, in denen die Mitarbeiter ihre Wunschvorstellungen in einen Wertepool eingeben, aus dem dann ein mehrheitsfähiger Konsens heraus gefiltert wird, richtet sich die Werte-Orientierung von Leading by Meaning *primär* am Unternehmen mit dessen zugemessenen Aufgaben aus. Diese kann, muss aber nicht im Produkt liegen. Der Fokus liegt also eindeutig darauf, welche Identität ein Unternehmen nach innen und außen leben möchte.

Deshalb ist es unbedingt ratsam zu reflektieren, welche Identität bislang wirklich (also wirksam!) ist. Ein Teil davon wird sicherlich auch den bisherigen (Miss-)Erfolg herbei geführt haben. Was sagen Kunden, Zulieferer, Presse, Mitarbeiter über das Unternehmen? Welche bisher gelebten Werte lassen sich daraus ableiten? Dabei müssen zunächst scheinbar positiv besetzte Begriffe hinterfragt werden. Wenn zum Beispiel die unausgesprochene Regel gilt, dass sich die Familienangehörigen des Unternehmers trotz mangelnder Kompetenz durchsetzen, so ist der Wert „Familie" hier offensichtlich einer der wichtigsten *Unternehmens*-Werte. Ein Problem mit fatalen Folgen in manchen Familienunternehmen, in denen persönliche Werte auf die Unternehmenswerte übertragen wurden.

Glücklich ist deshalb die Führungsperson zu nennen, der ihr Team so vertraut, dass es ihr spiegelt, was bei all' denjenigen, die in und mit dem Unternehmen arbeiten, an wirkenden Werten ankommt. Vogelsang und Burger benennen fünf Interessengruppen als „Stakeholder" in Hinblick auf das Wirkungsfeld der Werte: Kunden, Mitarbeiter, Zulieferer, Öffentlichkeit und Investoren (vgl. Vogelsang und Burger 2004). Wenn möglich, sollten diese fünf Wirkungsfelder unter der Fragestellung, wie diese wohl die Wertefragen beantworten würden, in den Blick genommen werden. Auch wenn dies aufwändig erscheint, hat man damit wirklich Maß genommen und zumindest begonnen, die verborgenen Stellen in Augenschein zu nehmen. Es bewahrheitet sich dabei, dass man von seinen größten Kritikern oft am meisten lernen kann.

Ziel der Analyse sollte sein, letztlich vier Werte als DNA des Unternehmens zu definieren und langfristig als Verhaltenskodex zu etablieren. Diese „Big Four" bedürfen der intensiven Diskussion im Führungskreis, denn es sind zuallererst die Führenden, die diese DNA wie eine zweite Natur im Unternehmen täglich leben müssen, um diese als echte Kultur zu implementieren. Diese Werte sind bindend für Entscheidungen – sie bestimmen das Wesen des Unternehmens. In diesem Sinne sind Werte nicht edelmütig, sondern vor allem eins: anstrengend – und dadurch zweitens: glaubwürdig.

7.2.3 Umsetzungswille statt Romantik

Wenn die Werte geklärt sind, sollte das bestehende Leitbild, die Firmenphilosophie oder der „Wer-wir-sind-Text" einer eingehenden Überprüfung unterzogen werden. Was dort steht, entspricht allzu oft einem romantischen Selbstbild, das man anzustreben wünscht, an das man aber gar nicht glaubt. Es gibt ein Mittel gegen diese Art der Luftschlösser: aus echtem Herzen, mit Gefühl und Verstand etwas wollen und auch dann noch dran bleiben, wenn es anstrengend wird.

Die meisten Unternehmen verhalten sich hingegen wie übergewichtige Menschen, die mit ernster Miene erklären, sie würden schon gerne abnehmen, aber es komme immer irgendetwas dazwischen. Dieses „Irgendetwas" heißt in der Regel Nudelsalat und Bier, Chips und Cola. In Betrieben heißen sie Wettbewerb und Misstrauen, Effizienzdruck und Bequemlichkeit, Finanzloch und Selbstgefälligkeit. Wer sich aber nicht mehr aufhalten lassen *will*, der wird Veränderung auslösen, weil er sein eigenes Verhalten meistens radikal verändert. Auf einmal kommt nämlich nichts mehr dazwischen, weil sich jemand ernsthaft entschlossen hat, Anstrengungen auf sich zu nehmen, um ein Ziel zu erreichen. In der Ernsthaftigkeit des Bestrebens liegt der Schlüssel zum Erfolg von Sinn- und Werte-orientiertem Führen. Es gibt kein „Werte-Light"; entweder man versucht stetig, sein Denken, Entscheiden und Handeln danach auszurichten, oder man macht sich selbst unglaubwürdig und untergräbt die eigene Führungsautorität, die man nur noch über Machtinstrumente mehr schlecht als recht ausgleichen kann.

Die Erfahrung mit sehr frustrierten Menschen, die sich vom Unternehmensleitbild angezogen gefühlt und dann mit einer völlig anderen Realität zu kämpfen hatten, lehrt, besser gar kein Leitbild zu formulieren, als eines, das nur für Sonntagsreden taugt. Wenn Führungspersonen hingegen die vereinbarten Werte vorleben (oder dies zumindest ernsthaft versuchen) und bei sich einfordern lassen, verändert sich nach und nach die Kultur des gesamten Unternehmens, das heißt wir erleben eine Annäherung an das, was als Identität nach innen und außen angestrebt wird.

Natürlich wissen wir alle: Wo Menschen arbeiten, wird es nie ein perfektes Klima, wird es immer auch Missverständnisse, Konflikte, unterschiedliche Einschätzungen, Sympathie und Antipathie geben. Umso wichtiger ist es, sich in diesem wesentlichen Punkt einig zu sein, nämlich dem, dass eine asymptotische Annäherung an das Leitbild von allen ernsthaft angestrebt wird und die Handlungsorientierung sich in allen Bereichen und auf allen Ebenen nach dem Sinn-Horizont ausrichtet.

Insofern sei geraten: Tun Sie, was Sie wollen – aber wollen Sie es dann auch wirklich!

7.3 Wege zum Sinn-Horizont

7.3.1 Sinn und unternehmerisches Denken

Sinn ist mit Unternehmertum und Führungsqualität so eng verknüpft wie Geld mit Wirtschaften. Vielleicht liegt es an diesem *inhärenten* Zusammenhang, dass gerade die Ikonen der Wirtschafts- und Wissenschaftsgeschichte oft gar nicht reflektiert und formuliert haben, was sie in ihrem Tun begeistert, wohin ihre Intuition sie zieht. Nicht umsonst boomt der Markt der Biografien: wir suchen nach der Quelle, die diesen Menschen mit deren besonderen Erfolgen immer wieder neu Inspiration geschenkt hat; wir suchen nach dem Sinn-Horizont, der sie über alle Hindernisse hinweg angezogen hat. Bei den meisten müssen wir deren Sinn-Horizont selbst heraus lesen; einige wie zum Beispiel Albert Einstein oder Ferdinand Porsche waren sich darüber schon früh im Klaren. Eine Antwort finden wir immer dort, wo wir fragen, welches Weltbild derjenige hatte und welchen Traum jeder persönlich für sich erträumte.

Manche kommen über die Frage, was sie sich erträumen oder wann sich das Ganze gelohnt haben würde, auf die Spur nach der Formulierung ihres persönlichen Sinn-Horizonts. Dieser Umstand des Un- oder Halbbewusstseins, gepaart mit der Unklarheit über die maßgebliche Bedeutung der Sinn-Orientierung für die Zusammenarbeit und Motivation der Mitarbeiter, hindert offensichtlich viele Führungspersonen, Geld und Zeit in die Hand zu nehmen, um Werte- und Sinn-Orientierung im Betrieb explizit zu machen.

Dabei spielt der formulierte Sinn-Horizont die Kernrolle, wenn es um die Struktur und Kultur des Unternehmens geht, entspricht also keinem Dessert nach einem schweren Strategie-Hauptgang. Walter Böckmann, einer der profiliertesten Wissenschaftler im Bereich der Sinn- und Werte-Orientierung in der Arbeitswelt seit den 1960er Jahren, erklärt den Zusammenhang von Struktur, Funktion und Sinn wie folgt: „*Struktur* meint die *Organisation der wirkenden Teile* wie die räumlich-zeitlichen Abläufe, den inneren Zustand (Gleichgewicht/Ungleichgewicht) wie die Umweltbeziehungen. *Funktion zielt auf das Zusammenwirken der Teile* als Aufgabenerfüllung, und aus alledem ergibt sich der Sinn." (Böckmann zitiert nach Zsok 2013, S. 178 f.)

Struktur und Funktion sind als „Tools" für die Sinnverwirklichung zu verstehen:

„Systeme beruhen also primär auf einem Sinn, um dessentwillen sie da sind und der sich in der *Aufgabe*, die sie erfüllen, manifestiert." (ebd, S. 179)

Nach diesem Verständnis zeichnet sich in jeder einzelnen Führungskonstellation ein System mit „vier Bezugsgrößen" ab (Abb. 7.1).

Böckmann erläutert: „Sinn ist [hier] nicht die Sache an sich, (…) sondern die Bedeutung, die beides für die Partner in diesem System hat, für den Führer genauso wie für die Geführten. (…) Der Sinngehalt ist umso größer – und die Motivation umso stärker, – je mehr sinnvolle Einzelaspekte zusammenkommen." (ebd.)

Was zieht Sie als Führungsperson, was zieht Ihre Mitarbeiter an? Was kann das Unternehmen für die Gesellschaft und für die Mitarbeiter bedeuten? Worauf können Sie sich beziehen, wenn wichtige Richtungs-Entscheidungen anstehen?

Während die Werte das WIE definieren, entscheiden Sie mit dem Sinn-Horizont das WOZU. Auch in diesem Fall gilt, nur ein ernsthaft formulierter und konsequent verfolgter Horizont kann eine andauernde Motivationskraft und verantwortende Orientierung in Unternehmensfragen leisten.

Abb. 7.1 Die vier Faktoren der Führung nach Zsok

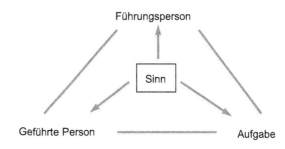

7.3.2 Ziehen Sie Bilanz!

Als Führungsperson sind Sie gewohnt, Bilanz zu ziehen. Ziehen Sie nun eine „Sinnbilanz" – entweder für sich selbst oder für das Unternehmen. Am besten für beides. Bilanz ziehen bedeutet in diesem Fall, statt einer Excel-Tabelle mit Zahlen eine „Tabelle" zu erstellen, deren Überschriften in der Ergebniszeile stehen, nicht in der Kategorienzeile. Ob Sie eine Tabelle mit Kategorien, eine Mindmap, einen Zeitstrahl oder einen Zettelkasten nehmen: das Ziel ist es, aus den gefunden Überschriften ein Gesamtbild zu entdecken, das Aufschluss darüber gibt, was Sie bisher immer wieder neu auf eine Richtung gebracht hat. Im Leben kann man eben nicht einfach „eins und eins zusammen zählen", um dann „richtige" Rückschlüsse ziehen zu können.

Folgende Fragen können Sie bei der Bilanzierung unterstützen:

- Welche Vorstellung hatten Sie in der späten Pubertät von Ihrem Leben?
- Wie wollten Sie nie werden? – Dazu im Vergleich: Wie sind Sie geworden?
- Welche Erfolge in Ihrem Leben waren im Nachhinein nicht sinnvoll?
- Welche Misserfolge haben sich als sinnvoll herausgestellt?
- Was könnte Sie dazu veranlassen, Ihre jetzige Karriere radikal zu ändern?
- Was möchten Sie in Ihrem Betrieb auf jeden Fall noch umsetzen?
- Was wollen Sie in Ihrem Leben auf jeden Fall noch erreichen beziehungsweise welchen Verlauf wünschen Sie sich sehnlichst?
- Wenn Sie in zwanzig Jahren eine Biografie über Ihr Leben oder zu Ihrem Unternehmen schreiben würden: welche Überschrift sollte diese gerechtfertigt tragen?
  Wer es dramatischer mag, kann sich auch fragen, was auf seinem Grabstein stehen soll.

Die Beantwortung der letzten Frage entspricht bereits der ersten Formulierung eines Sinn-Horizonts. Mit der Bilanzierung soll auch ein endgültiger Schlusspunkt hinter die Frage gestellt werden, ob wir leben, um zu arbeiten oder arbeiten, um zu leben. Die Frage ist schlicht falsch gestellt; sie impliziert dasselbe wie der Begriff „Work-Life-Balance", nämlich eine Geschiedenheit von Arbeit und Leben. Letztlich gehört beides zum menschlichen Leben so wie das Ein- und Ausatmen. Das Leben geschieht sozusagen im beständigen Be- und Entlasten der verschiedenen Kräfte in uns; machen wir uns nichts vor: ein ständig entspanntes Leben macht nicht zufrieden, sondern tötet durch Langeweile; ein ständig angespanntes Leben wirkt nach kurzer Zeit nicht mehr spannend, sondern tötet durch Atemlosigkeit. Im persönlichen Leben bedeutet das: wir müssen die Bilanz so aufstellen, dass die Spannung dem entspricht, was wir leisten können und wollen. In Abb. 5.2 in Kap. 5.1.3 wurde ein Spannungsbogen in Hinblick auf die Persönlichkeitsentwicklung gezeichnet. Ähnlich wie sich einzelne Ziele und Sinn-Inhalte auf den Sinn-Horizont beziehen, verhält es sich mit dem Spannungsbogen der Persönlichkeitsentwicklung, der immer wieder neu gesetzt wird, und dem Sinn-Horizont: Die Identität ist mit den Werten angelegt und prägt sich im Laufe des Lebens mit jeder Entscheidung immer weiter aus; wie *integer* wir leben, hängt davon ab, ob diese Entwicklung unter einem Sinn-Horizont zu subsumieren ist.

Der Sinn liegt in der Bedeutung, die sich eine Person in Hinblick auf das zumisst, was sie in die Welt hinein wirken möchte.

Es handelt sich also um eine Entscheidung zum Sinn-Horizont, die Kraft kanalisiert, um los- bzw. weiterzugehen. Wovor vor allem viele Vertreter der Generation Maybe zurück schrecken, ist die scheinbare Endgültigkeit, mit der ein Lebensweg eingeschlagen werden soll. Dies wäre der Fall, wenn es sich nicht um einen Horizont, sondern um ein fixiertes Bild handeln würde. Diese Differenzierung ist in Hinblick auf Führung besonders wichtig: die Weite kann erhalten bleiben, Lebenserfahrungen werden zu wertvollen Beiträgen, um einen Weg zu gehen. Beim Führen von jungen Erwachsenen ist deshalb wichtig, eine Balance zu halten zwischen der Offenheit des skizzierten Horizontes und dem Zeichnen einer klaren Kontur. Diese Gratwanderung zwischen Freiheit und Bindung ist entscheidend, wenn es darum geht, Menschen auf die Wanderung zum Sinn-Horizont mit zu nehmen.

7.3.3   Führen ohne zu verführen

Führen mit Sinn kann (und soll) eine Dynamik entfalten, die durch Begeisterung für den Horizont eine Haltung begründet. Menschen sehnen sich danach, etwas nachstreben zu können, das über sie hinaus weist, und die meisten suchen nach einer Person, die ihnen eine Orientierung vorlebt, an der sie sich selbst erst einmal orientieren können. Welche katastrophalen Folgen die Begeisterung für einen Sinn und die charismatische Darstellung solcher Sinn-Verfolger haben kann, haben wir nicht nur in Deutschland auf ver- und zerstörende Weise erlebt. In dem Augenblick, in dem aus einer Idee eine Ideologie wird, wird aus dem Horizont ein geistiges Gefängnis; was wie Begeisterung daher kommt, entpuppt sich als entgeisterte Entfesselung für einen Wahn.

Gerade, weil Sinn-Orientierung den Aspekt des Selbst-transzendierenden (also das über die eigenen Persönlichkeitsinteressen hinaus Weisende) als „Esprit" für sich beansprucht, wird hier auf die wesentliche Differenzierung zwischen Motivation und Manipulation hingewiesen. Noch einmal Böckmann hierzu:

> Es ist die Akzeptanz der Ziele, die darüber entscheidet, ob man es mit Führung oder Verführung zu tun hat. (…) Führung unterliegt immer der Gefahr, in Verführung oder Diktatur umzuschlagen, und zwar immer dann, wenn die Ziele der Führenden und der Geführten nicht mehr übereinstimmen. Das betrifft alle Organisationen, die zwar einen Eintritt, aber keinen Austritt ermöglichen, seien sie ideologischer, religiöser oder wirtschaftlicher Art. (ebd. S. 161)

Führende, die mit Sinn-Orientierung führen wollen, müssen deshalb ein Augenmerk darauf haben, den Mitarbeitern die Freiheit zu lassen, inwiefern sie sich mit dem Sinn-Horizont identifizieren oder „nur" daran partizipieren und eventuell einen eigenen Sinn-Horizont verfolgen, der mit dem Unternehmens-Horizont nicht in Konkurrenz steht. Sinn-Orientierung sollte weitgehend frei von ideologischen Weltanschauungen sein und auch keinen quasi-religiösen Ersatz für eine säkulare Welt bieten.

Führende sind meistens starke Persönlichkeiten mit Überzeugungen; umso wichtiger ist es für sie selbst, sich immer wieder in den Hintergrund zurück zu ziehen, zuzuhören und eigene Positionen *neben* die der anderen zu stellen. Auch wenn es zunächst wie ein Widerspruch wirkt: echtes, langfristiges Führen bedarf der Demut. Eine Führungspersönlichkeit ist letztlich Diener des Sinn-Horizontes, des Unternehmens und vor allem auch seiner Mitarbeiter.

Dazu bedarf es immer wieder der Selbst-Distanz, durch die man sich selbst gegenübertreten kann, um sich zum Beispiel die hier genannten Fragen neu zu beantworten, die eigenen Eitelkeiten zu reflektieren und – hoffentlich – auch über das Menschliche in alledem zu schmunzeln. Wer auch noch als Führungsperson Schwächen und Fehler offenbart, wird langfristig nicht nur als authentisch ernst genommen, sondern bietet auch das, was Mitarbeiter brauchen, um verantwortliche Entscheider in Unternehmen zu sein: Transparenz.

7.4 Vom Organigramm zur strukturierten Offenheit

7.4.1 Transparenz im Sinne der Klarheit

Man muss nicht an WikiLeaks oder die NSA-Abhör-Affäre denken, um sich bewusst zu werden, vor welchen großen Herausforderungen alle Verantwortungsträger in Wirtschaft und Gesellschaft angesichts der Netzwelt stehen. Was allerdings neben der schieren Unmöglichkeit, Geheimnisse zu wahren, auch deutlich wird, ist der Anspruch der Generation Maybe auf Transparenz. Für sie ist das Teilen von Informationen völlig selbstverständlich – nicht nur, weil sie selbst allzu unbefangen damit umgehen, sondern weil sie es gar nicht anders kennen. Worum geht es im Wesentlichen, wenn Transparenz gefordert wird? In aller Regel wird Augenhöhe in dem Sinn gefordert, dass sich die Mitarbeiter nicht wie der verlängerte Arm eines Herrschers vorkommen; wer Leading by Meaning umsetzen will, muss insofern transparent sein, als eine möglichst große Klarheit im Unternehmen herrscht. Im Unternehmenskontext schlage ich deshalb vor, zunächst von Klarheit über Sinn, Unternehmensinhalt, Zahlen und Ziele zu sprechen. Je mehr sich alle am Unternehmenserfolg Beteiligten über diese Punkte informieren können, desto höher stehen die Chancen für mitdenkende und mitmachende Menschen im Betrieb.

Klarheit sorgt dafür, sich im Handeln sicher zu fühlen, Grenzen und Möglichkeiten zu kennen und Entscheidungen treffen zu können. Nicht nur die Jüngeren, auch Vertreter aller anderen Generationen, die Verantwortung tragen sollen, sind darauf angewiesen, eine Vielzahl an Informationen zu überblicken, um unternehmerische Entscheidungen zu treffen. Viel zu oft fühlen sie sich teils wie Marionetten, die im Zweifelsfall darum kämpfen, keine Verantwortung tragen zu müssen, teils wie schlecht ausgerüstete Empfänger von Aufträgen. „Double-Bind-Messages" sind immer noch an der Tagesordnung; sie lauten: „Konzentriere dich einfach ausschließlich auf deine Aufgabe, nicht um die deines Kollegen. Mit deiner hast du genug zu tun. Dabei behalte unbedingt das Ganze des Unternehmens im Blick!" Diese Botschaft wirkt ungemein frustrierend und fördert Abgrenzungsverhalten und ein Gegeneinander statt eines übergreifenden und fairen Arbeitens.

Weshalb werden Informationen wie ein Schatz gehütet? Weil die Formel Wissen = Macht gilt? Wo Systeme aber von einer linearen Struktur in eine Netzwerkstruktur übergehen – und das tun sie, egal ob wir das wollen oder nicht –, ist diese Einstellung ein deutliches Zeichen dafür, dass herkömmliche Hierarchien weder der Komplexität, noch dem Tempo der Wirtschaft mehr gewachsen sind.

Viele finden deshalb: Die mitteleuropäische, multioptionale Kultur des 21. Jahrhunderts und die wirtschaftlichen Zyklen, die immer noch kurzfristiger werden, passen immer schlechter zu herkömmlichen hierarchischen Strukturen. – Bei diesem Satz gibt es ein kleines, aber wesentliches Denkproblem; es wird so getan (also auch entsprechend gehandelt), als ob die Landkarte die Landschaft bestimmen könnte. Das erinnert mich an ein erheiterndes Erlebnis: Ein Ingenieur saß mit mir im Auto als Beifahrer und betrachtete abwechselnd die Karte auf dem iPhone und die Landschaft draußen. Er schüttelte den Kopf mit den Worten: „Die Landschaft stimmt nicht mit der Karte überein!" Als ich ein Grinsen nicht unterdrücken konnte, verstand er zunächst gar nicht, was an seiner Aussage so erheiternd war. Ich erklärte es ihm: Mit genau diesem technischen Weltverständnis gehen bis heute viele Führungspersonen mit dem Organigramm um. Sie versuchen mit allen Mitteln, die Landschaft in ihre Kartenvorlage zu zwingen, statt zu hinterfragen, ob die natürlich entwickelte Ordnung nicht auch in der Karte eingetragen werden könnte. Die Wirtschaftswelt, das heißt Kunden, Einkäufer, Vertrieb und Verträge sollen sich weiterhin nach der „Logik" des Organigramms richten:

> Während sich das Old-School-Management noch in der Poleposition wähnt und sich in endlosen Meetings, Planungsdiskussionen, Kennzahlenanalysen und ähnlich wertschöpfungsfreien Aktivitäten mit sich selbst beschäftigt, organisiert sich das Tagesgeschäft nach seinen eigenen Gesetzen. Keinem Praktiker wird diese Beobachtung fremd sein.
> Über kurz oder lang wird es also notwendig sein, eine Führungsphilosophie zu entwickeln, die auf die Bedingungen komplex organisierter Netzwerke zugeschnitten ist. (…) Wer zukünftig wirksam führen will, wird lernen müssen, intellektueller (reflektierter, differenzierter, überlegter), aber auch intelligenter (strategisch und taktisch klüger, umsichtiger und subtiler) mit den Herausforderungen umzugehen, vor die ihn die Eigendynamik komplex organisierter Netzwerke stellt.
> (Schäfer 2012, S. 45)

Es geht mitnichten darum, dem selbstorganisierenden Chaos den Lauf zu lassen, vielmehr darum, eine Struktur zu entwickeln, die die Wirklichkeit mit ihrer Netzwerkstruktur aufnimmt, und Stabilität via Flexibilität gewährleisten kann. Die sich zunehmend verdichtende und vernetzende Welt erfordert sozusagen statt eines Organigramms ein Dynamogramm.

7.4.2 Der Inhalt bestimmt die Form

Als Sepp Blatter (Jg. 1936) mit seinerzeit 75 Jahren erneut um den Vorsitz bei der Fifa kandidierte, machte er in einem Interview eine bemerkenswerte Aussage. Auf die Frage, ob es für die Fifa nicht besser wäre, wenn ein jüngerer Manager an die Spitze des

Weltfußballverbandes komme, antwortete Blatter: „Ich weiß nicht, was ich sonst machen soll. Also mache ich das weiter." Blatter stellte sich offensichtlich nicht die Frage, wer für wen da ist. Das Zitat zeigt, inwiefern das bereits geklärt war; jedenfalls für ihn.

Ein Unternehmen ist jedoch nicht für Manager da, auch nicht für die anderen; Führungspersonen und Mitarbeiter sind – egal in welcher Funktion – für das Unternehmen da. Ebenso sind Strukturen für den Unternehmenserfolg da, das heißt im besten Fall sind sie so gebildet, dass sie für die Herausforderungen der Aufgaben und der Menschen, die diese Aufgaben erfüllen sollen, unterstützend wirken. Im Grunde ist jede Unternehmensstruktur, sei es Organigramm, Matrix-Organisation, Prozesslandschaft, immer wie der Zeichenplan eines Architekten für das Haus. Eine Führungsperson ist deshalb ähnlich wie ein Architekt, der der Regel „Form follows Function" folgt. Die Bestimmung (Funktion) ist dabei *nicht* das finanzielle Interesse, vielmehr der Sinn-Horizont, mittels dem das Geld erwirtschaftet werden soll.

Folgende Fragen leiten die Überlegungen für eine geeignete Organisationsstruktur im Konzept Leading by Meaning:

- Wie kann der Sinn-Horizont organisatorisch am besten verfolgt werden?
- Welche Strukturen unterstützen eine „Wanderung", bei der möglichst wenig Kraft und Zeit für unnötige Wege (wie zum Beispiel die Berücksichtigung von Status und Hierarchien) und Ausstattung (Statussymbole) auf der Strecke bleibt?
- Welche Struktur fordert/fördert die Freiheit und Verantwortung der Mitarbeiter?
- Wie wird Controlling und Qualität gewährleistet?

Lohmann hat das Organigramm bei allsafe Jungfalk in eine Prozesslandschaft verändert, das heißt die Unternehmensstruktur entsprach in der Darstellung keiner hierarchischen Struktur mehr, sondern einer Landschaft, bei der Prozesse parallel und miteinander verzahnt laufen. Sukzessive wurden dann Projekte zu tragenden Säulen, deren Leitung rotierend nach Kompetenzen funktioniert. Diese Projekte entsprechen allerdings nicht dem klassischen Projektmanagement (in Beziehung zu Kunden und Produkten), vielmehr widmen sie sich operativen Schritten auf dem Weg zu Zielen, die in Hinblick auf den Sinn-Horizont vereinbart wurden (teilweise entsprechen die Projekte zum Beispiel lang angelegten KVPs – Kontinuierlichen Verbesserungs-Prozessen). Die Projekte können den strategischen Aufbau eines Händlernetzes, Preisstruktur, Produktentwicklungen, Optimierung von Abläufen in der Linie usw. betreffen. Alle Projektleiter sind auch Mitglied in einem anderen Projektteam, das heißt hierarchisches und Abteilungs-Denken werden weitgehend außer Kraft gesetzt. Entscheidend ist immer die Expertise, nicht der Status. Erstaunlich ist, wie wenig die zu erwartenden Konflikte entstehen, weil sich die einen immer „Rosinenprojekte" heraus suchen oder gar keines mitmachen wollen. Hingegen kann eine hohe Team-Effizienz beobachtet werden, die zum Großteil auf die Freiwilligkeit und die Fehlertoleranz der Unternehmensleitung zurück geführt werden kann.

Was es hierfür allerdings unbedingt braucht, ist klare Führung durch reife Persönlichkeiten, die den Spannungsbogen zwischen dem operativen Geschäft und dem Sinn-Horizont halten. Ohne Führung zerfließen flexible Strukturen sehr schnell in viele Kanäle; aus dem Strom werden schlanke Bächlein, die zwar immer wieder zusammen- und auseinander- fließen, aber doch kein Kraftwerk betreiben können. Führungsarbeit ist deshalb hier be- sonders anspruchsvoll: zum einen muss die Führungsperson sich auf die Projektleiter ver- lassen und ihnen die größtmögliche Freiheit geben, zum anderen muss sie dafür sorgen, dass die Projekte miteinander verzahnt bleiben und die Ausrichtung auf den Sinn-Horizont behalten. Er zieht nicht die Netz-Fäden, aber er sorgt für eine gute Verknotung, achtet auf brüchige Stellen und „spannt" das Netz immer wieder neu.

So greift die angesprochene Entwicklung vom Organigramm zum „Dynamogramm" ganz praktisch (Baumanns 2014).

Geschäftsführer, die so handeln, machen *wörtlich* Aussagen wie: „Jeden Abend sehe ich die Tagesbilanzen an, die natürlich schwanken. Und obwohl die Wirtschaftsergebnisse nicht mehr die erste Priorität haben, sondern eher die dritte oder vierte, kann ich es gar nicht verhindern, dass wir seit der Ausrichtung der Unternehmensstruktur auf den Sinn- Horizont Gewinne erwirtschaften, die wir vorher niemals zu hoffen gewagt hätten. Ich müsste wirklich absichtlich destruktiv handeln, um das zu verhindern!"

7.4.3 Die Generation Maybe anziehen

Der Geschäftsführer, von dem dieses Zitat stammt, sieht natürlich seinen Mitarbeitern nicht einfach entspannt oder nur wohlwollend zu, wie diese auf Projektspielwiesen her- umtollen. Er bietet hingegen klare Führung über Sinn-Orientierung und konkretes Vorbild und durch regelmäßige Strategiemeetings, in denen flexible Ziele und klare Projektziele vereinbart werden. Die permanente Aufmerksamkeit auf die Vernetzung von Prozessen und Projekten fordert vor allem die eigene Persönlichkeit. Sie entspricht dem intellektuel- len und intelligenten Führungsverhalten, das erfolgreiche Unternehmen brauchen, gerade wenn sie Mitglieder der Generation Maybe ansprechen wollen.

Junge talentierte Menschen werden von Sinn-orientiert geführten Unternehmen, bes- ser gesagt von deren Führungspersönlichkeiten angezogen, weil sie dort das finden, was ihnen besonders wichtig ist: Bewegung, Authentizität, Freiheit, Intelligenz, Sinnhorizont *und* Erfolgsorientierung. Die postmaterialistischen Werte in Kombination mit der Selbst- verständlichkeit eines Wohlstandsstrebens werden in diesen Unternehmen zum Beispiel auch dadurch deutlich, dass einerseits Status und Hierarchien ihre Bedeutung verlieren – an deren Stelle jedoch Qualität und Funktion in den Vordergrund rücken.

Statussymbole wie das teure Auto werden von Maybe'lern oft kopfschüttelnd zur Kenntnis genommen; sie buchen lieber über ihr App das Zugticket, können so unterwegs Unterlagen sichten, am Laptop arbeiten oder einfach nur entspannen. Ein typisches Ge- spräch zwischen einem Babyboomer und Maybe'ler brachte mich zum Schmunzeln: Bei- de waren geschäftlich viel unterwegs; der Babyboomer prahlte mit seinen anstrengenden Fahrten und den 80 Tausend Kilometern, die er mindestens im Jahr fahre. Schließlich sei der persönliche Kontakt zu den Geschäftspartnern wichtig. Der junge Geschäftsmann erwähnte, er habe auf das Auto verzichtet, besitze dafür eine Bahn Card Gold und nehme nötigenfalls im Anschluss ein Taxi zum Zielort. Finanziell sei das Unternehmen letztlich eher günstiger weg gekommen, ohne Kapitalbindung und Unterhaltskosten. Auf die Bemerkung des Babyboomers, das könne er sich zeitlich nicht leisten, antwortete der junge Mann: „Ich kann es mir zeitlich nicht leisten, Auto zu fahren. Denken Sie mal darüber nach, wie viele Stunden Sie pro Jahr im Auto sitzen, ohne entweder konzentriert arbeiten oder ausruhen zu können. Selbst wenn Sie mit den Öffentlichen 150 % der Zeit bräuchten, wären Sie damit immer noch viel effizienter. Außerdem skype ich mit vielen Geschäftspartnern auch; da sieht man sich, kann auch mal persönlich werden und ist viel entspannter, als bei den abgehetzten Treffen vor Ort." – Mit so viel Sachlichkeit war das Gespräch beendet – was hätte der Ältere auch noch sagen können. Jede Antwort hätte dem entsprochen, was er sonst den Jüngeren vorwirft: „Es macht mir mehr Spaß, Auto zu fahren." „Alles andere ist mir zu unbequem." „Wer erkennt denn dann auf Anhieb meine gesellschaftliche Stellung?!" Spaß, Bequemlichkeit, Egoismus, Individualismus… alles Vorwürfe, die den Maybe'lern gemacht werden. Wir finden sie in anderem Gewand bei uns Babyboomern wieder.

Die Generation Maybe hat es aufgedeckt: Karosserie, Zylinder und Sound, englische Schuhe und dicke Teppiche sind die bisherigen Federn der Geschäftswelt.

Die neuen Federn heißen Smartphone und Tablet-PCs, Bahnfahrt in der 1. Klasse, individuelle Freiheit in Aufgaben- und Zeiteinteilung, sowie Reisen.

Man muss nicht den „Alten" das Auto weg nehmen, aber die Reflexion kann helfen, zu den eigenen Status-Symbolen, die durchaus ihren Nutzwert im Unternehmen haben, in Distanz zu gehen und sich zu fragen, wo sie mittlerweile den unternehmerischen Erfolg eher bremsen als beflügeln. Die Reflexion kann auch einen neuen Prozess in Gang setzen, bei dem die Werte der Maybe'ler mehr in den Fokus genommen werden, um ihnen endlich auf Augenhöhe zu begegnen.

Aufgabe der älteren, zur Zeit häufig führenden Generation, ist es, den Vertretern der Generation Maybe das zu geben, was sie selbst oft nicht haben: Orientierung, Authentizität, Zutrauen, Kontinuität und Fehlertoleranz. Eine Atmosphäre der gegenseitigen Wertschätzung ist dabei eine wichtige Grundlage für die Bewältigung dieser Führungsaufgabe, die einer reifen Persönlichkeit bedarf (wobei Alter leider nicht mit Reife gleichgesetzt werden darf). Sinn-orientierte Unternehmen sind immer lernende Organisationen, die permanent auf einem Weg sind. Diese Art, ein „mobiles Unternehmen" zu sein, fällt mit der Kultur der Netzwerkkinder zusammen, die ständig mobil sind. Führungsaufgabe ist es dann, dieser Mobilität einen Rahmen zu geben, sozusagen Haltepunkte für das Netz.

Die Umstellung auf die vermehrte Zusammenarbeit mit Maybe'lern bedarf auch einer Umstellung der Kommunikation. Allerspätestens jetzt sind die sogenannten Soft Skills wesentliche Erfolgsfaktoren der Führung: ohne Wertschätzung und Respekt, ohne eine Gesprächsführung auf Augenhöhe wird man Worte austauschen, ohne wirklich kommuniziert zu haben. Sicherlich muss manchmal klar gemacht werden, inwiefern Gleichberechtigung nicht Gleichsetzung bedeutet. Dennoch werden diejenigen erfolgreich führen, die zuhören, ernst nehmen und auch antworten. Denn auch die Richtung der Informationsweitergabe hat sich verändert: es gilt nicht mehr automatisch „von oben nach unten" oder „von alt zu jung", sondern auch Betriebe werden im Sinne der lernenden Organisation immer mehr zu Lerngemeinschaften, in denen Expertenwissen abgefragt, weiter gegeben und synergetisch genutzt wird.

Wer Maybe'ler führt, hat Menschen um sich, die gerne mitdenken und sehr ungerne nur fertige Anweisungen exekutieren. Das kann man bedauern oder man kann es nutzen. Letzteres verspricht Erfolg. Wenn es um anspruchsvolle Aufgaben geht, sind Workshops an Stelle von straffen Informations-Sitzungen mit vorbereiteter Strategie und Arbeitsverteilungsplänen nicht nur anregender, vielmehr effektiver. Manche halten Workshops für ineffizient, weil eine offene Diskussion, in die sich alle gleichberechtigt einbringen können, zunächst mehr Zeit in Anspruch nimmt. Wenn Effizienz jedoch auf den gesamten Prozess gelegt wird und nicht nur auf diese eine Sitzung, dann wird die Bilanz bei Workshops ganz sicher wesentlich besser aussehen als bei Seminaren. Es fordert allerdings viel mehr Führungskompetenz, einen Workshop vorzubereiten und durchzuführen, als eine One-Man-Show aufzuführen. Vielleicht ist auch das einer der Gründe, weshalb manche Geschäftsführer nicht wagen, überhaupt einen Führungskreis zu gründen bzw. mit diesem Strategien, Strukturen und operative Entscheidungen ergebnisoffen zu diskutieren. Nirgends würde Führungskompetenz oder der Mangel daran so offensichtlich wie hier.

Eine Chance, die sich durch die kulturelle (Um-)Prägung angesichts der jüngeren Generation ergeben kann, ist die bislang noch erzwungene Berücksichtigung der Ganzheitlichkeit jedes Menschen. Die Einsicht, dass Menschen eine physische Arbeitsbelastungsgrenze haben, egal wie motiviert sie sind, und ein geistiges Bedürfnis nach Sinnerfüllung, lässt meistens so lange auf sich warten, bis Burnout zum Thema wird. Meistens mit der Folge von langen, ungeplanten Arbeitsausfällen. Die Generation Maybe möchte ohne Burnout balanciert leben, möchte eine Life-Balance von Beginn an.

Wenn Geschäftsführer, Abteilungs- und Personalverantwortliche sagen, ihre Projekte ließen keine Sabbaticals (längere Phasen von einem Monat bis zu einem Jahr, in denen Mitarbeiter unbezahlt frei haben) zu, so werden diese oft damit konfrontiert, dass ihre Mitarbeiter ungeplant über längere Zeit ausfallen, weil sie entweder kündigen, Elternzeit nehmen oder „nur" zusammengebrochen sind. Die Erfahrung zeigt, dass Mitarbeiter, die bewusst eine Auszeit planen, dies meistens tun, um private Projekte wie große Reisen, Entwicklungshilfe, Gemeindeprojekte, ehrgeizige sportliche Ziele oder Pflege von Angehörigen zu verwirklichen; das heißt sie sammeln Erfahrungen, die häufig mit den besten Persönlichkeitsentwicklungsprogrammen im normalen Alltag gar nicht zu bewerkstelligen sind. Außerdem kommen sie mit einer loyalen und dankbaren Haltung in ihr Unternehmen zurück. An der Generation Maybe kann man ablesen, wie verkehrt es ist, die Motivation eines angestellten Mitarbeiters daran zu bemessen, ob er bereit ist, bis zum Umfallen zu arbeiten. Wer sich gut führt, achtet auf die Balance – ausgerechnet das können die Älteren, wenn auch widerwillig, jedenfalls zum Teil von den Jüngeren lernen! Wer sowohl die Maybe'ler, als auch die anderen Mitarbeiter mit guter physischer und psychischer Leistungsfähigkeit erhalten will, sollte hier mit dem „Umparken im Kopf" beginnen. Allzu schnell geht es sonst so wie einem meiner Mandanten. Er hatte mir angesichts der

Antragstellung eines Führungsmitarbeiters auf eine dreimonatige Auszeit kopfschüttelnd erklärt, warum das nicht gehe. Zu viele Aufträge, zu spezifisches Wissen und so weiter. Derselbe Mitarbeiter hatte kurz darauf einen schweren Motorradunfall durch Sekundenschlaf und lag monatelang im Krankenhaus. Seine Führungsposition musste „irgendwie" überbrückend ausgefüllt werden. Nach acht Monaten kehrte der verunglückte Fahrer zur Wiedereingliederung zurück in den Betrieb. Er hatte überlebt – die Firma auch.

7.5 Die Führungspersönlichkeit im Leading by Meaning

7.5.1 „2 × 2": die Zwillingspaare Sinn-orientierter Führung

Was in Abb. 7.2 für eine Einzelperson aufgezeichnet wird, kann genau so auf ein Unternehmen übertragen werden. Auch hier wird die Identität von Entscheidungen bestimmt und der Sinn-Horizont ergibt sich aus der Antwort, die die Führenden des Unternehmens (oft unbewusst) mit dem Nutzen für die Gesellschaft verbinden.

Ihr Schritt im Leading by Meaning ist in Bezug auf das Unternehmen also ganz konkret die Beantwortung folgender Fragen zur Ist-Beschreibung:

- Welche Identität schreibt die Öffentlichkeit und schreiben die Mitarbeiter dem Unternehmen zu?
- Welchen Beitrag leistet das Unternehmen für die Gesellschaft oder Teile der Gesellschaft?

Fragen zum Sinn-Horizont lauten dann:

- Welche Identität soll nach innen und außen glaubwürdig (integer) geprägt werden?
- Welchen Beitrag/Nutzen, der über die Gewinnerwirtschaftung hinaus geht, kann das Unternehmen leisten? – Welcher soll als langfristiger Sinn-Horizont fokussiert werden?

Wer als einzigen Nutzen oder Beitrag eines Unternehmens das Erwirtschaften von Gewinn sieht, gleicht einem Menschen, dessen einziger Sinn es ist zu überleben und Wesen zu reproduzieren, deren Sinn wieder im Überleben besteht. Auch das ist eine mögliche Weltanschauung. Sie wird jedoch nie jemanden begeistern können. Mit dieser Anschauung kann man schlicht eines nicht: Menschen führen.

Um Menschen Sinn-orientiert zu führen bedarf es zweier Zwillingspaare:

Das eine Paar bezieht sich hauptsächlich auf die operative Ebene, das andere auf die Beziehungsebene. Die Rede ist von den Paaren Freiheit und Verantwortung, sowie Vertrauen und Wertschätzung.

Abb. 7.2 Die Persönlichkeit
des Einzelnen in Bezug zur
Welt

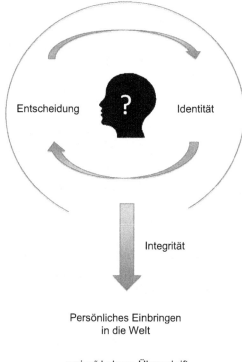

Entscheidung   Identität

Integrität

Persönliches Einbringen
in die Welt

„meine" Lebens-Überschrift
in der Welt

7.5.1.1   Freiheit und Verantwortung

In Kap. 4.2 wird der direkte Zusammenhang von Freiheit und Verantwortung skizziert. Freiheitsräume im Unternehmen klingen zunächst nach einem Privileg; Räume müssen aber gefüllt werden, das heißt in diesem Fall in Hinblick darauf, was dem Sinn-Horizont und den vereinbarten Zielen dient. Wann ist eine Aufgabe „gut"? Wie gehe ich mit Konflikten um? Wie führe ich Mitarbeiter, die in der Leistungsbilanz zu den Underperformern gehören?

Die Kernwerte des Unternehmens, also die gemeinsam erarbeitete Unternehmensmoral, leistet hier wesentliche Unterstützung. Dennoch müssen auch Führungsmitarbeiter lernen, die Freiheits- und Verantwortungsräume selbst auszufüllen und in der Weitergabe von Aufgaben einerseits klar und konsequent zu führen, andererseits loszulassen und Fehler zuzulassen. Claus Hipp wurde auf einer Tagung nach einem Vortrag von einem der anwesenden Manager gefragt, ob er denn gut schlafen könne, wenn er das Gefühl habe, so mancher Betriebsleiter bei Hipp wisse mehr als er selbst. Hipp konterte: „Ich könnte nicht schlafen, wenn es umgekehrt wäre."

Wer sich als Führender bedroht sieht, weil Mitarbeiter in ihren Bereichen Experten sind, sollte dringend an seiner Persönlichkeit arbeiten. Wer bei der Anleitung von jüngeren

Mitarbeitern von der Sorge beseelt ist, die in der Formulierung „Ich zeigte ihm, wo es lang geht. Da überholte er mich!" zum Ausdruck kommt, hat seine Souveränität verloren. Ein langfristig erfolgreiches Unternehmen ist immer das Resultat von sehr guten Mitarbeitern, die genau das entfalten, worin sie gut sind, und die mit Klarheit, Freiheit und Vertrauen geführt werden.

Verantwortung ist natürlich ein großer Begriff und die Diskussion, was ein Einzelner überhaupt verantworten kann, wird nie beendet sein. Die Aufforderung an alle Mitarbeiter, im speziellen die Führungsmitarbeiter, verantwortlich im Sinne des Unternehmens zu entscheiden und zu handeln ist zwar ernst zu nehmen, bedarf aber doch einer Spezifizierung in Hinblick darauf, wofür sich der Einzelne im Besonderen verantwortlich sieht.

Um das heraus zu finden, eignet sich eine Gesprächsrunde, in der ausgetauscht wird, wer sich wofür verantwortlich *fühlt*. Hier wird absichtlich das Wort „fühlt" verwendet, weil Verantwortung dort, wo sie zum Tragen kommt, mehr eine Herzens-Haltung ist, als eine verordnete Einstellung. Die Frage, die in der Runde gestellt wird, lautet:

„Wofür sorgen Sie in Ihrem Aufgabenbereich?"

Die Antworten ergeben eine manchmal ernüchternde, meistens jedoch beeindruckende Sammlung an Horizonten, die die einzelnen (Führungs-)Mitarbeiter im Betrieb für sich sehen. Ein Controller könnte zum Beispiel antworten, er sorge dafür, dass am Monatsende etwas übrig bleibt; er könnte aber auch antworten, dass er für die langfristige Unabhängigkeit es Unternehmens sorgt. Dieser qualitative Unterschied in den Aussagen wird seine alltägliche Arbeit maßgeblich bestimmen.

Wer als Geschäftsführer in seinem Führungskreis diese „Sorgen-Runde" gemacht hat, wird ein klares Bild dessen haben, wer welche Verantwortung bereit ist zu tragen, und wer für welche weiteren Aufgaben den entsprechenden Blick haben kann.

Allerspätestens wenn Klarheit über die Beziehung des Einzelnen zu seiner jeweiligen „Für-Sorge" besteht, hat eine Führungsperson eine gute Basis für das „Dynamogramm", das heißt für flexible Strukturen, die von verlässlichen Menschen gefüllt werden.

7.5.1.2 Vertrauen und Wertschätzung

„Vertrauen ist gut, Kontrolle ist besser" meinen viele und machen sich gar nicht klar, dass dieser Lehrsatz von Lenin stammt. Ich möchte ihn hier ins Gegenteil formulieren: „Vertrauen ist gut. Kombiniert mit Wertschätzung wird es unbezahlbar."

Leider wird ein Laissez-Faire-Stil meistens als vertrauensvolle „Führung" vertuscht; Vertrauen heißt allerdings nicht, Mitarbeiter oder Prozesse einfach laufen zu lassen, ohne sich zu kümmern. Im Sinn-Horizont einer Führungsperson, muss seine Sorge unter anderem darin bestehen, seinen Mitarbeitern zu ermöglichen, die beste Leistung bei bester Verfassung zu erbringen, die ihnen möglich ist.

Vertrauen hat viel mit Zutrauen und der Einsicht zu tun, dass man am besten vorwärts kommt, wenn man sich nicht gegenseitig kontrolliert, sondern aufeinander achtet. Erstens, weil Kontrolle Zeit (= Geld) kostet, zweitens weil Kontrolle geradezu zum Fehlermachen einlädt. Wer weiß, dass er kontrolliert wird, arbeitet in fast allen Fällen weniger motiviert oder sogar schlampiger, weil es sich ja nicht um die Endfassung handelt. Selbst die Angst vor Strafen nützt da meistens wenig. In der Regel finden sich beide Seiten in ihren Rollen bestens ein: der Vorgesetzte als seufzender Patron, der Mitarbeiter als mäßig begabter Junge. Wer hingegen weiß, dass seine Arbeit gesehen und als Ganzes ernst genommen wird, begreift seine Arbeit als persönlichen Beitrag zu einem Ganzen. Er wird wesentlich selbstverantwortlicher mit dem Vertrauen umgehen, das ihm entgegen gebracht wird. Wo Vertrauen mit Wertschätzung verbunden wird, richtet es beide Seiten auf.

Vertrauen kann man nicht verordnen, es ist in aller Regel eine Vorschussleistung von beiden Seiten. Vertrauen wird deshalb manchmal mit einer Brücke verglichen, die von zwei Ufern aufeinander zu gebaut wird und sich dadurch bewährt, dass sie sich als tragend erweist. Bei Vertrauen gibt es keine verlässliche Statik; immer wieder wird es Enttäuschungen geben, weil man sich in einem Menschen getäuscht hat (vielleicht sogar in sich selbst). Die große Menge einer Belegschaft wird viel dafür tun, eine Atmosphäre des Vertrauens anhaltend mit zu gestalten, ganz einfach, weil alle davon profitieren, wenn man sich bewusst aufeinander verlässt und im Zweifelsfall nicht verlassen wird.

Wenn zum Beispiel die Stempeluhr im Unternehmen abgeschafft und Vertrauensarbeitszeit eingeführt wird, muss jeder „auf sich selbst aufpassen". Das klappt selten auf Anhieb reibungslos; Verantwortung und der Umgang mit Vertrauen müssen manchmal erst (wieder) erlernt werden. Die Entwicklung wird auch nie das Paradies auf Erden erreichen, in dem lauter wohlgesonnene Altruisten arbeiten. Aber man wird einer konstruktiven gut gelaunten Leistungsgemeinschaft wesentlich näher kommen, als wenn man mit permanenter Kontrolle und Misstrauen führt. Zumal das selten zu einer echten Verbesserung geführt hat. Helmut Maucher, langjähriger CEO von Nestlé in krisengeschüttelten Zeiten, plädiert für einen *konsequenten* Umgang mit Vertrauen, das heißt auch bei Missbrauch:

(…) schließlich muss man bereit sein, rasch die Konsequenzen zu ziehen, wenn die Qualität der Führungsperson nicht mehr stimmt oder wenn das Vertrauen missbraucht worden ist. Vertrauensmissbrauch ist in einem großen dezentralen System der einzige Punkt, in dem man hart und brutal vorgehen muss. (…) da gibt es bei mir kein Pardon. Im Übrigen bin ich eher dafür, den Leuten einen gewissen Vertrauensvorschuss einzuräumen. Ich meine, wir können uns Vertrauen leisten, sonst entwickelt man die Leute nicht.

Im Anschluss zitiert Maucher Goethe mit den Worten:

Wer die Menschen behandelt, wie sie sind, macht sie schlechter, wer die Menschen aber behandelt, wie sie sein könnten, macht sie etwas besser.
(Maucher und Malik 2012, S. 51)

Wertschätzung hat in diesem Kontext einen entscheidenden Stellenwert, weil sich darin die Bedeutung der einzelnen Persönlichkeit auf dem gemeinsamen Weg zum Sinn-Horizont manifestiert. Es gibt fast so viele Möglichkeiten, Wertschätzung zu zeigen wie Sand am Meer. Deshalb ist es ein Armutszeugnis, wenn Kurse zu diesem Thema angeboten werden. Die einfachsten Anstandsregeln machen den Anfang: das freundliche Grüßen, einander die Türe aufhalten (durchaus auch einmal der Vorgesetzte einem Mitarbeiter!), aufmerksam auf Äußerlichkeiten achten – kurz: Statusgehabe ablegen. Wenn der Vorgesetzte seine Mitarbeiter nach einem Meeting auffordert, es solle doch jeder auf dem Weg kurz sein Glas mitnehmen, dann ist das eine Möglichkeit, Wertschätzung zu zeigen, nämlich denjenigen, die für die Bedienung zuständig sind. Ein Satz in der Mail-Begrüßung: „Schön, dass Sie wieder aus dem Urlaub zurück sind; ich hoffe, Sie konnten sich gut erholen." (zumindest freut sich der Mitarbeiter dann, wenn Sie nicht danach sofort mit einer überfordernden Liste weiter machen, die jede Erholung binnen vier Arbeitsstunden zunichte macht). Auch die Partizipation an Erfolg – nicht nur pekuniär – ist ein wichtiges Zeichen der Wertschätzung: als der Geschäftsführer von allsafe Jungfalk zur Auszeichnung als Deutscher Top-Job-Arbeitgeber zum Festakt eingeladen wurde, ließ Lohmann seine Personalleiterin den Preis entgegen nehmen. Schließlich, so seine Begründung, habe sie durch ihre sehr gute kooperative Führungsarbeit einen maßgeblichen Anteil am Erfolg und deshalb solle sie auch offiziell gewürdigt werden.

Letztlich ist Wertschätzung nichts anderes als Anerkennung der einzelnen Mitarbeiter in deren persönlichen Leistung und in ihrem Menschsein, das heißt die Aufmerksamkeit für ihre individuellen Werte und Bedürfnisse. Maucher bringt es auf den Punkt (ebd., S. 80): *„Look more in the eyes than in the files."*

7.5.2　Wer führen will, muss Menschen lieben: Pestalozzi in Business

Was zunächst sozialromantisch klingt, bewahrheitet sich im Unternehmensalltag: Wer von Sachen, Zielen, Zahlen oder einer Idee begeistert ist, aber nicht auch noch Menschen im echten Sinne liebt, der kann zumindest nicht führen. Entweder er scheitert im frühen Stadium oder – wenn es sich um eine charismatische Persönlichkeit handelt – er verführt zum Schaden der beteiligten Menschen, manchmal auch der Menschheit. Um im Unternehmen erfolgreich zu sein, kann der Johann Heinrich Pestalozzi (1746–1827) zugeschriebene Dreiklang der Persönlichkeitsentwicklung als Überschrift dienen: Kopf, Herz, Hand.

In Kap. 5.5 wurden die aktuellen Ergebnisse der Gallup-Umfrage von 2014 erläutert. Darin wird erneut fest gestellt, dass nicht einmal ein Fünftel der Mitarbeiter wirklich motiviert mitarbeitet. Die Sozialwissenschaftler differenzieren in ihrer Studie genauer aus, was sie darunter verstehen und kommen auf Faktoren, die hier an Pestalozzi angelehnt sehr anschaulich als drei Persönlichkeitseigenschaften bezeichnet werden können:

Guter Hand-Arbeiter, gute Kopf-Leistung und mit dem Herzen dabei sein (Abb. 7.3).

Bereits in der Antike wurde die Persönlichkeit eines Menschen heuristisch aufgeteilt in Körper, Geist und Seele. In der Pädagogik wurde seit Rousseau (Mitte 18. Jahrhundert) überlegt, was das für die Herausbildung einer Persönlichkeit bedeutet. In der Abbildung wird deutlich, wie man hier auch von drei Qualitäten sprechen kann, die in jedem Menschen vorhanden sind, meistens in unterschiedlicher Ausprägung. Je mehr Führungsverantwortung einem Menschen anvertraut ist, desto wichtiger wird das Herz, dessen Tätigkeit immer der Ausdruck von Liebe ist.

Abb. 7.3 Pestalozzi in Business

Liebe kann nicht delegiert und auch nicht organisiert werden, Liebe ist. Viele haben ihre tätige Liebe komplett auf den privaten Alltag verlegt, weil sie befürchten, diese könne im Betrieb nur stören. Das stimmt dann, wenn Liebe mit Romantik gleich gesetzt wird. Die hier gemeinte Liebe entspricht einer grundsätzlichen tiefgründigen Herzens-Haltung, die in ihrer Entschiedenheit auch schmerzhafte Konsequenzen ziehen kann. Liebe in diesem Sinn ist deshalb manchmal auch ein „tough play", das sich um Wahrhaftigkeit und Vertrauen willen nicht vor Spannungen scheut; Liebe wehrt sich statt dessen gegen das „gaming" und „gambling", in dem es nicht um Qualität, sondern nur um individuelle Machtspiele geht.

Mitarbeiter spüren, ob es wirklich um sie geht, oder ob sie wieder nur mit einem Motivationstool (das immer noch mit Hand und Kopf bedient wird) zu Leistung gebracht werden sollen. Wer also *wirklich* führen will, muss Menschen lieben.

7.6   Sinn-Spuren

7.6.1   „Ich will (nicht) so bleiben wie ich bin"

Mit der seit 1992 ausgestrahlten Werbung einer Diät-Lebensmittel-Reihe ist „Du darfst!" zum geflügelten Wort geworden. Ähnlich wie die Maybe-Werbung von Marlboro traf „Du darfst" den damaligen Nerv der Zeit, authentisch sein zu dürfen und „zu sich stehen" zu können. Bereits 1849 hat sich der dänische Philosoph Sören Kierkegaard mit der Frage beschäftigt, wie Menschen sich zu sich selbst verhalten. Darin stellt er fest, dass die Mehrheit der Menschen entweder *unbedingt* oder *keinesfalls* sie selbst sein wollten. In den letzten Jahrzehnten können wir dieses Phänomen sehr gut beobachten: Menschen tun entweder alles, um sich ihrer selbst zu vergewissern oder sie kopieren andere – beides bis zur Peinlichkeit. Das sind natürlich Spitzen einer gesellschaftlichen Entwicklung, und doch sind wir alle Teil dieser Gesellschaft. Viele, auch viele Führungspersönlichkeiten, wünschen sich, sie selbst zu sein, befürchten aber, es könnte für die Herausforderungen ihrer beruflichen und Lebens-Aufgaben nicht ausreichen.

Um diese Gradwanderung zwischen Selbstseins-Wahn und Selbstverneinung zu gehen, ist eine persönliche Werte-Analyse unterstützend. Gerade in der Netzwelt ist die Selbstverortung für jeden wichtig, vor allem für diejenigen, die andere führen wollen. Die drei Kernfragen: „Wer bin ich?" „Wer kann ich sein?" „Wer will ich sein?" werden im Führungskontext ergänzt durch die Fragen: „Wie bin ich zu dem geworden, der ich bin?" „Wer will ich für andere sein?" „Welchen Sinn kann ich vorleben und anbieten?"

Diese Fragen zu sich selbst, zur eigenen Lebensführung und der Bedeutung, die die eigene Persönlichkeit für andere haben kann, sind im wahrsten Sinne des Wortes nachdenkens-wert. Es lohnt sich, sie nicht ein für allemal an einem Abend beantworten zu wollen, vielmehr sich nachzuspüren, sich selbst auf die Schliche zu kommen. Das eigene Leben und die eigene Karriere noch einmal nachzuvollziehen und dabei zu beachten, dass man viele Stationen auch anders interpretieren könnte, gibt wertvolle Anstöße in Hinblick auf die zweite Fragereihe im oben genannten Führungskontext.

Wenn Sie diesen Weg beschreiten, wollen Sie zwar der sein, der Sie sein können, aber nicht einfach so bleiben, wie Sie sind. Dabei werden Sie auch entdecken, welche neuen Aspekte Ihnen zu einer Sicht mit wesentlich mehr Weitblick zufließen. Mit diesem Weitblick können Sinn-Spuren gelegt werden.

7.6.2 Schaffen Sie Zusammenhänge!

Immer wenn ich mit Führungsteams an Abenden in einer Bar sitze, beginnen langjährige Mitarbeiter, aus alten Zeiten zu erzählen. Geschichten über Nacht- und Nebelaktionen, in denen noch etwas fertig gemacht wurde, Anekdoten über eigenwillige Kollegen und Vorgesetzte: „Bei dem großen Schneefall 1992 kam der Chef dann gegen 10 Uhr zur Arbeit, zwei Stunden später als sonst. Weil die Straßen nicht befahrbar waren – 8 km zu Fuß! Und er hat nie verstanden, warum einige einfach zu Hause blieben, bis die Räumfahrzeuge auch in ihrem Dorf gewesen waren." Auch tragische Ereignisse werden erzählt, die selbst „unbeteiligte" Zuhörer noch in eine leichte Trauer versetzen können: „… der Eberle – was war das für ein spitzfindiger Controller, den wir alle total gern mochten, der uns mit seiner Ordnungssucht aber wirklich zur Weißglut bringen konnte. Hat immer was von Zeitmanagement geredet, das wir nicht beherrschten. Dann ist er beim Radfahren am zweiten Weihnachtstag einfach tot umgefallen. Mit 40. Der ganze Jahresabschluss lag an und er hatte alles bis zum letzten Tag fertig gemacht, wir hatten praktisch nichts vom Jahr aufzuarbeiten! Dass so etwas überhaupt geht! – Wir haben über seine Marotten gelacht und dann wieder geweint, selbst die stärksten Typen."

Auch die Frage, was den Unternehmensgründer bewegt hat, mit welchen Erwartungen man selbst angetreten war, das alles kommt im Laufe einiger Stunden zu Gehör und gibt allen Zuhörenden das Gefühl, Teil einer Geschichte zu sein, in die man irgendwann einmal eingestiegen ist. Ohne sich darüber im Klaren zu sein, werden hier Sinn-Spuren gelegt, das heißt identitätsstiftende Erzählungen weitergegeben. Gemeinsam eine Krise bewältigt, gemeinsam gelacht oder auch getrauert zu haben, das stiftet Gemeinschaft. Als Führungsperson kann man das noch fördern, indem man bewusst Geschichten sammelt und sie an passenden Stellen weiter gibt. Ob das eine Festschrift, eine Rede zum Geburtstag, eine Fotosammlung oder eine ganz andere Form ist: wesentlich ist, dass das zum Ausdruck kommt, was Menschen im Unternehmen aufgrund persönlicher Ereignisse verbinden kann.

Eine andere Sinn-Spur wird dort gelegt, wo die Auswirkungen der Unternehmenstätigkeit gezeigt werden, das heißt wo Sinn sich in der sichtbaren Außenwirkung manifestiert. Organisationspsychologen der Universität Michigan haben dazu eine beeindruckende Studie veröffentlicht. Für die Studie wurden Daten eines Callcenters erfasst, in dem Studenten den Job hatten, Geldspenden einzuwerben.

„Der Telefonjob war nicht nur eintönig und schlecht bezahlt, die Studenten mussten sich auch Beleidigungen anhören und abwimmeln lassen. Die Erfolgsquote lag bei traurigen sieben Prozent: Versuche, die Studenten mit Geldgeschenken und Wettbewerbsspielen zu motivieren, hatten wenig Erfolg. Grant [der Organisationspsychologe, A.F.] kam auf eine andere Idee: Er lud einen ehemaligen Studenten ein, der allein dank der auf diese öde Weise eingetriebenen Mittel an der Universität hatte studieren können – und der heute selbst als Lehrer arbeitet. Der Mann erzählte nun den studentischen Geldeintreibern, dass er diesem Stipendium seinen Lebenserfolg zu verdanken habe. Einen Monat später verbrachten die Studenten 142 % mehr

Zeit am Telefon und trieben 171 % mehr Geld ein – ohne ihre Methoden geändert zu haben. (…) Die Studenten waren produktiver und glücklicher, weil sie wussten, dass sie mit ihrer Arbeit anderen halfen." Folgestudien ergaben sogar eine weitere Steigerung des Spendenaufkommens. Im Rahmen der Gallup-Umfrage ergab sich ein ähnliches Bild: „Der Leiter einer Fabrik, in der künstliche Hüftgelenke hergestellt und verpackt werden, beklagte sich, dass seine Leute die Arbeit mit sehr wenig Hingabe erledigten. (…) Die Folgen der Lustlosigkeit: Das Unternehmen litt unter einer hohen Fehlerquote (…). Bis der Fabrikchef eine Gruppe von Patienten einlud, die dank der dort gefertigten Prothesen wieder beschwerdefrei laufen konnten. Die Arbeitsleistung in der Fabrik stieg daraufhin sprunghaft an. Die Mitarbeiter hatten erkannt, dass sie mit ihrer Arbeit das Leben anderer Menschen zum Besseren wenden konnten."
(Bund und Rohwetter 2014, S. 24)

Mit erzählten Geschichten werden einzelne Ereignisse in Zusammenhängen „vor Augen gestellt", die im Alltag gar nicht gesehen werden. Diese Zusammenhänge werden zu Sinn-Spuren, das heißt zu Wegen, auf die Menschen im Unternehmen und auch andere zurück schauen können. Die Spuren weisen wiederum über die eigene Person hinaus und geben so den Blick frei auf den Sinn-Horizont.

7.6.3 Der rote Faden in der Netzwelt

Sinn-Wege geben den Blick auf eine Kontinuität frei, die durch die Verdichtung der Zeit und den Verlust an inhärenten Zusammenhängen sehr schnell einen Identitätsverlust, dadurch auch einen Verlust an Sinn nach sich ziehen. Sinn-stiftende Führung bietet einen roten Faden in der Netzwelt an, Rituale tragen dazu bei, die „Netzknoten" zu sehen und damit den „roten Faden" bewusst wahrzunehmen. Rituale im Business sind zum Beispiel „Initiationsriten", das Feiern von Meilensteinen, Betriebsjubiläen und jahreszeitliche Feste. Jeder Betrieb hat seine eigenen Möglichkeiten und spezifischen Anlässe, Rituale zu begehen. Rituale sind dadurch gekennzeichnet, dass sie eine Form haben, die mit der Zeit identitätsrelevant ist und zur Tradition wird.

Für viele Dörfer ist das Aufstellen des Maibaums ein wichtiges Ritual: die Männer ziehen in den Wald, die Frauen hübschen sich auf, Alt und Jung ist gespannt, welches Exemplar die Dorfmitte dieses Jahr schmücken wird. Zum Ritual gehört auch die Bedrohung, also muss der Baum vor allem nachts bewacht werden, auf dass kein Neider auf dumme Gedanken kommt. Hat der Baum den Mai unbeschadet überlebt, kommen alle nochmal zum Freudenfeuer vorbei, es ist nun also wirklich Sommer.

Wer bei diesem Ritual zweimal dabei war, gehört zur Dorfgemeinschaft – emotional und traditionell. Er ist vom Besucher zum Einwohner geworden. Mit dem Maibaum hat er Wurzeln geschlagen und wird so ein Teil der Dorfgeschichte, die im Heimatmuseum nachzulesen ist und immer weiter geschrieben wird.

In Betrieben haben Rituale eine ähnliche Wirkung: sie stiften Gemeinschaft und schaffen Identität. Es gibt viele Möglichkeiten, auf den Betrieb und dessen Mitarbeiter zugeschnittene Rituale zu kreieren wie Feste im Unternehmen für die Mitarbeiter, die in diesem Jahr ihre Ausbildung oder ihr Studium abgeschlossen haben. Wer ein Ritual bewusst an den Rhythmus seines Unternehmens binden will, kann zum Beispiel jedes Jahr vor der Betriebsruhe einen Lauf durch den Industriepark mit einer anschließenden „See-You-Later-Party" organisieren. Wer schon einmal auf dem Werksgelände ein Public Viewing mit grillendem Chef erlebt hat, wird es immer wiederholen wollen. Neue Mitarbeiter prinzipiell durch den Geschäftsführer oder eine andere Person aus dem Führungsteam mit einem Blumenstrauß zu begrüßen, bringt insgesamt eine Wertschätzung ins Unternehmen, die mit vielen Incentives kaum zu erreichen ist. Wichtig sind auch die Rituale, die für das Erreichen von Meilensteinen geschaffen werden: Ob Sie eine neue Maschine mit einer Flasche Sekt taufen und anschließend mit einer Runde Cola den Startschuss zum Einsatz der Maschine geben, ob Sie die Family-Pizza für all diejenigen bestellen, die irgendwie im Projekt involviert sind: immer geht es darum, das, was im und um das Unternehmen herum geschieht, zu einem erlebbaren Kontinuum zu formen, in dem sich alle eingebunden fühlen. Es geht darum, die Distanz zwischen Arbeit, Leben und Person für einige Augenblicke emotional so gering wie möglich zu machen. Ein Kontinuum zu formen bedeutet, der Unternehmenskultur eine bewusste Kontur zu geben und dadurch auch einen roten Faden zu legen, Sinn zu stiften.

Gabriel García Marquéz schreibt im Vorwort zu seiner Biografie: „Das Leben ist nicht das, was wir gelebt haben. Sondern das, was wir erinnern und wie wir es erinnern, um davon zu erzählen." (Marquéz 2004)

Es gehört zu den Führungsaufgaben, die Erzählung zu formen, ohne ein Märchen zu erzählen. Das ist auch nie nötig, das Leben ist spannend genug so wie es ist. Schreiben Sie also Geschichte:

Ganz praktisch kann man damit beginnen, einen Zeitstrahl zu zeichnen, auf dem die verschiedenen Ereignisse aufnotiert werden, die für das Unternehmen von Bedeutung sind. Dann werden auch der Start von Ritualen (z. B. das erste Public Viewing) oder besondere Ereignisse/Anekdoten im Betrieb (z. B. wenn in einem Jahr besonders viele Mitarbeiter geheiratet haben) eingetragen. Auf der Time-Line ist Platz für humorvolle Anekdoten, für Fotos und auch für ein paar Zahlen, Daten und Fakten. Auf einem Zeitstrahl sollten auch die schwierigen Zeiten benannt werden, schließlich macht kaum etwas stolzer als das Wissen, wie „man" sich in problematischen Situationen (heldenhaft) bewiesen hat. Eine Company-Time-Line, die einem den Eindruck einer Selbstbeweihräucherung vermittelt, entspricht einem Leitbild, das nur aus guten Vorsätzen besteht: man hätte es lieber nicht geschrieben. Wer aber die Chronik eines Unternehmens vor sich hat – egal, wie lang diese ist – hält ein Zeugnis in der Hand, das eine persönliche Handschrift trägt.

Eine Unternehmenschronik ähnelt einer Familiengeschichte mit allen Höhen und Tiefen, die andere interessiert, den „Angehörigen" Identität stiftet und das bietet, wonach sich alle Generationen sehnen: Sinn.

Machen Sie also das Beste aus Ihrem Unternehmen:

Wählen Sie Ihren Sinn-Horizont und schreiben Sie Geschichte.

Bewahren Sie sich in allen Herausforderungen Ihr „Anfangsherz", das heißt die ursprüngliche Begeisterung.

Nutzen Sie den Wind of Change auf Ihrer Reise in die Zukunft.

Nehmen Sie auf diesem Weg zum Erfolg alle mit: die Wirtschaftswunderkinder, die Babyboomer, die Generation Golf und die Generation Maybe, die letztlich die Geschichte weiter schreiben wird.

7.7 Review

7.7.1 Checkup-Fragen

Fragen

Wenn Sie KEK (Kraft, Entscheidungsvermögen, Konsequenz) bei sich überprüfen: an welchen Punkten sollten Sie arbeiten?

Wann wollten Sie etwas wirklich? Wie haben Sie sich damals verhalten?

Wie viel Transparenz herrscht in Ihrem Unternehmen?
Was könnte passieren, wenn Informationen offener zugänglich wären?
Wo können Sie Erfolge sichtbar Ihren Mitarbeitern überlassen?

Welche Statussymbole gelten in Ihrem Unternehmen?
Wie viel Spaß darf man sich in Ihrem Unternehmen erlauben?

Wo liegen Ihre Stärken in Hinblick auf Hand, Kopf und Herz?

7.7.2 Schritte nach vorn

To Dos

Nehmen Sie sich Ihre Leitlinien/Werte/Firmenphilosophie vor und überprüfen Sie diese nach Glaubwürdigkeit. Suchen Sie, wo diese Leitlinien in Ihrem Unternehmen einen Unterschied machen.

Setzen Sie Ihre bislang formulierte „Firmenphilosophie" in Zusammenhang mit der Unternehmensstruktur. Wie müsste die Struktur aussehen, um der Philosophie zu entsprechen?

Ziehen Sie Bilanz (vgl. 7.3.2)!

Überprüfen Sie, wo Aufträge und Ergebnisse für alle Mitarbeiter offen gelegt werden können. Wählen Sie eine unkomplizierte Form der Kommunikation (zum Beispiel Aushang).

Trauen Sie Ihren Mitarbeitern Lösungskompetenz zu, indem Sie Themen-Teams zu verschiedenen Fragestellungen gründen und selbst nicht dabei sind.

Machen Sie eine Runde im Führungskreis und stellen Sie die Frage: „Wofür sorge ich in meinem Aufgabenbereich?"

Ziehen Sie Ihre persönliche Kräfte-Bilanz: stehen Ein- und Ausatmen in Balance?

Machen Sie eine Time-Line und notieren Sie die Unternehmensgeschichte. Formulieren Sie einen Titel über dieser Geschichte.

Setzten Sie die Segel, wenn der Wind of Change kommt.

In diesem Sinne gilt uns allen der Wunsch: gute Reise!

Literatur

Baumanns M (2014) Tod der Organigramme. Handelsblatt vom 04.03.2014. Gastkommentar
Bund K, Rohwetter M (2014) So wollen wir arbeiten. Die ZEIT, 03. April 2014. No. 15, 24 f.
Collins J (2003) Der Weg zu den Besten. Die sieben Management-Prinzipien für dauerhaften Unternehmenserfolg. dtv, München
Knoblauch J et al (2001) Unternehmens-Fitness – Der Weg an die Spitze. Gabal, Offenbach
Malik F (2006) Führen, Leisten, Leben: Wirksames Management für eine neue Zeit. Campus, Frankfurt a. M.
Marquéz G (2004) Leben, um davon zu erzählen. Fischer, Frankfurt a. M.
Maucher H, Malik F, Farschtschian F (2012) Maucher und Malik über Management. Maximen unternehmerischen Handelns. Campus Verlag, Frankfurt a. M.
Peters J, Waterman R (2006) Auf der Suche nach Spitzenleistungen. Was man von bestgeführten US-Unternehmen lernen kann. Redline, Heidelberg
Schäfer F (2012) Minimal Management. Von der Kunst, vernetzte Menschen zu führen. Midas Management Verlag, St. Gallen
Vogelsang G, Burger Ch (2004) Werte schaffen Wert. Warum wir glaubwürdige Manager brauchen, Econ, Berlin
Zsok O (2013) Sinn-orientierte Führungslehre nach Walter Böckmann. Leben und Werk des Bielefelder Soziologen. EOS-Verlag, Sankt Ottilien

Nachbemerkungen

Meine Mandanten und Coachingnehmer bringen mir sehr viel Vertrauen entgegen. Daher ist es fraglos, Diskretion zu wahren und ihre Namen und Situationen im Buch so darzustellen, dass sie nicht erkannt werden können. Die hier veröffentlichten Namen sind fiktiv, dennoch ist der jeweilige „Fall" authentisch.

Ausnahmen bilden diejenigen, die mir nach Gegenlesen der jeweiligen Textpassagen ihr ausdrückliches Einverständnis zur Veröffentlichung gegeben haben; bei ihnen wurden auch die Unternehmensnamen konkret genannt.

Die beiden Autoren des Vorworts – Detlef Lohmann und Dr. Ulrich Lohmann – haben über mehrere Jahre im Coaching mit mir zusammengearbeitet. Ihre Offenheit, mit den Erlebnissen und Erfahrungen im Laufe des Coachingprozesses umzugehen, ermöglicht mir, in diesem Buch einen authentischen Proof of Concept zu geben. Durch die intensive Arbeit in Einzelcoachings mit Führungspersonen, Team-Coachings im Führungskreis und der Begleitung von Strategietagen mit einem großen Teil der Belegschaft von allsafe Jungfalk durfte ich eine Evolution des Unternehmens begleiten, die beispielhaft für Leading by Meaning ist.

Zu dieser Evolution hat jeder Mitarbeiter beigetragen, der dazu bereit war, im Kopf umzuparken, das Althergebrachte in Frage zu stellen und immer wieder Neues zu wagen – bis heute. Die Zusage von Detlef und Ulrich Lohmann, gemeinsam das Vorwort zu diesem Buch zu schreiben, hat mich daher besonders gefreut.

Im Vorwort wird bereits erwähnt, welches Bild vielen Menschen zu einem Philosophen einfällt, nämlich das eines in der Tonne sitzenden Müßiggängers, der den Herren der Welt vermeldet, diese stünden ihm in der Sonne. Als Philosophin in der Wirtschaft muss ich hier also eiligst die Reputation der Zunft retten und dem augenzwinkernden Absatz im Vorwort mit einer Anekdote antworten, die zeigt, wie früh Philosophen bereits dem Vorurteil ausgesetzt waren, weltabgewandt zu sein und nichts vom Geschäft zu verstehen. Und wie glorreich einige von ihnen diesem Vorurteil tätig widersprachen.

Thales von Milet (624–545 v. Chr.) gehört zu den ersten bekannten Philosophen. Thales war dafür bekannt, nachdenklich gen Himmel zu blicken, wenn er durch das Dorf lief.

© Springer-Verlag Berlin Heidelberg 2014
A. S. Fintz, *Leading by Meaning*, DOI 10.1007/978-3-662-44073-5

Als er des Nachts bei einem seiner Spaziergänge in den Dorfbrunnen fiel, musste sich Thales von einer thrakischen Magd auslachen lassen, die ohne zu zögern das Missgeschick im Dorf zu berichten wusste. Schließlich schien Thales' Sturz als Beweis, wie weltfremd und dem Alltag entrückt Philosophen doch seien. Als der Philosoph im darauffolgenden Jahr sehr frühzeitig und deshalb sehr günstig alle Ölmühlen der Gegend für die Saison pachtete, schien der Beweis komplettiert, wie wenig Philosophen von Geschäften verstünden: War doch das unternehmerische Risiko, so viele Mühlen zu pachten bevor darüber Gewissheit bestünde, wie die Ernte ausfallen würde, existenzbedrohlich. Die nächste Ernte machte Thales jedoch zum reichen Mann: die Olivenernte war üppiger denn je und alle mussten ihre Früchte zu seinen Mühlen bringen, er hatte ein Monopol geschaffen. Thales hatte aufgrund der Beobachtung der Sterne abgeleitet, wie das Klima sich entwickeln würde. Damit war – aus seiner Sicht – also der Gegenbeweis erbracht: Wer sich nicht ständig vom Alltäglichen ablenken lasse und stattdessen konzentriert beobachte, nachdenke und kombiniere, der sei nicht weltabgewandt, sondern seiner Zeit viele Schritte voraus.

Printed by Printforce, the Netherlands